U0047133

FOR2

FOR pleasure　FOR life

FOR2 44

告別玻璃心的家長強心針

掌握 13 不原則，堅定父母教出堅強小孩

13 Things Mentally Strong Parents Don't Do

13 Things Mentally Strong Parents Don't Do: Raising Self-Assured Children and Training Their Brains for a Life of Happiness, Meaning, and Success by Amy Morin
Copyright © 2017 by Amy Morin
This edition arranged with Dystel, Goderich & Bourret LLC through BIG APPLE AGENCY, INC., LABUAN, MALAYSIA
Traditional Chinese edition copyright © 2020 Net and Books, an imprint of Locus Publishing Company
All Rights Reserved

本書涵蓋健康護理方面的建議與資訊，應視爲補充資料而非取代醫師或其他專業醫療人員的意見。讀者若確知或懷疑自身有健康方面的問題，在選用任何醫療方案或療程前，請務必尋求醫師意見。
基於隱私保護考量，本書中部分人物姓名與識別資訊經過修改。

作者：艾美・莫林（Amy Morin）
譯者：史碩怡
責任編輯：張雅涵
封面設計：Bianco Tsai
內頁排版：薛美惠
校對：呂佳眞

出版者：英屬蓋曼群島商網路與書股份有限公司台灣分公司
發行：大塊文化出版股份有限公司
105022 台北市松山區南京東路四段 25 號 11 樓
www.locuspublishing.com
TEL：(02)8712-3898　FAX：(02)8712-3897
讀者服務專線：0800-006689
郵撥帳號：18955675　戶名：大塊文化出版股份有限公司
法律顧問：董安丹律師 、顧慕堯律師
版權所有　翻印必究

總經銷：大和書報圖書股份有限公司
地址：248020 新北市新莊區五工五路 2 號
TEL：(02)8990-2588　FAX：(02)2290-1658
製版：中原造像股份有限公司

初版一刷：2020 年 6 月
初版二刷：2020 年 9 月
定價：新台幣 450 元
ISBN 978-986-98990-0-0

Printed in Taiwan

告別玻璃心的
家長強心針

掌握13不原則，堅定父母教出堅強小孩

13 Things Mentally Strong
Parents Don't Do

Raising Self-Assured Children and Training Their Brains for a Life of Happiness, Meaning, and Success

Amy Morin

艾美・莫林 著　史碩怡 譯

獻給所有渴望為孩子人生帶來正面改變的人

13 Things Mentally Strong

Parents Don't Do

目　錄

CONTENTS

- 你有這些教養壞習慣嗎？
- 父母為什麼會有這些壞習慣？
- 這些壞習慣對你和孩子有何害處？
- 如何改變做法，調整自己、協助孩子？
- 學齡前—學齡—青春期，分齡強心祕訣
- 甩掉這些壞習慣，孩子會怎麼進化成長？
- 解惑及常見陷阱

前言　9

1 不縱容受害者心態　20

將自己視為受害者的孩子較為消極被動，不會想辦法保護自己或改善處境，這樣態度是孩子最大的絆腳石。

2 不被內疚綁架　52

多餘的罪惡感會讓你不禁想做點什麼來緩解內疚，即便你知道那樣對孩子無益，甚至長遠來說有害。

3 不把孩子當宇宙中心　82

過度讚美和關注不會使孩子更強大，反而會讓孩子變成優越感過剩的人，陷入追求外界肯定和注意力、永遠不滿足的惡性循環。

前言

我從小就立志，長大後要幫助更多有需要的小朋友。在我童年記憶中，爸媽一直盡力幫助他人，他們好像具備了某種特殊的本領，能夠察覺到誰正處於弱勢、需要援手。不論是匿名捐助有需求的人，或是協助時運不濟的人，他們總是傾盡己力、慷慨解囊。

也難怪我們兩姐妹會成爲社工，畢竟我們的父母都長年做著近似社工的事。不過，早在我取得社工師執照前，最初的目標其實是成爲寄養家長。

我很小的時候就知道，許多小朋友沒有家人，有些甚至連住的地方都沒有，他們從未有被愛的機會。因此，我立定志向，等我有了自己的房子後，一定要收留無家可歸的孩子。

我在大學的時候遇見了我的丈夫林墾，他熱愛旅行、認識新朋友、嘗試新鮮事物。剛開始交往沒多久，我就跟他說我想成爲寄養家長；他也很支持我的想法，眞是萬幸。結婚沒多久——當時我還在攻讀碩士——我們就買了一棟四房的住所，並開始申請寄養家庭證照。我們選擇成爲治療式寄養家長，專門領養有重大行爲或情緒問題的孩童。除了要上課、完成家庭訪視程序，還要改裝家中環境，好符合寄養證照的申請規定。

但一年後，就在我們快要完成證照申請程序的時候，我的母親因腦動脈瘤驟逝。在她的葬禮上，我聽到大家說了無數個媽媽曾經如何幫助他們的故事——其中有許多人我從未見過。知道這些人的生活因她而有所改變，讓我明白，人離世後留下的記憶，才是眞正重要的大事。母親的慷慨大方，讓我更加堅定要幫助兒童的決心。

過沒幾個月，我們終於取得治療式寄養證照，也正式展開我們的寄養家長之旅。當時我在社區心理健康中心擔任心理治療師，專門負責照顧兒童，大都是有行爲問題的孩子，同時也會與他們的父母合作。成爲寄養父母讓我有機會將自己在治療室教導父母的原則，應用在來到我們家的孩子身上。

林墾和我眞的很喜歡擔任寄養父母的經驗，因此也開始考慮領養小孩。只是來到我們家的孩子都不接受領養，他們打算回到原生家庭或由其他親屬領養，所以我們也開始查閱領養等候清單，希望找到適合我們家的孩子。

但就在我母親逝世三週年的那天，我們的領養計畫一夕變色。那天是星期六，當晚林墾說他身體不適，過沒幾分鐘就突然倒地不起了。我馬上叫了救護車，救護人員火速載他去醫院。我打給林墾家人，請他們到急診室跟我會合，我不知道該怎麼和他們解釋，一切發生得太突然了。

我們坐在等候區守著，之後醫生才出來把我們召進急診室。只是他沒帶我們去看林壆，而是到一間安靜的小診療室，請我們坐下。醫生口中吐出的話語，從此改變了我的人生：「很抱歉，林壆去世了。」

就這麼一句話，我從計畫領養小孩變成了規畫先生的葬禮，渾渾噩噩地度過了接下來的幾個月。

我們之後才知道，他的死因是心臟病發，可他才二十六歲，從來沒有任何心臟方面的問題。然而，他的死因並不重要，我只知道他真的離我而去了。

好險當時沒有小朋友寄養在我們家，不然對小孩來說肯定是難以想像的打擊。有個小男生本來要在幾天後入住我們家，他的監護人得知林壆過世的消息後，就爲他找了另一個寄養家庭。

在那之後的一段時間，我遲遲難以確定自己是否想獨力繼續當寄養家長，畢竟我有全職工作，而寄養兒童通常有許多面談要參與，還要拜訪原生家庭、與監護人和律師會面，不論從實際還是情緒層面來說，都是不小的負擔。因此，我大約有一年的時間沒有收留寄養兒童。憑著對上帝的信仰、親朋好友給予的關愛，以及身爲心理治療師對於悲慟的認識，我勉強找到走下去的力量。

我花了大概一年的時間，才慢慢走出傷痛的陰霾。當我覺得自己站穩腳步、足以勝任寄養家長一職後，就馬上通知了寄養機構，跟他們說我準備好繼續協助寄養兒童了。

成爲單親寄養家長是趟全新的冒險旅程，我大都是接週末的臨時寄養工作，也就是擔任全天候寄養家長的後援，在他們需要休息幾天或處理寄養兒童不便在場的家族事務時，暫時照顧他們的寄養兒童。

重新擔任寄養家長的過程十分順利，讓我期待每個週末的到來。我發現年紀輕輕就成爲寡婦，要過著充實的生活並不容易；而照顧這些孩子賦予了我生活的目標與意義。

我花了好幾年的時間，才習慣沒有林塈的生活，漸漸找到「正常」的生活模式。曾經和林塈一起從事的許多活動，在失去他以後，也失去了樂趣。雖然有些人鼓勵我去聯誼約會，但我完全提不起勁。

不過遇到史蒂夫後，一切都變了。和我認識的所有人相比，他那麼與眾不同，我很快墜入愛河。最棒的是，他沒有因爲我是個寡婦且打算繼續擔任寄養家長而打退堂鼓。

我們在一起約莫一年後，就決定直奔拉斯維加斯完婚，從此展開新的人生篇章。史蒂夫也必須完成寄養證照的申請程序，包括背景調查、上課以及家庭訪視，不過這次的過程順利了許多，因爲我家本來就符合寄養標準。幾個月後，史蒂夫也正式成爲了寄養家長。

我們很快就習慣了住在一起的生活，就在生活平靜無波之際，史蒂夫的父親羅伯卻被診斷出羅患癌症。起初，醫生對羅伯的狀況還很樂觀，但試了幾種不同的療法，沒有一項奏效，健康每況愈下。幾個月後，醫生宣布他已進入癌症末期。

這消息對我簡直是晴天霹靂。我已經失去了母親和林墾，現在和羅伯這麼親近要好，實在無法想像會再次失去如此重要的人。在這樣短的時間內，接二連三地失去至親，讓我不禁思考這一切有多麼不公平。

但在陷入怨天尤人的深淵前，我提醒自己，心智堅強的人不會自怨自艾。我在擔任心理治療師和痛失至親的過程中明白，如果我放任自己自怨自艾，這個壞習慣會削弱我的心智能量。就是在那個時候，我開始提筆列出心智強者不做的事。

我將這份十三件事的清單發表在部落格中，希望能幫助到有需要的人，結果沒幾天就廣爲流傳，千百萬人都讀過我的文章，但很少人知道，這是我在人生谷底時寫給自己的信。

在文章爆紅的二週後，羅伯就過世了，我不斷提醒還在傷慟中的自己，不做那些心智強者不會做的事。

因爲那篇文章，讓我有機會將「心智堅強者不做的十三件事」寫成一本書，《告別玻璃心的十三件事》。能夠和大家分享我學會堅強的親身經歷，讓我倍感榮幸。我收到不計其數的讀者來信詢問各種問題，其中一個問題一而再、再而三地出現：**該如何教導孩子成為心智強者？**

更有許多讀者表示：「眞希望小時候有人教過我這些事。」因此，我很高興有這個機會，告訴大家如何教導孩子提升心智強度。從小培養孩子堅強的心智，有助於他們邁向更加美好光明的未來。

我在擔任心理治療師和寄養家長時學到，任何年紀或背景的兒童都有機會成爲心智強者，只要他們生命中的成人願意花費心力，協助孩子反覆練習、淬鍊出堅強心智。

從小養成心智強者的效益

弗雷德里克·道格拉斯[1]曾說過：「養育堅強的孩子比療癒受創的成人來得容易。」身爲心理治療師，我深表贊同。從小培養心智強度絕對比較容易，而且兒童有無數的成長機會。

你無法避免孩子遭逢逆境，他們總有一天會面對失敗、受到拒絕，也會失去所愛、感到心痛，還會遭遇人生種種低潮。

但只要你教會他們善用提升心智強度所需的工具，他們就能夠將困境逆轉成機會，藉此變得更強、更好。不論孩子處在生命中的何種情境或際遇，他們皆有足夠的力量克服萬難。

當然，這並不表示孩子不需要處理各種情緒，或是不會有壓力過大的問題，但堅強的心智可以幫助他們以更有效的方式來應對各種難題，讓他們有正面解決問題的勇氣，對自己的技巧更有信心，並從失敗中習得教訓。

心智強度三要素

孩子在成長與學習的過程中，會漸漸對自己、他人以及這個世界發展出自己的核心信念。如果你沒有積極協助孩子奠定健全的觀念，他們可能會養成使潛力受限的想法。

孩子的核心信念會影響他們詮釋事情以及應對難題的方式。更要緊的是，信念還可能成爲自我應驗的預言。如果孩子認爲自己會失敗，就不會努力改變命運；認爲自己因他人阻撓而不會成功的孩子，通常也無法發揮潛力。

孩子的核心信念主宰著他的思維、情緒與行爲模式。以下列舉兩個擁有不同核心信念的小朋友，在沒有獲選進入籃球隊時的反應：

---

1 編註：弗雷德里克．道格拉斯（Frederick Douglass，一八一八—一八九五），非裔美國作家、演說家、政治家、廢奴運動倡議者。道格拉斯出身美國南方馬里蘭州，生而為奴，歷經幾度易主間，曾透過一任主人的妻子學習讀書識字，後來將知識視為通往自由之路，勤奮自學。他曾多次反抗奴隸主並嘗試逃亡，後來與自由黑人女作家安娜．穆瑞（Anna Murray）相戀後更堅定投奔自由的意志，在穆瑞出錢出力支持下，成功於一八三八年逃亡到北方的紐約，與穆瑞結婚。道格拉斯打破了當時大眾認為奴隸智識低落的刻板印象：一八四五年，他出版了《美國奴隸弗雷德里克．道格拉斯人生敘事》（*Narrative of the Life of Frederick Douglass, an American Slave*），書籍於美國銷售外，更曾翻譯為法文、荷蘭文在歐洲出版，道格拉斯本人更曾到愛爾蘭、英格蘭演說。

小朋友一號

核心信念：我不夠好。

思維：我籃球永遠不可能打得好，我就是沒有運動細胞。

情緒：感到悲傷，覺得受挫。

行為：不再打籃球。

小朋友二號

核心信念：我有能力。

思維：只要勤加練習，一定能有所精進，說不定明年就能加入了。

情緒：下定決心，充滿希望。

行為：每天放學後勤練籃球。

雖然你可以修正自己的核心信念，但對成人來說這並非易事，畢竟是堅信了數十年的觀念，要「忘記」談何容易。而那些不斷強化負面信念的思維、行爲與情緒，更是難以扭轉。

除了幫孩子培養健全的信念，你也要教他們如何以有效的方式調整思維、管理情緒與採取行動。以下是心智強度的三大要素：

1. **思維**：過度負面的想法、太過嚴苛的自我批評以及極度悲觀的預測，都會使孩子無法發揮潛力。切記，解決之道不是教小孩子樂觀，因爲過度的自信、無視實際的危險，會使他們對眞實的人生毫無準備、無所適從。我們要教孩子建立務實的觀念，才能讓他們發揮最佳表現。
2. **行為**：抱怨、不願跨出舒適圈等無所助益的行爲，都會成爲孩子學業、人際關係與未來職涯的障礙。我們要教孩子勇於挑戰自己，讓他們即便在缺乏動力的情況下，也能做出正確選擇。
3. **情緒**：心情持續低落、發脾氣、拒絕面對恐懼等表現，代表孩子無法妥善控制自己的情緒，這可能使他們無法成就充實圓滿的人生。教導孩子控管情緒可帶來許多好處，像是提升自制力和增進溝通技巧，讓他們一輩子受益。

爲什麼重點放在「心智堅強的父母不做的事」

美國每十三名孩童中，就有一名必須依靠精神藥物來解決情緒與行爲問題，且有百分之三十一的青少年表示壓力過大，無法承受；現在的小孩顯然並未學到如何培養強大的心智，但父母也不知道該如何協助孩子提升心智強度。

不論是情緒控管或身體意象問題，每週帶孩子來我辦公室求助的父母總是說：「可以請你幫幫我的孩子嗎？」雖然我很樂意提供協助，但要在每週僅一小時的療程中，改變孩子的思維、情緒和行爲，進展不可能太快。可是，如果我能傳授父母教育小孩的方法，那成果就指日可待了。

只有父母才能每天督促小孩練習，協助他們提高心智強度。當孩子一整天都不太順遂或是遇到棘手問題時，你可以把握這些人生中最重要的教學機會，陪在他們身邊，爲他們指引方向。

如同我在第一本書說的，心智強度跟體力一樣需要鍛鍊。如果你想要擁有良好的體力，就要培養上健身房運動之類的好習慣，但想要看見運動的成效，你也必須放棄吃太多垃圾食物等的壞習慣。

提升心智強度也是如此，你不僅需要良好的習慣，也必須戒除那些阻止你前進的錯誤思維、行爲及情緒。父母常常在無意間妨礙了孩子的發展，區區幾個不當的教養習慣，就可能限縮了兒童提升心智強度的能力。

心智強度訓練活動能夠鍛鍊我們的大腦，就像增強體力的體能訓練一樣。帶著孩子練習各章節的訓練活動，將可協助他們增強內心的堅韌度。

心智堅強的父母只要不做這十三件事，孩子就有機會運用自己的心智力量，成爲更加堅毅的人。除此之外，戒除不當的教養習慣還能讓你做起事來更遊刃有餘，不必再一股腦地拚命努力，孩子也會學到如何事半功倍地做事。

光是交給孩子一份應戒除的壞習慣清單，不會讓他們成為心智強者。當孩子度過倒楣的一天時，告訴他們「不要自憐自艾」，更不會把他們從自怨自艾的泥淖中拉出來。在孩子第一次面對失敗的時候，跟他們說不要放棄，當然也不會使他們奇蹟似地信心大增。

不過，你可以採取特定做法，告訴孩子如何避開十三個削弱心智強度的壞習慣。本書所列的教養策略，將告訴你如何以適合孩子的方式，教導他們那些心智強者不做的事。

本書的每一章都提出了協助孩子建立良好核心信念的策略，讓他們能以更有效的方式提升心智強度。另外，也有專為你和孩子設計的練習活動，使他們能夠發揮自身的最大潛能。

1 不縱容受害者心態

科迪今年十四歲，他媽媽高聲地說：「科迪有注意力不足過動症（ADHD），但學校根本不當一回事！輔導老師不僅沒有想辦法幫他跟上課業進度，反而建議我們來做心理治療！」

科迪的父母在第一次療程時就表示，他們很擔心老師給了科迪太多作業。科迪已經跟不上進度了，也覺得自己永遠不可能追上其他同學。他的父母不認爲他需要心理諮商，但還是帶他來和我談談，希望我能在學校替他說話。

科迪去年經診斷爲注意力不足過動症，從那時開始，小兒科醫師就有開立處方藥物，好改善他的注意力集中度並降低過動症狀。他的爸爸表示：「開始吃藥後，他冷靜多了。只要他忘記吃藥，我們一定會發現他不太對勁。」

不過值得玩味的是，科迪在服藥後成績並沒有提升，好幾堂課還是跟不上進度。他的父母對於學校沒有想辦法幫助科迪感到很失望，也簽署了相關文件，同意我和科迪的老師與小兒科醫師談談。這次療程結束後，我馬上致電學校，好獲取更多資訊。

科迪的老師已採取了一些配套措施，像是讓他坐在教室前排避免分心，或是讓他有更多的時間寫考卷和課堂作業。此外，學校也要求老師每天在科迪的作業本上簽名，確定他了解回家作業的內容，也請科迪參加每天放學後的課後輔導班，讓老師可以爲他提供額外的課業輔導。

每個老師都異口同聲地表示，他跟不上進度是因爲不夠努力，他沒有一次把家庭作業寫完，也不參加課後輔導，考試時給他多的時間寫考卷，他也不好好把握。

接著我又聯絡了科迪的小兒科醫師，他也表示，大家都認爲科迪服用的藥物確實有效。在開始服藥後，科迪的老師和父母都塡寫了科迪的行爲報告，並同意他確實變得比較冷靜且專心。

隔週科迪的父母帶他來看門診時，我跟他們說了我收集到的這些資訊。他們也同意這些事都是眞的：藥物有發揮作用、學校有採取配套措施、科迪也可以參加課後輔導以取得更多協助，但他媽媽說：「給他額外的時間和協助還是不夠。他有注意力不足過動症，不能要求他完成和其他孩子一樣分量的作業。」

這句話說明了一切。科迪的父母認爲他有注意力不足過動症，所以不用做功課，而科迪也接收到爸媽這樣的想法，並開始相信，因爲有注意力不足過動症，所以他無法跟上其他同學的進度，因此放棄努力了。

科迪的父母希望他在學校表現得更好，但要達成這個目標，他們全家都必須做出重大改變才行。

問題的癥結點在於：

1. **科迪的父母認為科迪有注意力不足過動症，所以註定不會成功。**科迪的父母相信，注意力不足過動症讓科迪無法完成和其他孩子一樣分量的作業。
2. **科迪已經放棄嘗試完成作業。**科迪認爲自己不可能趕上進度，所以乾脆放棄努力。

我打算在療程中解決的三大問題：

1. **科迪的父母必須為科迪提供課業上的協助。**他們以爲要求學校做出更多改變就是爲科迪提供課業上的協助，但實際上眞正的改變必須從家裡做起。
2. **全家人必須好好認識注意力不足過動症。**科迪的父母在了解更多相關資訊後，才能協助科迪控制自己的症狀。

3. 科迪必須相信自己有能力達成目標。科迪必須知道，注意力不足過動症不一定會成爲成功的障礙，他可以想辦法克服這些挑戰。

在接下來幾週的療程中，我向他們全家說明科迪的病情，以及他們可以採取哪些步驟協助科迪邁向成功。科迪很訝異地發現，多數有注意力不足過動症的學生都能和同儕並駕齊驅。知道許多音樂家、運動員及知名創業家都患有注意力不足過動症後，更是讓科迪感到振奮。這些資訊讓他——還有他的父母——充滿希望，就算患有此症，他還是可以做自己想做的事，人生並不會因此受限。

他的父母開始全力支援他的學業，協助他一項項地補齊所有遲交的作業。他們不希望科迪參加課後輔導班，這樣他在上了一整天的課後，才有時間去釋放一些精力。因此他們決定，放學回家後，科迪可以打打籃球或騎騎腳踏車，然後再開始做功課，而他們也會協助他完成功課。他必須先寫完當天作業、至少補完一份缺交的功課，才可以使用電子產品。他的父母每天都會檢查作業簿，也會隨時注意他的成績。

從爸媽要求科迪對自己負起責任開始，科迪每天晚上就都會把家庭作業寫完。不到幾週的時間，科迪不僅成績出現了進展，老師發現他在學校的態度也有所改變，除了逐步補齊了遲交的功課，寫作業時也更得心應手了。

其實，他們全家所做的不過是轉念，不再認爲科迪是注意力不足過動症的受害者、又沒有獲得學校教職員的協助，反而是把這個症狀當作科迪可以應付的挑戰。

你是否會縱容受害者心態？

有些父母將自己視爲不幸環境下的受害者，認爲自己無法成功或獲得幸福要歸因於自己的童年，甚至覺得自己是孩子不良行爲的受害者。有些父母雖然不覺得自己是受害者，但卻不自覺地讓孩子陷入受害者心態，因而導致嚴重後果。以下幾項陳述是不是讓你深有同感？

在你的個人生活中：

□你認爲是他人或某些不幸的情況導致你無法做到最好。
□你認爲其他人都比你幸運。
□你的問題非比尋常，對別人有效的方法對你都沒用。
□你花很多時間抱怨他人的行爲和對你的影響。
□你認爲自己的人生沒有一件事是順遂的。

在你的育兒生活中：

□你覺得孩子的不當行爲是宇宙或更高的存在在懲罰你。
□你爲孩子的失敗或缺點找藉口。
□你覺得孩子很可憐。
□你花比較多的時間和孩子討論問題本身而不是解決辦法。
□你認爲孩子有時候也無能爲力。

爲什麼父母會養成孩子的受害者心態

科迪的父母先前並不知道注意力不足過動症並不是問題所在，他們對這個疾病的認知才是關鍵。他們不但沒有鼓勵孩子勇於面對挑戰，反而要求身邊的人對他百般包容。他們以爲替科迪爭取減少回家功課的量是爲了他好，但這麼做等於在跟科迪說，他沒有能力成爲好學生。

即使孩子沒有注意力不足過動症等疾病，在面對艱難或不公境遇時，父母也要想清楚，自己該如何教小孩面對人生課題。

受害者文化使人人皆是受害者

在過去，如果遇到了暴力犯罪，別人會認爲你是被害者；但現在，當房市崩盤時，大家都認爲自己是受害者。

主流社會學家表示，愈來愈多人因爲受到一點點傷害，就說自己是受害者且不斷抱怨，這就是「受害者文化」儼然成形的證明。現代社會的受害者還不僅僅是抱怨，更要求其他人停止任何冒犯他們的舉動。

舉例來說，星巴克在二〇一五年聖誕節期間推出的紅杯子，引發了一場爭議。星巴克當時推出了純紅色的紙杯，跟以往的冬季主題杯截然不同，此舉引起消費者的憤怒。沒來由地，有人認爲星巴克是在「向聖誕節宣戰」。不滿的消費者開始在社群媒體上表示，星巴克「把基督精神抽離聖誕節」的決策，嚴重冒犯了他們。但奇怪的是，過去的節日紙杯也曾出現過只有雪花和狗狗滑雪橇的圖案，同樣跟基督教節慶沒有任何關係。

這些忿忿不平的消費者沒有拒買星巴克，反而只打算公開表達他們的怒氣。諷刺的點在於，這些消費者很樂意行使自己的言論自由，但他們的目的是阻止一間私人企業透過自家產品來表達自我。

現在的新聞報導中，很多人都聲稱自己是受害者，但我們必須想清楚，我們究竟是在幫助活在社會邊緣的人，還是在鼓勵受害者文化。《比較社會學》期刊（*Comparative Sociology*）刊登過一篇名爲〈微冒犯與道德文化〉（Microaggression and Moral Cultures）的文章，概略說明了受害者心態的轉變。

那篇文章的作者是社會學家布萊德利・坎貝爾（Bradley Campbell）和傑森・曼寧（Jason Manning），他們說明了文化是如何決定何謂回應冒犯的適當方式。在蠻荒西部或現代黑幫等重視榮譽的文化中，受到冒犯時通常是以肢體威脅來回應。而在尊嚴至上的二十世紀西方文化中，多數人面對輕微冒犯的方式較低調；輕微冒犯可能會使受到冒犯的人決定斷絕關係，情節重大的話則可能會報警，交由主管機關裁判。

然而，在今日的文化中，人們卻是選擇向毫無關係的第三方抱怨雞毛蒜皮的唐突舉動。他們大肆宣傳自己受到的壓迫，每次被開罪時都要求別人伸出援手，還會聲稱這些微不足道的冒犯舉動其實是更嚴重的文化問題，以求獲得更多支持。

這類人士常透過社群媒體來說服大眾他們是受害者，像「他們歧視我們」這類訊息，可能就是爲了讓別人和他們站在同一陣線。雖然成群結夥可以是解決問題或對抗不公的好方法，但也可能演變成暴民心態。

里茲大學（University of Leeds）的一項研究證明了群眾有多麼容易被少數人的意見影響。在該研究的系列實驗中，研究團隊要求受試者隨機在大廳中走動，並暗中告訴其中幾位受試者要走的方向。受試者彼此間不可以交談，且必須保持一定距離。在所有實驗中，知道方向的受試者皆成功讓其他人跟隨他們。也就是說，百分之五知道方向的受試者能夠影響整個群體的移動方向，其餘百分之九十五的人卻渾然不覺自己受到影響。

在旁人都試圖讓孩子相信自己是受害者的狀況下，想養育心智堅強的子女，教他們爲自己的人生負責，別具挑戰。孩子遇到課業落後、爭取不到工作、教練不給上場等逆境，不代表他們一定是受害者，但如果他們有受害者心態，就會將批評和失敗視爲他人意圖妨礙自己成功的證據。

受害者心態會遺傳

在成長過程中認定自己是受害者的父母，通常也會養育出有受害者心態的子女。雖然他們從未直接說「受害者」這個字眼，但孩子接收到的訊息是：「你不會成功，別白費力氣了。」有這種心態的父母，常常將孩子視爲自己是受害者的鐵證。他們會說「他這麼調皮就是爲了處罰我」，或是「我的孩子生來就是要折磨我的，跟世上其他人一樣」。這種思考模式和對孩子的解讀會帶來毀滅性的後果，更慘的是，還會使孩子註定走向失敗。

心態正確的父母不會有意養出有受害者心態的孩子，卻常常在無意中教育孩子「其他人會阻礙你的發展」，或「你對生命中的不幸之事束手無策」。有時候，這些不自覺流露出的行爲，會讓孩子相信自己無能爲力。

以下列舉幾個你可能在無意間灌輸孩子受害者心態的情況：

- **在孩子面前表現出受害者的樣子**。父母在遇到挫折時說出「爲什麼我老是遇到這種事」等話語，等於在告訴別人你是無助的受害者。失敗主義者的態度是會傳染的，你的孩子也漸漸會相信自己無法掌控命運。
- **覺得孩子很可憐**。父母有時會因爲孩子的殘疾或不幸遭遇，默默地覺得孩子很可憐。但就算沒有直接說出口，可憐他就是在告訴孩子他是受害者。
- **低估孩子的能力**。不論孩子是有生理殘疾或認知受損，或是你對孩子的能力沒有信心，如果你只看見孩子**辦不到**的事，忽略了他們能力所及的事，就容易養成受害者心態。
- **看到孩子苦苦掙扎時無法靜觀其變**。當孩子因爲自己辦不到的事而倍感受挫時，父母很難不出手干涉。但在孩子一遇到困難就施以援手，會讓他們以爲自己必須仰賴別人。

有受害者心態的孩子就會成爲受害者

科迪的父母以爲，注意力不足過動症代表科迪註定無法成功，還覺得他是冷酷無情的學校體制下的受害者，而不是大有潛力的小小勇士。隨著他們認定科迪無法完成作業的時間愈長，科迪落後的課業也變得愈來愈多。

雖然我們必須教導孩子爲自己挺身而出，以及幫助受到壓迫的人，但注意別讓孩子相信自己是不幸的受害者也同等重要。認爲自己無法成功是孩子最大的絆腳石，遠遠超過任何障礙、殘疾或缺乏才華等問題。

受害者心態使自己成為受害者

琳妮在孩童時期一直受到殘忍的霸凌。她恨透了在學校的分分秒秒，而她遭受的折磨更傷及了她的學業成績和自尊。即使在成年後，這段過去仍如影隨形。

琳妮成爲人母後，恨透自己必須把小孩子送到學校讀書，除了害怕孩子會成爲霸凌的目標，更擔心霸凌會毀了孩子的一生，就像她一樣。

因此，從孩子還小的時候，她就不斷告訴他們「其他小朋友都很壞」。她告誡孩子，其他小朋友可能會霸凌他們，而且大人可能會袖手旁觀。

她和孩子說了自己受到霸凌的故事，像是同學因爲她過重就一直找她麻煩，或是偷走她的午餐錢。她還說，有時候甚至連老師也加入霸凌的行列，嘲笑其他同學給她取的綽號，或是在她爲了求助而告發霸凌行爲時處罰她。

但琳妮不知道的是，她的故事和警告不僅沒有發揮保護孩子的作用，這些恐怖的童年經歷反而使孩子也承擔了同樣的命運。

她的女兒在被人嘲笑時，沒有出口反駁；她的兒子在下課時間被人推倒時，也沒有報告老師。兩個孩子都認爲不會有人幫他們，所以沒必要做出任何反抗。媽媽讓他們深信，你只能忍受霸凌，沒有任何解決之道。

事實上，正是琳妮傳達給孩子的霸凌訊息，讓孩子選擇與同學保持距離。他們沒有朋友，獨來獨往，而他們遇到的霸凌行爲，有些就是起因於此。

當孩子放學回家哭著說自己被找麻煩時，琳妮深受打擊，童年慘痛的回憶跟著湧上心頭，光是想到自己的孩子要經歷同樣的事，就讓她痛苦萬分。

因此，她決定尋求心理治療。她原本認爲唯一的解決之道是讓孩子在家自學，但她是個有全職工作的單親媽媽。

琳妮並非有意養成孩子的受害者心態，但終歸是導致了這樣的後果。不僅如此，看到孩子被霸凌，讓她更加堅信**自己**是受害者。

在許多案例中，受害者心態會成爲自我應驗的預言，琳妮的孩子正是如此。將自己視爲受害者的孩子較爲消極被動，不會想辦法保護自己或改善處境，而這樣的態度最終使得他們更可能成爲受害者。

沒有人一生都拿了一手完美的好牌，你的孩子總有必須面對困難的時候，比如說他可能是班上最矮的學生，或是鄰居都比你家有錢，沒有人是完美的。但是，讓孩子相信自己無法化危機爲轉機，對他有百害而無一利。

艱難的處境不會讓孩子成爲受害者，在孩子面對困境時父母抱持的態度才是關鍵。

受害者心態是難以打破的惡性循環

孩子若認定自己是受害者，就會連帶影響到他們的思考與行爲模式。覺得自己徬徨無助的孩子認爲「怎麼努力事情都不會好轉」，所以只會消極以對。

我在治療孩童和青少年時最常遇到這種情況，不論是課業落後，還是和同學處不來，他們都放任問題愈堆愈高。

研究人員將這種心態稱爲「習得性無助」。一九六七年，馬汀．塞利格曼（Martin Seligman）在賓州大學（University of Pennsylvania）針對這個主題做了一項知名研究。塞利格曼在實驗中先讓犬隻接受電擊，其中一組的狗只要觸碰到一個拉桿就能停止電擊，另一組則是只能持續接受電擊。

接著，他把兩組狗都放在同一個箱子中，中間隔了一道很低的隔板，然後再次給予電擊。這些狗只要跳過隔板就能逃離電擊；先前那些可以透過拉桿停止電擊的狗都跳過了隔板好避開電擊，但之前無法停止電擊的那組狗完全不試著逃開，只是趴在原地，沒有任何行動。

即使給予了獎勵，這組狗仍舊動也不動。研究人員接著讓其他狗示範如何躲避電擊，這些狗還是沒有任何反應，好像已經認定自己無路可逃。

雖然實驗內容有點殘忍，但研究結果證明了習得性無助爲何愈來愈普遍。孩子一旦認定「我怎麼做都沒辦法讓生活變好」，遇到問題時就會放棄做出改變，因此也只能持續忍受折磨。這種想法深植於心後，就很難有所動搖。

如何改變做法

科迪的父母明白注意力不足過動症很常見且可以克服後，就不再把他當成受害者了。隨著心態改變，他們的行爲也有所改變，開始想辦法找出控制過動症狀的最好方式，也訂下了相關策略，讓科迪的學業可以迎頭趕上。

如果他們沒有深入了解這個病症，科迪可能會一直認爲自己學習能力不足，無法完成跟同學一樣分量的功課，甚至會在旁人無法配合他的要求時，把人生大部分的時間都花在認爲自己是受害者。因爲這就是把自己當成受害者的人的想法——不論別人爲他做了什麼，永遠都不夠。

請花時間想想，自己的某些行爲是否加深了孩子的受害者心態，接著才能開始找出辦法告訴孩子，他們有能力面對人生中不可避免的挑戰。

留意受害者心態的警訊

有受害者心態的孩子通常認爲「這個世界很可怕，大家都會傷害我」。這樣的核心信念影響到他們看事情的方式、對未來的想法、與他人的互動，以及他們對自己的看法。

你可以透過以下線索判斷孩子是不是視自己爲受害者：

1. **常常自怨自艾。**有受害者心態的孩童可能會堅持沒有人像他一樣慘，或是說自己永遠沒辦法通過數學考試。他不會想找出解決之道，反而只看見眼前的問題；通常也只會抱怨、生悶氣和自怨自艾，除了可憐自己外什麼也不會做。
2. **只看見負面的部分。**如果懷有受害者心態，就很難看見世界美好的一面。這種孩子可能只會談論學校某個對他不好的小朋友，卻忽略其他很友善的同學，或是很容易就誇大自己面臨的難題。
3. **對事情有錯誤解讀。**有受害者心態的孩子在別人對他好或有好事發生的時候，反而會有所懷疑。你的孩子可能會說：「他說我做得不錯，才不是眞的在對我示好，其實只是在嘲笑我而已。」

4. **覺得自己無能為力。**你的孩子可能不會想辦法改善自己的處境。如果你建議孩子積極採取行動，他會堅持你的方法沒用。

5. **尋求同情。**你的孩子會想盡辦法讓其他人相信自己是受害者，甚至可能試圖說服別人他們也是受害者，或是不斷告訴大家自己受到不公不義的對待。

以身作則

受害者心態通常是習得的行爲。如果你本身是認定水杯是半空而非半滿的那種人，就會在不知不覺間告訴孩子，他是不幸命運的受害者。

如果你一直抱怨人生又不採取行動，就是在說服孩子你是無助的受害者。又或者你怪罪某個人或一群人讓你無法擁有成功的人生，同時間也是在教育孩子，其他人有能力阻止你達成目標。以下是你能夠以身作則的好方式：

- **保持積極正面。**注意自己有多常抱怨他人和困境。不論是埋怨塞車太莫名其妙，或是嘮叨自己買不起好房子，這些牢騷都會影響孩子的世界觀，所以請盡量多說好話、少說壞話。

- **抗拒發洩負面情緒的衝動。**雖然和親朋好友說說自己的一天，宣洩一下自己沮喪的心情很療癒，但發洩情緒的壞處遠大於好處，不論對講者和聽者皆是如此。也就是說，雖然發洩有助於紓解情緒，但切記不要天天都在釋放負面能量。
- **創造正面改變。**讓孩子知道你可以改變世界，或至少是某些人的世界。要行善助人，要教導孩子，每個人都有能力讓世界變得更美好。
- **堅定勇敢。**如果有人插隊，請有禮貌地阻止他；如果店家的服務態度不好，請和經理反應。你的孩子看見你勇於為自己發聲，就會明白自己不需要成為被動的受害者。

多問好事

莉莉不喜歡學校，每天都迫不及待地衝回家，和媽媽說她遇到的每個問題。某天她可能會說：「媽，你一定不會相信今天午餐時發生的事。有些同學太吵了，所以老師叫我們吃飯的時候不准說話。」隔天她又說：「媽，今天一起搭巴士的小朋友很壞，我再也不想搭巴士了！」

她的媽媽荷莉每天都很認眞地傾聽女兒受到的不平等待遇，不時也會回說：「眞是太可怕了，很抱歉你要經歷這些事。」荷莉以為，向女兒展現同理心是最好的回應方式。

但她並不知道，這麼做等於在鼓勵女兒成為受害者。她讓女兒不斷地講述學校發生的壞事，長此以往，莉莉就會更加執著於她討厭學校的原因。

想要改變莉莉「我好可憐」的想法，荷莉必須先改變她們母女每天放學後的互動方式。荷莉不能再任由莉莉抱怨這些壞事，而是要多問有沒有遇到任何好事。

也就是說，要多問「你最喜歡今天在學校發生的哪件事？」或「先跟我說說今天最棒的事」這類問題。荷莉這樣做就能幫助女兒不再一心想著自己經受的不公之事和不當對待，開始看見好的一面。

如果孩子眼中只看見不好的事，你就不要問：「你今天過得如何？」而是問：「今天最高興的事是什麼？」想辦法問出好事。當然，還是要悉心傾聽孩子的不順遂，只是不要把對話重點放在壞事上面。

如何教孩子相信自己是強者

以科迪和他的注意力不足過動症為例，解決他課業問題的辦法是改變全家的信念。當他的父母開始相信他的能力，科迪也認為自己的學業成績可以有所提升。只要教育孩子相信自己，他們就會盡力發揮自己的最大潛能。

教孩子將注意力放在可掌控的事

在你準備離婚或孩子討厭學校的時候，你一不小心就會說服自己，小孩是無助的受害者。但事實上，不論孩子面對什麼樣的情況，他們都有能力掌控某些事情。

「兒童抗癌協會」（Kids Kicking Cancer）證明，即使在最艱難的境遇中，孩子還是能夠擁有一定的控制權。這個團體的使命就是幫助癌症病童了解，雖然他們無法控制自己的健康狀況或治療內容，卻可以想辦法控制自己的疼痛和不適。

他們專門教導病童實用的身心調節技巧，像是武術、呼吸技巧和冥想，目標是幫助病童在這一團混亂中重獲控制權，並覺得自己在康復的過程中能有所作為。參加這個計畫的部分孩童表示，他們現在能夠坐好讓人抽血（以前都要好幾位護理師抓著他們）；其他孩童也說，因為學會了呼吸技巧，所以他們能夠在做掃描的時候乖乖躺好。

如果生了重病的孩子都可以找到自己有能力掌控的事，那你一定也能幫助你的孩子找回控制權。即使他不能控制周遭的環境，但他可以掌控自己的想法、態度以及付出的努力。

當孩子發牢騷時，你可以問他們下列問題：

- 在這個情況下，什麼是你能支配的事？

- 你有哪些選擇？
- 你要選擇用什麼樣的態度面對？

分辨是負面思維還是真實想法

你的孩子必須知道他的想法不一定是事實。當他整天都很衰或心情不好時，很可能什麼事都往壞的方向想。如果放任自己相信這些負面想法，不僅情緒會變得更糟，甚至會加深自己是受害者的信念。

雖然思考謬誤有很多種，但在孩子太過心煩意亂、無法分辨真假的時候，你可以透過下列四種負面思維（英文縮寫正好是代表憂鬱的「BLUE」[1]）和相應的解決辦法來提醒他們。這套方法是由 PracticeWise 所研發，常用於療程中，可協助孩童對抗負面思維。以下是你可以多加留心的四種負面思維：

- **怨天尤人（B）**。「老師都不告訴我們考試要讀什麼，所以我才會考不好。」有這類

1 編註：四項英文分別為 Blaming everyone else（怨天尤人）、Looking for the bad news（只看見壞消息）、Unhappy guessing（悲觀的猜想）、Exaggeratedly negative（過度誇大負面情況）。

想法的孩子不會思考下次要如何考好。雖然你不希望孩子承擔過多責任，比如說認爲團隊比賽輸了**都是**他的錯，但也不要放任他怨天尤人。

■ **和孩子聊聊何謂責任**。你可以和小朋友聊聊如何承擔起個人責任，像是問他：「眞的**全都是**老師的錯嗎？」

● **只看見壞消息（L）**。有受害者心態的孩童會忽略身邊發生的好事，只想著那些壞事。因此，把自己當成受害者的小朋友不會想到自己能去游泳很棒，反而會在下雨的時候說：「太可惡了！都是因爲下雨，害我們必須提早回家！」

■ **點出好事**。小孩子如果堅持沒有任何好事，不妨花些時間點出正面的事。你可以試著問他：「下雨前你玩得開心嗎？」即使在最糟的日子，也要引導孩子看見有哪些好事發生。

● **悲觀的猜想（U）**。受害者心態會讓孩童做出極度悲觀的預測。「明天的考試我一定考不過」這類的想法，會讓孩子相信努力讀書也沒用。

■ **鼓勵孩子採取行動**。在孩子預測會有壞事發生時，不要放任她變成被動的受害者。不妨試著問她：「要怎麼做才能避免這種事發生？」如果是她無法控制的事（像是覺得會下雨），你可以教她思考要怎麼面對困境。

● **過度誇大負面情況（E）**。小朋友在不開心的時候，更容易胡思亂想。在和兩個朋友吵完架後，覺得自己是受害者的孩童可能會說：「學校裡的每個人都在生我的氣！」

■ **找出例外情況**。當小孩子堅持事情**總是**會出錯，或是她**絕對**擺脫不了麻煩，你可以協助她想想有哪些例外，像是問她：「那你記不記得之前曾經有過一切順利的時候？」

當孩子開始可憐自己，你可以問他：「那是你的負面思維還是眞實想法？」教他如何辨別導致他產生受害者心態的負面想法，並提醒他，即便他覺得事情一定會這樣發展，但心中所見未必爲實。你要先讓他了解，誇大事實（即使只是在心裡想想）完全沒有助益，然後再協助他把內心的獨白改成更加符合實際情況的想法。

挺身而出或保持沉默

有受害者心態的孩子不是過度主張自己的權利受到侵害，不然就是過度順從，任由壞事發生。雖然孩子應該要學習在遇到不公平之事時爲自己挺身而出，但他們也必須了解，不能每次和人意見不同時，就說自己是受害者。

有些時候反抗權威很重要，但有時出於尊重保持沉默才是正確做法，但要判斷哪個才是最佳做法，就需要多加練習了。

和孩子聊聊下列幾個情境，然後設定一些平常可能遇到的狀況。和孩子討論在這些情況下勇於發聲的優缺點，以及保持沉默的風險和可能的好處。傾聽小孩的見解與背後的原因，並和他們說說你對於挺身而出和保持沉默的經驗談：

- 你不滿意裁判的判決。
- 你不滿意老師給你打的分數。
- 有個小朋友在操場上用不好聽的綽號叫另一個小朋友。
- 有人在社群媒體上分享不恰當的笑話。
- 某個同學因爲沒寫作業被老師罵。
- 朋友向你借東西又不還你。
- 你比賽不專心所以被教練罵。
- 你朋友說只有某些同學才能和你們坐在一起吃午餐。

讓孩子從玩中學

現在的小朋友大部分的休閒時間都是在大人的陪伴下，從事經過安排的活動，像是練籃球、吉他課、童軍、夏令營等，都是由大人帶領的活動，規則也是由大人所訂。

社會學家史蒂芬・霍維茨（Steven Horwitz）表示，成人過度干預容易引發小孩的受害者心態。在這種情境下，小朋友彼此間只要一有歧見，他們不會學著協商、制定規則並遵循團體內慣例，反而會直接找大人當裁判。

接著大人就會決定誰才是「對的」，誰又是「錯的」。尋求協助的小朋友因此更加確定，他必須依靠別人爲自己爭取權益，其他小孩則是認爲自己最好不要惹到別人，否則就會有人叫大人來解決衝突。

你要讓小孩有自由活動、玩樂的時間。在他們和朋友玩的時候，你不要待在旁邊，也不要在小孩遇上麻煩時就急忙介入，這樣他們才有機會練習自行解決衝突。

當然，如果孩子明顯經常受到欺負，你還是要伸出援手。但在某些情況下，即便沒有大人在場確保凡事「公平」，小孩子有時候還是能夠自己想出解決辦法。

學齡前兒童：教導他們認清自己的選擇

學齡前兒童有很多辦不到的事，他們的動作技巧尚未發展完全，決策能力也才剛開始萌芽。

因此，很多時候你必須對幼童說不，或是禁止他們的某些舉動。你必須設定明確的界線，讓小孩有機會學習遵守這些規範和限制。

然而，太常說「不，不可以這麼做！」會讓小朋友覺得自己沒有任何決定權。如果可以的話，盡量讓他們二選一，但要確定不管孩子選哪個，你都能接受。以下列舉幾個問題：

1. 你要豌豆還是胡蘿蔔？
2. 你想要先穿鞋子還是外套？
3. 你想要穿紅色還是藍色的上衣？
4. 現在不能出門，但你可以在家裡玩。你想要玩積木還是畫畫？你可以自己選一個。

給小朋友選擇權，讓他們能夠把注意力放在自己**可以**做而非無法做的事。這麼做有助形塑他們的思維，使他們逐步學會肯定自己的能力，明白自己對周遭的環境有一定的掌控權。

學齡兒童：教導他們找出黑暗中的曙光

學齡兒童可以學著理解，困境不一定是壞事，即便在很糟的情況下，還是會有好事發生。因此，這個階段很適合開始練習找出黑暗中的曙光。

如果孩子對於事情的發展或結果幾乎沒有控制權，像是不能參加足球隊，或是沒有接到別人生日派對的邀請，這時就要承認眞的沒有他可以努力的地方。他不能控制別人的決定，也不能回到過去、改變事情的發展，但他可以決定自己的態度。

父母要協助小孩學著改變心態，多想想光明正向的一面。舉例來說，雖然有弟弟妹妹可能會帶來一些麻煩，但身爲最大的孩子也享有一些特權。或是沒有獲選加入足球隊確實讓人難過，但也表示他有更多的時間去騎單車。

但切記，千萬別要求孩子在氣頭上的時候，想想事情的光明面，他們可能需要幾小時、甚至幾週的時間，才能換個角度看事情。

給孩子足夠的時間整理情緒後，再問他們下列問題：

- 你可以想想這件事可能有什麼好處嗎？
- 你可以怎樣正面看待這個情況？
- 即使是這麼糟糕的事，你能夠找出光明的一面嗎？

如果孩子實在想不出來，你可以爲他們提供一些想法。只要反覆練習，小孩也會慢慢開始看見黑暗中的一絲曙光。

能夠在困境中看見一線希望的小孩子，比較不會把自己當成受害者，在情況對自己不利的時候，反而會覺得這是自己成長與學習的機會。

青少年：教導他們用對的方式滿足自己的需求

青少年的感受都比較戲劇化，所以他們很容易覺得自己的人生比別人都慘，沒人能了解他們的痛苦；而且，現在的網際網路讓青少年可以在全球平台上，把自己受到的不公平對待告訴大家。

在社群媒體張貼「再這樣受到傷害，我遲早會放棄」等隱晦的訊息，可能就是受害者心態作祟，希望獲得別人的支持；「我們不能任由老師這樣對待我們」這類訊息，則是想要拉攏其他青少年加入受害者行列，爲特定理由尋求支持。

因此，你必須告訴家中的青少年，社群媒體可能會加劇受害者心態的原因：

1. **和家中的青少年討論他們分享的內容。**聊聊他們爲什麼要告訴大家某件不公不義的事，或是分享自己因爲別人的行爲而受到冒犯的過程。
2. **談談「從眾心理」的概念。**和朋友一個鼻孔出氣、分享網路爆紅內容，或是使用某個主題標籤來表示自己是受害者，如果沒有深思這些舉動背後的意義，可能會損及自己的名聲與未來。

鼓勵家中的青少年盡量不要無的放矢地抱怨、散播八卦和批評別人，特別是在網路上。務必讓他們知道自己話語是有力量的，而且會影響他人看待自己和當下處境的方式。

教導青少年以對的方式滿足自己的需求。如果他的心情不好，鼓勵他直接和人溝通，像是打電話給朋友說：「我今天很衰，可以陪我講講話嗎？」這麼做會比在社群媒體上發布意味不明的訊息，更能獲得支持的力量。總之，記得提醒家中的青少年，想要擁有良好的人際關係，自己要先做別人的好朋友。另外，也要鼓勵孩子在朋友有需要時陪在他們身邊，更要在朋友面臨困難時溫柔地對待他們。

相信自身能力的孩子會長成適應自如的大人

吉姆．亞伯特（Jim Abbott）一出生就沒有右手掌，但他的父母並未讓先天的缺陷阻止吉姆實現夢想。

當小吉姆宣布自己想要打棒球時，他的父母只說：「有何不可？」並帶他報名了少年棒球聯盟（Little League）。

接下來，他開始學習用一隻手投球。也就是說，他必須先將手套固定在自己的左肩上、投球，然後馬上把手套戴回右手上，才能準備接球。如果球往他的方向飛，他就必須把球接住、脫掉手套，再馬上用左手把球丟給一壘。聽起來很不可思議，但吉姆眞的辦到了。

而且他持續嶄露出驚人的才華。他在高中是極爲出色的投手，大學也繼續打棒球，並榮獲多個獎項。二十一歲的時候，他甚至奪下一九八八年的奧運金牌。

他的才華受到了美國職業棒球大聯盟（Major League Baseball）的注意，在完全沒參加過小聯盟賽事的情況下，他直接被洛杉磯天使隊選中並簽下合約。接著他在大聯盟打了十年的棒球，拿下八十七場比賽，其中一場更是創下震驚全場的無安打比賽。

吉姆的父母知道，吉姆因爲沒有右手掌，勢必要面對更多的挑戰，但他們讓吉姆相信自己能逐一克服。吉姆表示，他出生的時候父親才十八歲，不過爸爸十分盡責，把他當成一般的小男孩在養育，一起釣魚、騎單車、打棒球。吉姆在他的著作《不完美：難以置信的人生》（*Imperfect: An Improbable Life*）寫道：「當我開始接觸外面的世界時，曾經覺得自己被拒於千里之外，只想躲回家裡，但爸爸會堅定地要我回頭，重新打開大門，叫我再試一次。」

當孩子拒絕成爲受害者，他就不會把時間浪費在自怨自艾上，而是會直接採取行動。他會相信自身能力，認爲能讓自己和他人擁有更好的人生，也會努力讓世界成爲更美好的地方。

原因很簡單，相信自己能力的孩子會長成勇往直前的大人。

心智堅強的人不會可憐自己。如果你希望自己的孩子成爲不會陷入自憐情緒的大人，就不要縱容受害者心態。鼓勵孩子勇敢面對人生的挑戰，不要認定自己是無助的受害者。

你要讓孩子明白，人生不可能永遠一帆風順，但同時也要告訴他，雖然生活不容易，但他也不簡單。培養小孩所需的技能，讓他們能夠打造自己想要的生活模式，幫助他們建立自信心，努力排除路上的一切阻礙。

解惑及常見陷阱

小心不要無意間獎勵孩子把自己當成受害者的行爲。如果你家的小朋友在下課時間受到欺負，不要爲了讓他心情好一點，就急著說：「今晚我們去你最喜歡的餐廳吃飯吧。」這樣會讓他覺得變成受害者可以獲得獎賞。

同樣地，如果孩子這段時間過得不好，也不要太順著他。因爲自己正在準備離婚就讓小孩不用做家事，或是因爲作業太多就允許小孩待在家裡不去學校，這麼做只會強化他是受害者、應該獲得特別待遇的想法。

但也有完全相反的情況，父母有時會太過輕忽小孩子的感受。爲了讓小孩「更加堅強」，父母可能會忍不住說「你不要表現得像受害者一樣」這類的話。對孩子太過冷酷會加深他們的受害者心態，更會讓他們覺得你漠不關心。

父母要適度地展現同理心，像是說「你一定很難過」，或「我知道現在的情況眞的很不妙」。但記得提醒孩子，不論遇到什麼狀況，他都能選擇要怎樣面對。只要展現出你相信他有能力應付艱難處境，他就有信心逆流而上。

不要因爲孩子的受害者心態而分心，忽略了眞正的問題。如果小朋友堅持他考試不及格是因爲老師不喜歡他，不要浪費時間和他爭論這件事是不是眞的，而是想辦法和他討論可以怎麼提高成績。

實用技巧

- 留意受害者心態的警訊。
- 多問好事。
- 用真實想法取代負面思維。
- 讓小朋友二選一。
- 將注意力放在小孩可掌控的事上。
- 找出黑暗中的一絲曙光。
- 不事事規畫周全，讓小孩有自由活動、玩樂的時間。
- 教小孩以對的方式吸引注意力。

當心陷阱

- 覺得孩子很可憐。
- 和孩子一起自怨自艾。
- 獎勵孩子的受害者心態。
- 輕忽孩子的感受。
- 指出壞事而非看見好事。
- 低估孩子的能力。

2 不被內疚綁架

喬的八歲兒子米卡超重將近四十五公斤，雖然小兒科醫生已經警告喬，米卡會有嚴重的健康問題，喬還是不斷地給米卡吃任何他想吃的東西。

直到小兒科醫生表示，再這樣下去他要打給兒童保護服務（Child Protective Services），喬才開始正視問題的嚴重性。喬決定接受心理治療，因爲他知道自己需要人幫他改變育兒習慣。

在第一次的療程中，喬承認他會給米卡二到三人份的晚餐，也任由米卡在任何時間點吃零食。喬表示：「我知道自己讓他吃太多了，但我就是沒辦法看他挨餓。他的體型這麼大，不吃不行，而且八歲的小朋友根本就不想吃胡蘿蔔條。」

我問他是否擔心米卡的健康，他也說：「當然，我知道過重的人會有什麼毛病，我爸爸就得了糖尿病，我也膽固醇過高，該減肥了。」

米卡的過重問題讓他感到內疚，但當米卡哭著討食物時，他的罪惡感更重。爲了減輕自己的愧疚，他總是放任米卡吃更多零食或再給他一份餐點。可是他不想繼續這樣下去了，如果再不有所作爲，他怕小兒科醫師眞的會打給兒童保護服務。

喬的目標是幫米卡減重，因此我們一起討論出下面兩個需要解決的問題：

1. **喬缺乏基本的營養知識。**他不知道兒子應該吃多少，也不知道哪些是高脂、高熱量的食物。
2. **喬無法忍受愧疚感。**他需要有向兒子說不的信心並忍受自己心裡的糾結。

我給喬的建議如下：

1. **帶米卡去看營養師。**喬需要有人向他保證，限制米卡的食物攝取量並不會使米卡營養不良，他也必須學習給兒子吃正確的食物。
2. **寫下控制飲食有益健康的所有原因。**罪惡感升起時，喬的理智就會失去作用。因此，寫下他爲什麼必須幫助米卡維持健康飲食的原因清單，可以讓他不忘最終的目標。每當想要放棄的時候，只要看一下這份清單，或許就能幫助他謹守自己訂下的限制。

3. 因應米卡的反彈制定管教計畫。由於米卡之前總是能得償所願，喬頭幾次拒絕他的時候，他一定會叫得更大聲、哭得更慘、苦苦哀求。因此，喬需要制定策略來應對米卡這些可預期的反應。

喬同意了上述計畫，在營養師的協助下，慢慢了解規定兒子每天的食物攝取量有多重要。隨著獲得的資訊愈多，他也變得更有動力幫助兒子減肥。

當他拒絕兒子討食物的要求時，內心的愧疚自責還是讓他難以忍受，因此我們必須改變他的思維模式。他不能再認爲自己是在剝奪兒子的權利，而是應該想想兒子少吃零食、吃適量食物所能獲得的益處。

漸漸地，喬比較能夠拒絕兒子的哀求，雖然米卡說自己肚子餓或「你愛我的話，就給我零食吃」這些話時，喬還是會覺得不好受，但他相信自己能夠應付那些罪惡感，也希望做對兒子好的事，因此得以抵抗放棄的念頭。

米卡在接下來的幾個月有變瘦一點，而且體重不再回升了。營養師很滿意他的進步，喬也承諾會繼續讓孩子吃得更健康並增加運動量。

在最後一次的療程中，喬說：「我以前幾乎時時刻刻都充滿罪惡感，因爲我自己也知道米卡吃得不健康。他只要吃垃圾食物心情就會好，只要他心情好，我就不會有罪惡感——至少在當下那一兩分鐘不會。但長久來看，放任他暴飲暴食對我們沒有任何好處。」

育兒時的愧疚感掌控你了嗎？

犯錯會覺得內疚是件好事，但很多父母卻會陷入過度自責的情緒。現在請回想一下自己面對這些罪惡感的方式，看看是否符合下面的描述：

□因爲感到內疚，所以無法拒絕孩子的要求。
□常常因爲做不到自己心目中完美父母的標準而自責不已。
□看到其他父母的表現，會懷疑自己是否爲孩子做得不夠多。
□常常想到自己在育兒路上犯過的各種錯誤。
□說不上來爲什麼，但總覺得自己可能會毀了孩子的一生。
□即便知道不是自己能掌控的事，還是會感到內疚。
□有時會出於罪惡感而給予孩子過多東西。
□有時候只要小孩說：「爲什麼別人都有我沒有！」自己就會忍不住妥協。

□不論在小孩身上花了多少時間，總還是覺得不夠。

□認爲一定是因爲自己做錯了什麼才會產生罪惡感。

爲什麼父母會感到內疚？

喬認爲只要兒子米卡開口討食物，自己就必須滿足他的要求，否則可能會害他餓肚子。

很多父母跟喬一樣，爲了避免經歷這種短暫的不安感，就算長期下來反而害到小朋友，還是拿短痛換長痛。以喬爲例，如果他不改變做法，米卡遲早會有長期的健康問題；可是放任米卡過度飲食，能夠馬上解決喬的罪惡感。雖然喬也會擔心米卡可能產生嚴重的健康問題，感到自責，但拒絕米卡當下的要求卻讓他有更深的罪惡感。

或許你不覺得父母的罪惡感一定會造成如此嚴重的後果，可是愧疚的感受確實會影響父母的育兒方針，所以我們必須知道什麼樣的罪惡感會導致不當的育兒行爲。

三大類型的育兒罪惡感

父母的罪惡感主要分成以下三大類：

1. 適切的罪惡感

有罪惡感可視爲好事，表示你覺得自己的所作所爲與自己的價值觀不符，因此才會感到內疚，並願意督促自己變得更好。

罵完小孩後覺得自責，代表你可能需要找其他方式來管教小孩；而在發完脾氣後感到難過，則可能是在提醒自己必須想辦法紓解壓力。不論如何，這種令人坐立難安的罪惡感都是一記警鐘，告訴你要想辦法修復親子關係，調整自己的行爲。

2. 多餘的罪惡感

某天你可能會想：「天氣很好，我眞該帶小孩出門玩的。」或許隔天你眞的帶小孩子出去了，卻又檢討自己：「不該讓小孩在外面玩這麼久，天氣這麼熱，他們被蚊蟲咬得四處發癢，都是我的錯。」

雖然你的決定沒有造成實際上的傷害，你還是覺得自己讓孩子受苦了，但事實上你並未危及孩子的健康或你們的關係。

3. 長期的罪惡感

你可能一直感到愧疚，卻又不明所以。或許你認定自己的某些行爲會對孩子造成難以磨滅的傷害，又或者擔心自己做得不夠多，讓孩子沒有能力面對將來的挑戰。

只要孩子遇到任何困難，你馬上會把孩子的「不足之處」歸咎於自己教養失敗，甚至認爲自己的育兒策略勢必會對孩子的未來造成不良影響。

過度內疚源自於錯誤信念

雖然許多父母都會心懷愧疚，但職場媽媽通常最容易受到影響。BabyCenter 的一項問卷調查顯示，高達百分之九十四的媽媽表示自己有「媽媽的愧疚感」。

數十載以來，母親進入職場已成爲稀鬆平常的事，許多職場媽媽因爲拚命想要找到工作與人生的完美平衡，常常覺得分身乏術。雖然有些職場父母聲稱自己可以「兩者兼顧」，但大多數的超人媽媽都發現，自己其實能力有限。媽媽如果一方面想在職場上好好發展、一方面又想維持「年度模範母親」的頭銜，通常會覺得自己在某方面做得不夠。

媽媽的愧疚感應該是源自於一部一九五〇年代末播出的美國影集《天才小麻煩》（*Leave It to Beaver*），裡頭的女主角瓊．克莉佛（June Cleaver）是完美的家庭主婦，令人以爲之前沒有進入職場的媽媽皆是如此：每天煮好三餐、保持家中整潔、花許多時間陪伴孩子。

但研究顯示，事實上從一九八五年開始，父母每週陪伴孩童的時間一直在增加。二〇一六年一篇發表在《婚姻與家庭期刊》（*Journal of Marriage and Family*）的研究顯示，美國父母花在自己孩子身上的時間，多過其他已開發國家中的父母。儘管如此，還是有人認爲父母應該投入更多時間在孩子身上。

二〇一五年發布在《婚姻與家庭期刊》的另一篇研究發現，與孩子相處的時間長短其實不如我們以爲的重要。研究人員發現，母親在孩子身上花的時間對孩子的行爲、情緒、學業表現或整體福祉並無影響。

但唯一例外是在孩子青春期的時候，媽媽如果多花時間與家中的青少年相處，他們就比較不會出現不良行爲，但差別也僅止於此。不論媽媽是當了十五年的家庭主婦，或是從孩子還小的時候就是職場媽媽，結果都一樣。

但奇怪的是，當孩子進入青春期時，通常正是媽媽回歸職場的時候，畢竟這時候的孩子終於可以開始照顧自己了。可研究顯示，青春期十分關鍵，這時的孩子才更需要父母的陪伴。

也不是說花在孩子身上的時間都不重要，陪伴肯定是孩童身心健康發展中不可或缺的一環，但重質不重量才是眞正要緊的事。

即便如此，全職媽媽也逃不了父母的罪惡感。我在治療室遇過許多母親，只因爲自己不是時時刻刻都熱愛全職媽媽的角色就心懷愧疚。我還發現，在家工作的媽媽更是被深深的罪惡感兩面夾攻，她們因爲沒在辦公室而感到愧疚，更因爲雖然在家卻沒辦法整天陪孩子玩而不安。

社會比較讓你覺得做再多都不夠

人們很容易透過社會比較來評判自己是不是個好父母。在滑臉書時，通常會看到許多人都像年度模範父母候選人一樣，頁面上滿滿都是各種好玩的家庭假期、豪華的生日派對、裝潢優美的嬰兒房，以及做足了這些還一派輕鬆的父母。

不只在社群媒體上如此，你還會聽到鄰居說她為兒子報名了足球訓練班，所以你就想：「我是不是也該為小孩報名？」或者你帶小孩去別人的生日派對，結果發現相較之下，你上次為孩子舉辦的派對超遜的，所以你心想：「我的孩子值得擁有更好的。」

想當然耳，行銷公司也知道如何利用你的愧疚。從可以早早教會三歲小孩閱讀的產品，到能讓小朋友玩上無數小時也不厭倦的最新玩具，這些公司一直在告訴你，你的孩子不僅值得最好的，還要擁有這些東西才是眞正的幸福。

爲了迎頭趕上其他模範家庭，家長不斷地買超過自己能力所及的玩具。《親子家庭》雜誌（*Parenting*）的一項問卷調查發現，百分之七十六的家長在節慶期間都會特別寵溺小孩，因爲不想有罪惡感，所以會想盡辦法不讓孩子失望。

但也別以爲有錢買東西給孩子就能夠減輕自己的愧疚。美國公共電視新聞網（PBS）最近在特別節目中邀請到歌手兼演員珍妮佛．洛佩茲（Jennifer Lopez），談談她在育兒時經歷過的內疚。即使她的身家淨值預估超過三億美元，還雇了一整組團隊幫忙照顧小孩，她還是常常覺得自己爲孩子做得不夠多。所以別擔心，即便你已傾盡全力，大概還是免不了會懷有一絲罪惡感。

被內疚牽著鼻子走會傳遞錯誤訊息

愧疚是令人難以忍受的不適感受，所以我們常常忍不住想盡一切辦法擺脫它。以喬爲例，爲了暫時逃離自己的罪惡感，他只好順從兒子的要求，但最終反而造成長遠的問題。

愧疚也會危及你的判斷力，如果你總是順著內疚養兒育女，就很難做出最佳的教養決策。

罪惡感會讓你無法戒除壞習慣

罪惡感會影響你的行爲，讓你忍不住想要做些什麼來緩解這種感受，即便你知道這樣並不符合孩子的最佳利益。

被罪惡感綁架的父母通常會有下列行爲：

- **不斷想辦法躲避罪惡感**：爲了避開令人不安的罪惡感，你會不計代價採取任何行動，只爲了不要覺得自己是「壞」父母。舉例來說，休息會讓你心懷愧疚，所以你可能決定犧牲自己的獨處時光；或者，你不買東西給自己，因爲沒把錢花在孩子身上會讓你覺得不安。
- **一心只想緩解罪惡感**：父母有時候會爲了緩解自己的罪惡感，只好順從孩子的要求，喬和他兒子米卡就是這麼一回事。當孩子哭喊或堅決地說你是世上最差的父母時，你很容易就會讓步，任他們予取予求。即便你知道這麼做不符合他們的最佳利益，但至少在當下可以讓你覺得好受一點。
- **出於罪惡感的過度補償**：父母因爲一早吼了小孩心有不安，所以晚上就決定讓小孩晚睡；或是因爲離婚而心有愧疚，就讓小孩在週末拜訪時爲所欲爲。這些做法都不能解決問題，卻能緩解家長的罪惡感。

屈服於愧疚感會傳遞錯誤訊息

如果小孩裝可憐你就說：「好吧，就這麼做吧！」或是親戚強調：「家人就是要互相幫助啊！」你就同意借錢，就是在教孩子向愧疚感屈服。

除此之外，如果小孩子發現只要哀號、乞求或癟嘴你就會讓步，他們會開始質疑你的判斷力。小朋友需要的是一致的教育方針和能夠保護自己安全的可靠大人。

如果你在拒絕小孩後感到內疚，爲了減輕這種感覺又改口說好，孩子會發現你不夠果斷堅決，反而因此感到焦慮不安。雖然小孩看起來是希望你讓步，但一旦如其所願，反而會降低他們對你的信心。孩子其實希望父母是堅定的領導者，能在艱難的處境下不屈不撓。

小孩子也會學著引發父母的罪惡感。他們會發現如果希望家長屈服，對其中一個要說「我一整天都沒看到你了！」，對另一個則要說「但其他小朋友都可以這麼做！」才會比較有效。你肯定不希望孩子學會利用罪惡感來操縱人。

如何改變做法

以喬爲例，他必須學著忍受拒絕兒子時產生的罪惡感，也必須了解有罪惡感並不一定表示他犯了任何錯。事實上以他的情況來說，有罪惡感代表他爲兒子立下了適當的限制。

我接觸過的許多父母都會說「我讓小孩打太多電動了」，或「我花在小孩身上的時間不夠」。但他們卻不清楚，解決之道究竟是要改變自己的行爲還是情緒？首先，你要面對自己的愧疚感，並覺察這種感覺對自己的行爲有何影響，接下來才能決定要採取的行動。

改變行為來面對必然的罪惡感

想要判斷心中的歉疚是否合理，你可以問問自己下面四個問題：

1. **我的行為是否會對孩子造成負面影響？**你可能太過輕忽孩子看螢幕的時間，所以他把時間都花在看電視上；或是你在盛怒之下反應過度，口不擇言，說了不該說的話。如果你的作爲確實對孩子有害，請改變行爲。

2. **是我能改變的狀況嗎？**如果因爲三年前離婚了而感到愧疚，你當然沒辦法回到過去改變任何事。但如果是因爲沒有鼓勵孩子做功課而內疚，你一定可以採取補救措施。

3. **我可以有不同的做法嗎？**找出你可以辦到的小小改變，讓自己成爲更好的父母。你可以針對自己的壞習慣制定改變計畫，例如在陪小孩的時候不要滑手機，全心全意地陪他們玩，或是不要在電視機前吃晚餐，規定大家吃飯時都不可以玩電子產品。

4. **我是否能做些什麼向孩子表示歉意？**雖然你不需要因爲言行流露緊張焦慮就跟三歲小孩道歉，但仍可視情況賠不是，例如對孩子說：「很抱歉我對你大吼，當時我實在太生氣了，我應該用更好的方式表達我的憤怒。」讓孩子知道犯錯後該如何補救。

如果你無法改變做法（例如辭職在家帶孩子），那就改變自己對罪惡感的想法。一味責怪自己，或是在沒有確鑿證據的情況下，就堅信自己對孩子造成了傷害，對情況毫無助益。

不做極度悲觀的預測

感覺很差不代表你一定做錯了什麼事，但還是有很多父母會猜測自己做的某件小事，可能會害孩子在未來無法發揮他們的最大潛力。然而，假設自己的教養方針會對孩子造成影響，這類猜測通常是錯的。

假想情境如下：

一位母親忘了替她十歲的兒子報名棒球訓練營，所以她開始胡思亂想：「我眞是個糟糕的家長，事情做得亂七八糟。我害他參加的活動不夠，偏偏他的朋友都會去那個訓練營，一起留下永生難忘的回憶，結果他就這樣被排除在外。而且，其他小孩的棒球技巧都會進步，我們家兒子明年可能因爲這樣就進不了棒球隊了。」

這位媽媽只因爲她的孩子錯過了一週的棒球訓練營，就假設他會成爲邊緣人，而且再也不能打棒球了。接著她可能會花一輩子的時間認爲，兒子不能打進美國職棒大聯盟都是因爲自己做事欠缺條理。

在此向各位保證，我從未在治療室遇過任何成人，因爲小時候沒去某次的夏令營而來找我看病，反倒是常聽案主說：「我爸媽老是過度焦慮，擔心自己做不好，所以沒辦法跟我輕鬆相處。」

我曾經遇過一位媽媽，她強烈相信好媽媽一定會隨時保持家裡環境整潔，所以她花了很多時間在吸地毯、刷地板、洗窗戶。她不讓小孩子使用任何美術用品，也不准他們邀朋友來家裡玩，就怕他們把家裡弄得一團亂。諷刺的是，她希望當個維持家中清潔的「好媽媽」，這個信念反而讓她沒有時間與孩子同樂。

其實，孩子根本不在意亂糟糟的房子或沒拖乾淨的地板，反倒是她過度要求家中整潔的壓力帶給孩子不好的感受。

你無法預測某些經歷會對孩子造成什麼影響，更不會知道等他們長大成人後會怎麼看待這些事。等孩子到了三十歲，他們可能根本不記得那些意外，你卻以為那些事會害他們留下一輩子的創傷。

我有個朋友總說她有超級棒的童年，大力讚揚自己的父母，常說他們在離婚後，多麼努力地配合對方一起拉拔孩子。

但如果換成問她的哥哥，你會以為他們是由不同父母養大的，他說爸媽很自私，並認為父母離異是他童年的轉捩點，逼得他不得不快快長大。

經歷了同樣情況的兩個孩子卻有著截然不同的感受。當然，因為年紀不同，看待境遇的方式也會相去甚遠，但你永遠也無法預測這會對孩子造成什麼影響。所以在你認定自己傷到了孩子之前，請提醒自己，你的預測不一定準確。

不下錯誤結論

找出因果關係可以幫助我們釐清某些情況，這也是我們希望孩子學會的技能對吧？比如說：球是你丟的，所以打破了花瓶你要負責；或者，就是你打了妹妹，才害她大哭。

不過有時候我們卻會在沒有任何證據的情況下直接做出結論，只因爲自己需要某個解釋，但這種結論通常是錯的。

曾經有位和我晤談的媽媽，她堅信孩子的學習問題是因爲自己在懷孕時喝了幾杯咖啡。她說：「我那時一直覺得疲倦，有時就是想喝點東西提神。我明知道不該喝咖啡因飲料，但我還是喝了。」

來找我諮商的許多媽媽都深信，自己在懷孕過程中吃下肚（或沒有吃）的東西，或是自己接觸到的某些東西，是孩子生命中大小問題的主因。我不得不對其中一位媽媽安撫保證，她得知懷孕前不小心喝掉的一杯紅酒，不太可能導致注意力不足過動症；轉身又得說服另一位媽媽，孩子在嬰兒時期吃到的非有機蔬菜不會害他容易焦慮。

雖然在懷孕和小朋友的成長期間保持健康的生活很重要，但很多研究也顯示，其實這些事可能不像某些父母以為的會影響孩子一生。二〇一一年發表在《神經毒理學與畸形學》期刊（*Neurotoxicology and Teratology*）的一項研究發現，胎兒時期就快克古柯鹼成癮的嬰兒，長大後的表現和一般沒有藥物成癮問題的嬰兒一樣好。也就是說，如果快克都不會降低孩子擁有成功人生的機會，那你在懷孕期間忍不住一直吃鮭魚，也不太可能會是孩子成不了優等生的唯一解釋。

想想自己做過哪些結論來解釋在育兒過程中遇到的狀況，然後捫心自問，是不是有其他可能的解釋？如果你為了某件事過度自責，請試著告訴自己那可能不是你的錯，是時候開始修正你所以為的故事走向了。

原諒自己犯下的錯

嘉貝麗不過離開廚房一下下，她充滿好奇心的三歲兒子泰森就跑去看廚房流理台上的東西，但他看不太到，所以就抓了慢燉鍋的電線，想要把自己拉上去，結果慢燉鍋從檯面上掉了下來，裡頭滾燙的熱湯全灑在這個小男孩身上了。

接下來的數個星期，泰森都在醫院裡接受燙傷治療，那些傷幾乎覆蓋他全身，雖然最後痊癒了，但手臂和臉上永遠都會留疤。

嘉貝麗在意外發生後幾個月開始接受心理治療。在我們第一次療程的晤談中她說：「每次我看到他臉上的疤，想到我讓他發生這樣的意外，心裡就很難過。我永遠都沒辦法原諒自己。」

但實情是，嘉貝麗說服自己她**不應該**原諒自己。她認爲自己沒有資格快樂，而愧疚是她給自己的懲罰。她接受治療的唯一原因是要確保自己不會再犯下「愚蠢的錯誤」。

嘉貝麗花了很長時間才接受，發生在兒子身上的事單純是件意外，而我們永遠無法避免意外的發生。

她必須了解，每天責備自己對她兒子來說並不健康，孩子需要能給他精神上支持且自愛的媽媽。

經過數個月的治療，嘉貝麗終於願意接受，那件意外不能證明她是個不適任的家長。她是個溫柔慈愛的媽媽。

慢慢地，她開始改變自己對那件意外的看法，最後終於放下了些許罪惡感，不再爲發生的事處罰自己，把心力放在享受與兒子相處的時間，並努力協助其他家庭不要發生同樣的事。

稍微感到內疚不是件壞事，但因此認定自己是個差勁的人或糟糕的父母，只會造成更多傷害。不要讓自責妨礙你成爲自己能力所及的最佳父母。

努力做到夠好就好

今天稍早我看到一張網路爆紅圖文，上面說：「夠好其實不夠好。」雖然那張圖並非針對育兒一事，但我認爲很多現代父母都抱持著這種心態。

然而，一個「夠好」的家長其實可能對孩子最好，至少小兒科醫師兼精神分析師溫尼考特（D. W. Winnicott）的研究如此證實。他在與數千名媽媽和孩童互動後得到的結論是：「好媽媽就是做到夠好就好了。」他的研究結論之後更擴及爸爸的角色。

溫尼考特醫生發現，夠好的媽媽會感到無私和自私之間的拉扯。她們全心照顧孩子，但同時也會有埋怨、不滿；她們也常常犯錯，但透過這種不完美但人性化的教養方式，夠好的媽媽養出的孩子健康又堅強。

仔細想想，這是非常合理的結果。試想一下，如果你是「完美」的父母（先不管完美的定義到底是什麼），你總是把所有事做到「最好」。

當你的孩子長大後會發生什麼事？他必須想辦法在人人都會犯錯的不完美世界中生存下去。他未來的伴侶、老闆、鄰居總有一天會讓他感到失望，他必須知道如何面對失望、受傷和不完美的人們。

你每次在育兒路上犯的錯，都是孩子提升心智強度的機會。這不代表你應該費盡心思加快孩子提升心智強度的速度，但你可以藉由自己的錯誤讓他從生活中學習。

所以說，你不需要因爲自己不是完美的父母而過度自責，即使你做到盡善盡美，對孩子也沒有任何好處，不如放寬心當個夠好的爸爸媽媽，接受自己的一切優缺點。

就像你不會因爲孩子不完美就少愛他們一點，孩子也會愛你這個夠好的父母。他們將來會感謝你的付出，有一天也會明白你做了種種犧牲，只爲將他們養育成負責任的大人。

如何教孩子認識罪惡感

米卡每次求喬給他零食，喬都會讓步，等於是在告訴米卡，罪惡感是難以忍受的感覺。傳達這樣的訊息並不健康，喬必須教米卡，人不一定要隨著罪惡感起舞。

如果孩子弄壞了別人的玩具或說了惡毒的話，你希望他會感到愧疚，因爲缺少這種良知可能是有變態人格的徵兆。

但從另一方面來看，你也不希望孩子一直有罪惡感。孩子如果太常道歉或沒事就責怪自己，就比較容易有焦慮和憂鬱等心理健康問題。

教孩子聽從肩上天使的話

你還記得我們會在卡通裡看到，某個人物的肩膀兩邊分別出現天使和魔鬼嗎？肩上魔鬼會試著說服那個角色做壞事，肩上天使則是叫他做對的事。如果你上過入門心理學課程，或許你會記得，佛洛伊德的精神分析理論就是這樣描述人格。

跟孩子聊聊這種每個人都會經歷的拉扯，一部分的大腦告訴自己可以不聽話，另一部分卻說要做對的事。如果孩子從未看過人物肩上出現天使與魔鬼的卡通，你也可以上網搜尋圖片給他們看。

向孩子解釋聽從肩上天使（其實就代表著他的良知）的話有多重要。你可以這樣跟他們說：

家長：你有沒有看過肩膀兩邊有天使和魔鬼的卡通人物？天使和魔鬼會一直叫他去做完全相反的事。

小孩：看過。

家長：現實生活中也會發生這樣的事。雖然我們不會看見眞的魔鬼和天使，但我們一部分的大腦會告訴我們可以破壞規矩或不顧他人感受，但另一部分又說：「不可以這麼做，那樣不對！」你有遇過這樣的情況嗎？

小孩：有。你跟我說不可以吃餅乾的時候，我的腦袋有時會說：「先拿一塊就對了！」

家長：聽起來像是肩膀上的魔鬼會說的話，那肩膀上的天使說了什麼？

小孩：它說：「不可以這麼做！你要聽媽媽的話。」

家長：那你有聽天使的話嗎？

小孩：有。

家長：做得好！你要盡量聽天使的話。

接著再和小孩談談不聽肩上天使的話可能會面臨什麼後果。錯誤的決定會傷到別人的感受或彼此的關係，更可能使孩子深感愧疚。

你還要告訴小孩，罪惡感也是在提醒自己做了錯誤的選擇，有時你必須採取行動來修復關係。但別忘了提醒孩子，道歉或試圖彌補並不會磨滅他犯了錯的事實。

感受愧疚，而非羞恥

我曾經在初中裡工作，許多轉介來接受心理輔導的青少年都是校長辦公室的常客。有一天，學校特別爲一名行爲失控的十二歲男孩召開一場會議。

他媽媽下午特別向公司請假來出席會議，在出席老師一一敘述男孩的不當行爲後，她的臉上滿是羞愧與挫折，然後不斷地爲兒子的暴怒行爲和挑釁態度道歉。

學校請這個男孩在會議的最後幾分鐘出席，好讓老師告訴他新的懲處計畫。男孩才一走進門，他的媽媽就爆炸了。

「你怎麼可以這樣對我？你眞是壞透了！看看你都做了什麼，害我必須坐在這裡聽辛苦的老師說你有多壞。」她罵了至少五分鐘，很明顯她對自己的兒子不是模範公民深感愧疚，並試圖讓兒子對自己的不當行爲感到羞恥。

然而，羞辱並不會讓孩子產生改變的動力，反倒會讓他們相信自己有人格缺陷，因此無法好好守規矩。認定自己「很壞」的小孩基本上就會照這個標籤行事，當然也不會有動力做出正確的選擇。

羞恥和愧疚很容易被混爲一談。事實上，許多研究者也無法針對兩種感覺的明確定義取得共識。以下提供三個方式來分辨這兩種情緒：

- **愧疚是對某個行為感到不安。**對自己的行爲感到不安是愧疚，對自己本身感到不安則是羞恥。心想「我不該講出那麼惡毒的評語」，這是愧疚；「只有我這麼差勁的傢伙才會說那種話」，這麼想則是羞恥。
- **愧疚通常是個人的感受。**愧疚通常是個人感受到的情緒，但羞恥一般都涉及其他人知道你做了什麼。也就是說，你可能因爲考試作弊而心生愧疚，但如果你的家人朋友全都譴責你的作弊行為，這時你會覺得羞恥。

- **愧疚來自於沒有做對的事。**愧疚通常出現在你沒有做出正確決定的時候，而羞恥基本上是來自於做出了有違道德準則的錯事。舉例來說，沒幫朋友搬家你會覺得內疚，但偷了朋友的東西才會讓你覺得羞恥。

你可以教小孩適度地感到愧疚，但請不要讓孩子覺得受到羞辱。感到羞恥的孩子很難對自己有正面的感受，而且一般都會放棄嘗試做出正確的抉擇。

學齡前兒童：教導他們罪惡感的基本概念

研究人員發現，小孩最早從兩歲開始，在做錯事的時候就會感覺愧疚。舉例來說，幼兒在感到不安時會避開眼神接觸。當然，他們還不太清楚什麼叫作罪惡感。

當孩子打了別人，你要先關心被打的對象，然後向孩子示範該怎麼做，像是說：「喔不，強尼踢了你，眞對不起，你有沒有受傷？」接著再問對方需不需要ＯＫ繃或給他一個擁抱。

關心完受害者，接著要讓你的小孩適度承擔後果，例如叫他去旁邊冷靜一下，或取消他的某個福利。你也可以設定要孩子做某件有補償作用的事，當作他要承擔的後果。

例如，要求小孩把自己最喜歡的玩具借給受害者一天，或是替哥哥做額外的家事。爲被打的人做件好事，能夠有效幫助孩子了解彌補的重要。

在和家中學齡前兒童交談時，開始使用「愧疚」、「內疚」這些詞，並示範如何道歉。你可以說：「很抱歉我們今天不能去遊樂場玩，外頭在下雨。我覺得很內疚，因爲我答應過你要出去玩，可是溜滑梯溼溼的，實在不太安全。」

這個階段也很適合開始跟小孩說一些你自己聽從肩上天使的實際例子。像是說：「外頭正在下雨，我剛才其實很想把車停在門旁邊，但我肩膀上的天使提醒我，這樣做不對，會影響到行動不便的人。如果我沒聽從天使的話，一定會覺得愧疚。」慢慢地，你的孩子將學會什麼是愧疚，也會了解努力做出正確的選擇有多重要。

學齡兒童：教導他們應對罪惡感的方式

研究人員發現，五到八歲的小孩如果做錯事，他們會想辦法當作什麼事都沒發生。他們通常會選擇逃避現況，像是跑去其他房間，而不是對自己的行爲負起責任。

所以當這個年齡的小孩難以承擔責任，你也不用驚訝。你可以教他們用適當的方式，勇敢面對心中的罪惡感。

當孩子害別人傷心或受傷時，和他一起想想要如何補救。像是問他：「你對朋友說謊了，你覺得自己該怎麼做？」或是「你弄壞姐姐的洋娃娃了，現在該怎麼辦？」

差不多九到十歲的時候，小朋友開始會比較在意修復關係這件事，因此也比較願意說對不起或自願做出補償。這時你可以和小朋友談談罪惡感是什麼，讓他學著了解自己的感受。

你可以問類似這樣的問題：「你丟球打到那個女孩時，是不是覺得有些內疚？」或「說謊的時候你心裡是不是有罪惡感？」向他們說明，有罪惡感是好現象，代表你想成為更好的人，也希望下次表現得更好。

在自己犯錯時向小孩道歉，這麼做可以樹立好榜樣，教他們如何修復關係。你可以說：「很抱歉我稍早對你大吼，工作實在太累了，我才把氣出在你身上。」接著明確表示你會改善自己的行為，然後在孩子犯錯時教他道歉的方式。

青少年：教導他們不要利用別人的罪惡感來達成目的

青少年基本上已經很了解什麼是罪惡感，甚至會試著利用你的罪惡感來達成他的目的。你可能會聽見這類話語：「但別人的爸媽都讓他們去！」或是「你**從來**都不讓我做好玩的事！」

如果家中的孩子這樣說，你只要回他：「我愛你，我有責任保護你的安全。」你不需要解釋太多。無論如何，不要向罪惡感屈服。

當心生愧疚時，你可以這麼回應：「你是朋友圈中唯一不能參加那個派對的人，我很抱歉，但我不會改變心意。」告訴你的孩子，即使這麼做很難受，你還是會做出明智的決定。

除此之外，你也不可以故意讓家中的青少年感到愧疚。說出「如果你眞的在乎我，你就不會讓我這麼擔心」這類的話並不健康。父母故意讓孩子產生罪惡感會對青少年帶來難以想像的負面影響。維吉尼亞大學（University of Virginia）的一項研究發現，受到罪惡感勒索的青少年，在日後的人生中比較無法建立起健康的友誼和人際關係。

你應該定下規矩並確保小孩承擔起不守規定的後果，但在管教的過程中千萬不要利用孩子的罪惡感。教導青少年何謂健康的人際關係技巧，並親自示範如何用適當的方式滿足自己的需求。

家中的青少年有時可能會有過度或多餘的罪惡感，因此需要你的協助來應對這些情緒。青少年和朋友意見不合時可能會感到愧疚，即使他做的是對的。你要跟孩子說：「我覺得你做得對，但不是所有人都會喜歡你的決定。或許你心裡有些內疚，但這並不表示你做錯了什麼事。」

了解罪惡感的孩子會長成懂得設下適當界限的大人

試想一下，你十二歲孩子的朋友想抄他的回家功課，但你的小孩拒絕了，他朋友說：「如果你是個好朋友，就該幫我。」你希望孩子屈服於這種罪惡感嗎？

或是你有個青春期的女兒，和她約會的男生說：「你愛我的話，就會和我做愛吧？」你希望女兒因為這個男生讓她有罪惡感而答應嗎？

你的孩子會從你身上學習如何應對罪惡感，如果你因罪惡感而低頭，你的孩子也會比照辦理。拒絕讓步、找出彌補方式、承擔健康的愧疚感，這些練習都將幫助孩子培養出健康的道德準則。他們漸漸會明白，自己可以承受別人帶給他的罪惡感，也能用健康的方式來處理愧疚等棘手的情緒。

心智堅強的人不會想要迎合所有人，即使沒人認同，他們也能做出健康的決定。當你停止在育兒時被罪惡感牽著鼻子走，就是為孩子示範，罪惡感不一定會導致毫無益處的行為或不健康的羞恥感。

小孩長大後會知道，他可以在自己與他人之間設立健康的界限。不論是在同學大力煽動他未成年飲酒時勇敢說不，或是拒絕在工作上成為別人的出氣筒，他心裡都很清楚，取悅他人不是自己的責任。

解惑及常見陷阱

逼迫小孩道歉並非明智之舉。如果孩子向某人說「對不起」時並非心甘情願，他就不會去做點什麼來解決自己的內疚或試著補償。所以，與其強迫他道歉，不如以身作則，示範怎麼道歉給他看。當孩子大到能夠理解眞心誠意地說出「我很抱歉」所代表的意義，他才會由衷地道歉。

可惜的是，很多小孩常說「對不起」，卻無意改變行爲。你要告訴孩子，只有眞心做出改變，道歉才有意義。

還有另一個陷阱要小心，不要太急著想減輕孩子的愧疚感，像是說：「喔，沒關係，你只是打破了燈。」這麼做會讓孩子認爲他的舉動沒什麼大不了。你要確保他知道自己的行爲會傷害到別人。愧疚可以引發正面的行爲改變，因此有一定程度的罪惡感其實是好事。

儘管如此，還是要留心家中孩童是否太常感到內疚。孩子的思考模式很神祕，常常會認爲自己能夠掌控宇宙中某些事發生與否，所以有時壞事一發生，他們就會過度責備自己。

如果一個小朋友說：「我討厭弟弟！」弟弟受傷時，他可能會因此覺得是自己的錯。或是小孩子不想照顧家裡的狗，如果狗狗被車撞了，他會認爲是自己的責任。如果你發現家中孩童抱著不必要的罪惡感，請向他們保證，這些事情和他們一點關係也沒有。

實用技巧

- 評估自己的罪惡感是否必要。
- 努力做到夠好。
- 拒絕向罪惡感低頭。
- 學著寬恕自己。
- 教導孩子真心道歉、做出補償。
- 堅守自己設下的限制，即使孩子試著利用愧疚感逼你改變心意也不讓步。
- 鼓勵孩子聽從肩上天使的建議。
- 以身作則，示範如何道歉。

當心陷阱

- 試圖成為完美的父母。
- 和其他家長比較。
- 為自己犯過的錯處罰自己。
- 認定自己做錯了什麼才會心生愧疚。
- 為了減輕罪惡感而妥協，即使這樣做不符合孩子的最佳利益。
- 試圖讓孩子對自己的不當行為感到羞恥。

3 不把孩子當宇宙中心

卡蘿和湯姆因為不知道該拿他們十四歲的女兒布莉塔妮怎麼辦，只好帶她來接受心理諮商。卡蘿說：「她就是不聽我們的話。不論我們說什麼她都不理，也不在乎別人的看法。」湯姆說：「我不知道我們的小女孩怎麼了。她想要的我們都給她了，她卻這樣回報我們？」

相較於其他父母，卡蘿和湯姆的年紀比較大。布莉塔妮出生的時候，卡蘿已經四十歲，湯姆四十三歲了。布莉塔妮是他們的「奇蹟」。他們努力想懷孕近十年，就在幾乎要放棄希望之時，卡蘿懷孕了。從布莉塔妮出生的那刻起，她就是卡蘿和湯姆的一切。

他們幾乎時時刻刻都是一起行動。不論是去海灘或迪士尼樂園，他們三個人總是一起做布莉塔妮想做的任何事。

布莉塔妮的父母從不吝嗇於給予她任何想要的東西。她不太需要做家事，因為爸媽希望她盡可能地快樂玩耍。除此之外，她也沒什麼要負的責任，因爲她的父母認爲她「只要當個孩子」就好。

他們在布莉塔妮大約十二歲的時候，開始遇到問題。她變得愛反抗又愛頂嘴，一年一年過去，他們的衝突愈演愈烈。

一直到他們不小心聽到布莉塔妮的同學說她是學校裡的「壞女孩」，才驚覺事情的嚴重性。知道女兒的無禮言行已不再侷限於家裡，這個眞相對他們來說實在太嚇人了，他們想要阻止她的行爲，卻不知該從何下手。

布莉塔妮並沒有改變的動力，所以她的爸媽如果希望她的行爲所有改變，就必須先從自身做起。卡蘿和湯姆在第二次療程時就沒有帶上布莉塔妮，好和我一同討論能夠幫助他們女兒的策略。

待解決的問題如下：

1. **布莉塔妮認為自己是宇宙的中心。**她的父母對她過度溺愛，反而害了她。
2. **她的社交技巧因此受到波及。**布莉塔妮不具備基本的社交技巧，包括同理心和輪流的概念，因此不太能夠與其他孩子好好相處。

如果卡蘿和湯姆想要幫助布莉塔妮，首先必須做出下列改變：

1. **設下她應遵守的限制。**即使她不高興，也要堅持說不。
2. **和布莉塔妮分開行動。**他們要分別爲自己留一些個人時間和夫妻相處時間，讓布莉塔妮了解他們的生活不是繞著她轉的。
3. **讓布莉塔妮知道權利是爭取來的。**卡蘿和湯姆必須讓布莉塔妮知道權利和福利是爭取來的，不能再忽略她的不良行爲，任她予取予求。

起初卡蘿說：「但我們不介意爲布莉塔妮做這些事，她是我們唯一的孩子，我們想盡力給她一切。」我直接告訴他們，重點不在於他們「介不介意」，就算他們喜歡爲她做這些事也一樣。給予布莉塔妮無止境的關心和物質享受，卻不教她負起責任，並非好事。

在和這對父母長談事情如何走到這步後，兩人終於明白他們的行爲如何影響了布莉塔妮看待自己的方式。他們把她當小公主對待，時日一久，她也開始認爲自己是最特別的人。

在接下來的幾週，布莉塔妮的父母開始設下更多基本規範並賦予她更多責任。他們不再給予她無窮無盡的讚美和物質生活，而且終於要求布莉塔妮靠做家事賺零用錢。

一開始，她反而表現得更糟了。她固執己見，拒做任何家事，但她爸媽也絕不讓步。他們不再做任何事都以「布莉塔妮」爲中心，她必須表現良好才能享受一些福利。他們開始強調善良體貼的重要，不再任由她索討想要的一切東西。

他們知道，要布莉塔妮改變對自己的看法，並非一朝一夕之事，畢竟她是從多年的成長經驗中認定自己是宇宙的中心，所以要動搖她的看法也需要一段時間。

但他們決心要有所改變，因爲他們不希望這個被寵壞的小女孩長成不負責任的大人。

你的世界是繞著孩子轉的嗎？

雖然你可能會覺得把孩子當成你的全世界很正常，但這麼做等於在告訴孩子，他們是全宇宙的中心。你是否有以下的情況？

- □我喜歡給予孩子無盡的讚美和褒獎。
- □我覺得我的孩子比其他孩子特別。
- □只要我的孩子有所要求，我很樂意放下手邊的一切事物回應他。
- □我很確定我的孩子幾乎在任何方面的表現都在水準之上。
- □我喜歡不斷告訴孩子他表現優異的地方。

□我覺得在現今社會中，給孩子再多的自信和自尊都不嫌多。
□我花很多時間在孩子想要做的事上。
□我覺得寵溺孩子沒什麼不好。
□我認爲我的孩子本該享有特殊待遇。

爲什麼家長把孩子當成宇宙中心

嬌生慣養、自命不凡、自戀自大、自我中心，你要怎麼形容這類孩子都可以，但不要忘記，父母如果把孩子當成宇宙的中心，他們自然而然會認爲自己高人一等。

還記得我們在上一章談過的罪惡感嗎？通常是這種內疚感促使家長把孩子視爲宇宙的中心。家長如果相信「好爸媽會爲孩子做任何事」這種常見的錯誤觀念，就會過度溺愛孩子。

卡蘿和湯姆就是最典型的例子，他們太高興自己能有孩子了，因此想盡力做最好的父母。他們以爲只要對小孩好，就是在教小孩要對別人好，但他們不知道的是，「對她好」不代表要任她予取予求。他們的做法沒有教她成爲一個溫柔有愛心的人，反而讓她成爲難以應付又自視甚高的孩子。

沒來由的，他們以爲拒絕布莉塔妮的某些要求，就表示他們不是好爸媽。他們認爲自己好不容易有幸爲人父母，自然有責任確保孩子獲得想要的一切，並把布莉塔妮當成生活的重心。

他們的自我認同變成了父母，不再是「工程師湯姆」和「圖書館員卡蘿」。他們開始認爲自己的唯一身分是「布莉塔妮爸爸」、「布莉塔妮媽媽」，這對他們的婚姻和個人的福祉想當然並無益處。

即使你不像卡蘿和湯姆對布莉塔妮那般的溺愛小孩，你的某些行爲還是可能向小孩傳送出他「超級與眾不同」的訊息。或許你明知孩子的成績不夠好，還一直約老師面談，討論爲什麼他沒有升到更高階的閱讀小組；或是你時常表示你的孩子是班上**唯一**數學很好的學生，也是足球隊上**唯一**能踢進十二碼球的球員。

自尊自重和自戀自大間的微妙差異

在九〇年代，自尊心低落成了廣受討論的議題，因爲這個現象如同流行疾病一樣，不知不覺間滲透了我們的生活與校園。爲了解除這個「自尊心危機」，我們開始告訴孩子他們是獨一無二的，所有孩子都能領到獎項，還向他們保證他們是「最棒的」。不知從何時開始，我們再也無法界定健康的自尊自重和有害的自戀自大間的差異。

《自戀時代》（*The Narcissism Epidemic*）一書的作者珍・圖溫吉（Jean Twenge）表示，現

在的孩子從小就得到過多不應得的讚美，導致最近數十年來，西方的青少年愈來愈自以爲是。圖溫吉進一步說道，孩子過度自我膨脹，完全是家長造成的。

家長的邏輯是，如果小小的讚美能夠稍稍提升孩子的自尊心，那大大的誇獎一定可以使自尊心突飛猛進。所以他們不會對孩子說「你今天在足球場上表現得很好」，反而傾向說「你是全世界最棒的足球員」。

社群媒體和自拍更有推波助瀾之效。孩子還小時就會在拍照後問父母：「可以把這張照片分享到臉書上嗎？」接著等他們長大、有自己的社群媒體帳戶後，就會開始比較粉絲數、按讚數和追蹤者人數的多寡。許多青少年試圖透過這種方式成爲網路名人，更加讓他們認定世界是繞著自己轉的。

與此同時，社會還告訴父母，小孩得拚命對抗外型羞辱、飲食失調、網路霸凌和心理健康等問題。因此，父母只好卯足全力稱讚孩子很漂亮、很完美、很可愛，希望幫助他們戰勝這些可能發生的潛在問題。然而，誠實精準的回饋意見才能幫助孩子認識自我，不切實際的空泛讚美卻會讓孩子產生不安全感。父母如果分不清健全自信和自戀自大間的差異，就可能一失足成千古恨。

因為自己的童年而過度補償

有些父母把孩子當成宇宙的中心是爲了療癒自己在童年受的傷。小時候比較窮的爸爸可能會寵溺孩子，讓他們永遠不用經歷貧窮的感受；永遠覺得自己不夠好的媽媽可能給孩子多不勝數的稱讚，以確保孩子自我感覺良好。

以戴夫爲例，從兒子拿撒尼爾出生的那一刻起，他就矢志要讓兒子擁有比自己好的童年。在成長過程中，戴夫的爸爸因爲工時很長，所以沒辦法太常關心戴夫；即使在家，爸爸也不太注意戴夫，因爲他認爲小孩子只要安靜地乖乖待在家，不要多嘴搞怪。

戴夫不希望拿撒尼爾也經歷被拒於千里之外的傷害或孤獨的痛苦；因此，他把自己所有的時間都投注在兒子身上，讓孩子擁有他從小沒體驗過的父愛。戴夫很自傲自己是個親力親爲的父親。

正因爲如此，當幼稚園老師跟戴夫說她有些擔心拿撒尼爾的行爲時，他非常震驚。拿撒尼爾對其他孩子充滿敵意，而且常常出現挑釁的舉動。

在我們第一次的療程中，戴夫就表現出明顯的愧疚感，一進治療室就說：「我覺得自己很失敗，我盡了全力想讓兒子成爲快樂健全的孩子，但看來我連這都辦不到。」

戴夫知道自己的爸爸一直不是個好父親，所以他以爲只要做跟爸爸完全相反的事，就能成為一個好父親。他卻不知道，缺乏關愛跟過度關心都是過猶不及，要找到中庸之道才能皆大歡喜。重點在於找出這個中庸之道是什麼。

戴夫必須明白，兒子的不良行為不代表他就是個「壞」家長，只是表示兒子需要更多協助。戴夫必須接受的事實是，更多協助指的是要多加制定規範，並詳列違規時要承擔的對應後果，而不是無窮無盡的關注。

被當成宇宙中心的孩子就會變得自我中心

孩子在很小很小的時候，會以為自己睡著後世界就停止運轉了，一直到他們睜開眼的那一刻，大家才會一起開始嶄新的一天。對這個階段的小朋友來說，凡事以自己為中心是正常的發展，但如果你持續讓孩子以為太陽是為他們而起落，他們就永遠不會了解世界有多大。

以布莉塔妮來說，她的父母把她當成生活的重心，隨時隨地準備好她要的一切，因而導致她產生不健康的優越感，不僅影響到她的人際關係，更讓其他同學認為她很惡毒。

孩子會因不切實際的自我信念而情緒失控

告訴兒女「你是數學天才」或「你是全世界最漂亮的女孩」或許有立竿見影的效果。孩子五歲大時會信以爲眞，可是到了某個時間點，終究會發現世上的其他人並不這麼認爲。

如果孩子從小大到都聽你說她是世上最棒的籃球選手，日後卻沒有獲選爲全明星賽的隊員，她勢必得面對這兩相矛盾的說法。孩子通常不會認爲你說錯了，反而比較可能覺得是大家看不見自己有多厲害。因此，她可能會說「是教練太蠢才沒有選我」，或是「其他人會入選是因爲教練可憐他們」。

佛羅里達大學（University of Florida）一份二〇一二年的研究發現，覺得自己獨一無二的孩子在面對批評的時候會出現攻擊性，不僅聽不進自己不喜歡的評語，而且通常會因此大發雷霆、怪罪他人。

再多的讚美都不夠

來找我諮商的父母常說：「外面的世界很殘酷，我必須讓孩子變得更強壯，不然他會被世界打垮。」然而，父母「讓孩子變強壯」的方式常常是給予名不副實的浮誇讚揚。過度的讚美並不會如你所想的使孩子更加強大。事實上，這類溢美之詞只會讓孩子變成優越感過剩的人。這可能演變成可怕的惡性循環，孩子會要求更多的讚美和關注，不僅永遠不會感到滿足，還會一直尋求外界的肯定。

認爲世界繞著他轉的孩子很快就會出現以下幾個問題：

- **沒同理心**——孩子如果認爲自己的感受最重要，就不可能考慮到別人的心情。
- **永不滿足**——孩子能得到想要的一切，會對什麼都不知感恩。
- **不太努力**——自以爲是的孩子會認爲自己不需要太努力就能得到想要的事物。
- **不好相處**——認爲什麼事都是以他爲中心的孩子會變得易怒、霸道又難纏。
- **不善等待**——這類孩子覺得凡事都該照自己想要的時間發生。

自我中心的孩子會成為自大自戀的大人

過去普遍認爲，對自己有不切實際的看法且不斷尋求他人稱頌的自戀人格，是源自於成長過程中父母的冷漠與疏離。但後來的研究已推翻該理論，證明事實是完全相反的情況。「過度看重」孩子的父母反而會言過其實，讓孩子自視過高，進而使孩子更可能變成自命不凡的大人。

妄自尊大有什麼不好？首先，自戀的大人並不開心，據調查，他們內心感到空虛，永遠想要獲得更多的讚美，而且他們的自私特質更使自己無法維持健康的人際關係。

自戀狂不像心智強者一樣懂得珍惜所有，總認爲這世界虧欠他們，到哪都覺得自己受盡委屈而耿耿於懷，更認爲自己沒有得到應有的關注、稱讚及權力。

如何改變做法

以湯姆和卡蘿來說，他們的女兒布莉塔妮已被寵壞了，要解決她自命不凡的想法，他們必須完全翻轉自己的育兒方式。湯姆和卡蘿在和她相處的時候，不能再把她當成世上最特別的人。

要教導孩子關注自己可以施與、而非從他人身上獲得的事物。只要改變以下幾個觀念，就能避免孩子認為世界是繞著他們轉的：

- 用仁慈體貼取代自私自利。
- 用心懷感激取代理所當然。
- 用信心滿滿取代自我陶醉。
- 用謙遜講理取代自命不凡。

給予孩子名副其實的讚美和愛意

八歲的比利開始在學校出現行為問題，爸媽帶他來接受心理治療。比利的老師說，他擾亂了上課秩序，也沒辦法跟其他小朋友好好相處。事實上，他幾乎分分秒秒都不尊重他人。

我在第一次療程時問了一些問題，這時比利的媽媽從包包拿出了耳機，把自己的手機交給比利，叫他玩他最喜歡的賽車遊戲。比利戴上耳機全神貫注地玩了起來，媽媽這才小聲地說：「我很確定他的脫序行爲是來自於說話的問題。」比利過去幾年都在接受語言治療，雖然有所改善，但他在某些字的發音還是令人難以理解。

在她解釋完比利的語言問題和他們遇到的狀況後，我詢問比利有哪些優點。媽媽在回答前，先叫比利放下手中的遊戲，請他一起加入談話。確定比利的注意力回到這邊後，她說：「比利擅長的事很多，你說對吧，比利？」他微笑點頭，聽著媽媽滔滔不絕地列出他的優異才華。

「首先，他是我見過跑最快的孩子，還可以從足球場的一端把球踢到另一端。而且他很聰明，從幼稚園起就開始嶄露數學天分。」

他的爸爸附和道：「他很有機械天分，最喜歡把東西拆開來，看它們如何運作，重點是他還能組裝回去，而且東西的狀態比原來更好。他之前把我的手錶拆解開來，然後又完好無缺地拼了回去。」

比利的媽媽馬上把話接了過來，繼續細數比利的各種優異表現。他們夫妻倆不斷地讚揚比利有多厲害。

雖然看見家長能毫不猶豫地說出孩子的優點令我耳目一新——有時家長面對行爲不良的

孩子時，說不太出他們的優點——但比利的父母如此鉅細靡遺地說出他的傑出技能，使我了解爲什麼比利會出現問題行爲了。

比利雖然因爲語言障礙而有根深柢固的自尊問題，但他的不良行爲並非源自於此。他行爲失控的原因是他認爲自己比其他小朋友厲害。

比利的父母實在太擔心他會因爲語言問題而被人取笑，所以他們用大量的讚美來彌補他。不幸的是，他們給予他的許多讚美多半不是眞的，而比利的優越感顯然對他的交友沒有任何好處。

比利的父母必須開始誠實面對比利和他們自己，也必須停止告訴孩子他每件事都做得出類拔萃。除此之外，他們也必須明白，和比利討論他語言上的問題不是什麼大不了的事，又不是什麼祕密。他已經接受好幾年的語言治療，開誠布公地談論這些問題，才能讓他不會因此感到難爲情。

許多家長跟比利的父母都犯了同樣的錯誤。這些父母讚美孩子的唯一目的是提升他們的自信心，可惜的是，誇大不實的回饋意見弊大於利。

給予能夠形塑個性的稱讚是健康的做法，但如果讓孩子的自信過度膨脹就不太健康了。以下透過幾個情境來示範健康與不健康的讚美方式：

1. 稱許富同理心的行為。

點出良好的行爲，讓你的孩子明白尊重他人的重要性。把重點放在他的善意對其他人的影響，而不是做好事會讓他成爲多好的人。這樣即使你沒在場稱頌他的選擇，他也會努力幫助他人。

情境：孩子和朋友分享零食。

不健康的讚美：「你是全世界最大方的孩子！」

較適當的讚美：「你願意和朋友分享零食很棒，他看起來很開心。」

2. 讚美孩子付出的努力而非得到的結果。

不論你的孩子是在籃球賽中得了十分，還是他成績優異拿了書卷獎，讚美他的成功是在告訴他，他必須表現傑出才能獲得你的認可。如果你稱讚他的付出和態度，他會明白你看重的是他的努力而不是成就。

情境：孩子在數學測驗中考了一百分。

不健康的讚美：「每題都答對了，很棒！」

較適當的讚美：「你今年一直很努力，現在你的付出果然有收穫了！」

3. 稱讚孩子可以控制的事。

讚美孩子與生俱來的特質，像是她多漂亮或聰明，並沒有太大助益，因爲這些不是她能掌控的事。所以，你要稱許的是她的行爲而非她的特質。

情境：孩子在足球賽中射進一球。

不健康的讚美：「你是超棒的運動員！」

較適當的讚美：「你在場上的爆發力十足，看得出來你全力以赴了。」

孩子是家庭成員而非皇室成員

我在治療室中見過許多繼親家庭，他們有各式各樣棘手的家庭問題要處理，艾莉森和麥特這對夫妻也是如此。麥特與前妻所生的女兒綺拉目前八歲，她都在週末的時候來拜訪艾莉森夫妻倆。

麥特和艾莉森感覺無法拉近和綺拉的距離。麥特說：「我只有週末會見到她，幾乎沒辦法和女兒維持良好的父女關係。就算艾莉森已經跟我在一起三年了，她還是不太能跟綺拉建立起關係。」

麥特很享受女兒來過週末的時光，但他說：「我們沒辦法參與她的日常生活，像是陪做家庭作業和帶她去練習壘球。」艾莉森附和道：「我們和她的關係有點太拘謹了。」

他們向我解釋，每週末他們都盡力想出各種好玩的活動。每次女兒來的時候，他們都會一起去公園、看電影、上餐廳和玩遊戲，但還是覺得綺拉沒辦法向他們敞開心房。

我們討論了如果綺拉和他們住在一起，週末會有什麼不同之處。他們表示，如果綺拉和他們住一週的話，週末的行程應該是放鬆一下、採買生活用品或是整理家裡。

我問他們，爲什麼不現在就開始這麼做？麥特表示：「因爲我們和她在一起的時間有限，不想浪費在瑣碎的事上。」我很能理解他們的想法，但只要他們把綺拉當成貴客而不是自家女兒對待，他們就沒辦法和她建立正常的關係。

他們每週末都爲她鋪上紅地毯盛大迎接，只要她想要的，他們都會去做，難怪和他們在一起的時候，她沒有在家的感覺。

夫妻倆後來同意開始以對待家庭成員的方式與她相處。他們在接下來的幾週，慢慢地讓週末的生活歸於平淡，像是去食品雜貨店買東西、在家煮飯、做著平常在家就會做的事，綺拉一樣會加入他們的活動，差別只在於，他們不再一直想著要做什麼好玩有趣的事。

令他們吃驚的是，綺拉對這種轉變沒有任何怨言，反而很喜歡幫爸爸整理車庫，和繼母一起去雜貨店時也很開心。她也會自己一個人待在房間（以前從來不曾發生過），麥特和艾莉森發現她更像「待在自己家」了。他們過去一直以爲把心力全放在她身上是對的做法，但知道讓她有些自己的空間反而最好，這讓他們很開心。

不論是繼親或其他類型的家庭，只要你不把孩子當成宇宙的中心，你和孩子的關係都會有所改善。把孩子當成摯愛的家庭成員尊重，讓他們對家庭有適度的貢獻。當他們清楚了解其他成員會如何對待自己，以及自己應該如何對待他人，他們日後就更能與其他人建立健全的關係。

如何告訴孩子他們不是宇宙的中心

有些青少年會把時間花在為慈善事業募款或服務窮苦人家，有些則是把閒暇時間用在思考週六晚上要穿什麼。你的孩子不一定要立志改變世界，但他們必須知道，世界不是繞著他們轉的。你應該要努力養育善良、有愛心的孩子，除了自身需求外，也知道照顧他人的需求。

以布莉塔妮為例，身為被寵壞的獨生女，她的父母必須讓她知道，她不一定能得到她想要的一切。他們必須教導她，她應該要顧慮他人的感受，也要學著用更符合社會規範的方式處理自己的情緒。

設身處地為他人著想

孩子很容易鑽牛角尖，常常用自己的角度來看事情，還認為那就是唯一正確的觀點。你要告訴孩子，他們的行為會影響到別人，因此要多想想別人的感受。

當孩子害別人傷心或受傷時，讓他承擔後果並叫他下次要「友善點」是最簡單的途徑。

但在孩子懂得如何設身處地爲他人著想前，他們很難發自內心地尊重他人。雖然問小孩：「下次你可以採取什麼不一樣的做法？」或許會有幫助，但你可以採取更好的方式，幫助他們思考自己的行爲對別人有哪些衝擊。如果你的孩子害別人受傷，他必須清楚回答完所有「爲別人著想」的問題，才能得回他的福利與權利。

你可以請孩子回答這四個問題：

1. 我犯了什麼錯？
2. 我的行為對別人造成了什麼影響？
3. 如果我是對方，我會怎麼做？
4. 我下次怎麼做得更好？

如果你家小孩打了他的朋友，要他獨自冷靜一下。隔離處罰結束後，請他回答「爲別人著想」的問題，講完了才能繼續玩玩具。以下是示範情境：

家長：你犯了什麼錯？
小孩：我打了艾佛瑞。

家長：艾佛瑞被打之後怎麼了？

小孩：我害他的手臂受傷了，而且他很難過。

家長：沒錯，你說對了。如果你是艾佛瑞，你會怎麼做？

小孩：我可能會還手。

家長：你下次可以怎麼做才不會讓艾佛瑞受傷？

小孩：我可以跟你說他拿了我的玩具。

家長：這個選擇很好，這樣你就不會害艾佛瑞受傷了。

這項練習的重點在於協助孩子思考以後要如何以禮待人，而不是如何規避後果。每次孩子不守規矩時，固定和他進行一次這樣的對話，提醒他別人也是有感覺的。

教孩子心存感恩

小孩如果知道珍惜、感謝自己所擁有的，就不會堅持自己應該得到更多關注、重視和物質享受。灌輸孩子心存感恩的概念有許多好處，包括提高生活滿意度，以及降低孩子的嫉妒心、物質主義和憂鬱程度。

對生活中的簡單小事表達感激，像是下雨可以灌溉植物、太陽讓我們感到溫暖等。你要試著讓小孩明白，生活中總是有值得感謝的小事。

以下是教導孩子心存感激的幾個方式：

- **建立每日的感恩儀式。**你可以在孩子上床前問他們：「你今天最感謝的兩件事是什麼？」或是在餐桌上輪流說出自己這天爲什麼心存感激，並將這個活動變成日常生活習慣。
- **打造感謝罐或感謝板。**大家可以輪流寫下自己感恩的事並貼在板子上或放入罐子中。隨著紙條愈來愈多，全家人都會看見生活中有多少值得感謝的事。
- **鼓勵孩子養成寫感激日記的習慣。**每天寫感激日記對孩子在情緒和社交方面的成功有極大的幫助。鼓勵孩子從簡單的日記開始寫起，一一列出她每天心存感激的三個理由。

點出事件背後有其他可能原因

你一定會遇到孩子堅持其他人的行爲跟自己有關的情形。如果你發現家中小孩以爲什麼事都和他有關，請提出其他的可能原因。以下是示範情境：

小孩：伊娃一定是在生我的氣。她都不回我的簡訊。

家長：那是她不回簡訊的唯一原因嗎？

小孩：對，不然她都會回簡訊。

家長：有沒有可能她剛好有事不能開手機？

小孩：我不這麼認爲。

家長：或是她的手機沒電了？還是她惹了麻煩，所以手機被拿走。她沒回覆是不是有其他可能的理由？

小孩：或許吧，她可能睡著了之類的。

家長：對啊，雖然她也有可能在生你的氣，但我想她不回你還有其他幾百種原因。

我們必須承認，我們很容易假設其他人的選擇和自己脫不了干係。你要找機會溫和地提醒孩子，其他人的生活和人生不是繞著她轉的。當你協助孩子建立對別人的實際期望，孩子就能夠從其他角度看事情，將來更能夠面對眞實世界的狀況。

學齡前兒童：教導他們有同理心

雖然同理心是很複雜的概念，但三到六歲是開始教導小孩考慮其他人感受的好機會。教導同理心最有效的方式是親自示範給孩子看。

如果你的孩子因為膝蓋破皮在哭，你可以說：「看到你受傷了我很難過，膝蓋破皮了一定很不好受。」當你給她一個擁抱、親親她的傷口、在破皮處貼上ＯＫ繃，就是在向她表示你在乎她的感受。

如果是情感受傷，你也可以用類似的方式回應，像是說「我知道你現在很害怕」或「每當你傷心時我也很難過」。試著和小孩一起解決問題，你可以說：「我們可以做什麼讓你好受一點？」

面對孩子的痛苦時展現同理心，可幫助他們學著找出正在苦苦掙扎的他人。他們在看見有需要的人時，也比較會出手幫忙。

教導學齡前兒童基本的情緒，像是快樂、生氣、傷心、害怕等。和家中小孩對話的時候，說明自己當下的感受，像是「我很開心今天要去拜訪奶奶」或「我很難過你身體不舒服」。你也可以告訴孩子其他人的感受。看見某個小朋友哭的時候，你可以說「那個男孩看起來很難過」，或「那個小女孩知道她得回家的時候，看起來眞的很生氣」。

研究顯示，在說故事的過程中說明書中人物的情緒，可以提升孩子對情緒的理解力。米蘭比可卡大學（University of Milano-Bicocca）的研究人員進行了一項研究，他們將受試孩童分成兩組，一組小朋友把他們讀的內容畫出來，另一組則是討論書中人物的情緒。兩個月後，討論組的小朋友都展現出較佳的情緒理解力且更具同理心。

和小孩子一起讀書、看電視時，把握機會停下來和他們聊聊書中角色可能會有的感受，你可以問「你怎麼知道他在生氣？」和「你覺得他爲什麼難過？」這類的問題。找出和感受有關的肢體語言及言談線索，直接點出來，這麼做可以幫助孩子更加了解他人的感受。

如果你眞的希望孩子學會同理他人，不妨請他們表演別人的感受。研究人員發現，模仿臉部表情會引發大腦中特定情緒相關部分的變化。做出難過或生氣的表情甚至會改變心跳、膚電及體溫。

當你請孩子表演其他人的感受，他便能進一步了解他人的情緒。你可以說：「艾佛瑞被打的時候，你覺得他是什麼表情？」當孩子試著做出皺眉或眼睛朝地下看這類難過的表情時，他眞的會感到難過。

你也可以用這個方法告訴小孩，他如果展現出利他行爲，會如何爲別人帶來正面影響。你可以說：「如果你爲奶奶畫一幅畫，你覺得奶奶會是什麼表情？」當小孩面露微笑時，他會感到開心並了解自己的行爲對他人的影響。

學齡兒童：教導他們擔任志工

當小孩子不願意吃花椰菜時，如果你說：「世界上有很多餓肚子的小朋友，他們肯定很想吃這些菜。」這種邏輯不太能夠培養孩子關懷全球的心。但如果是全家一起去食物銀行擔任志工，反而能讓他看見其他人遭遇的問題。

參與志工活動的孩子較能同理他人。此外，加入社區服務計畫也可以賦與孩子生活的目標與意義。從小擔任志工的孩子，在青少年時期與長大成人後繼續擔任志工的機率也比較高。

如果你的孩子積極參與志工活動，他將了解其他人和他一樣會遇到困難，也比較會思考如何幫助他人與所處的社區，而不是期望別人隨時滿足自己的所有需求。

與其爲線上慈善事業募款或捐款給第三世界國家，不如盡量讓孩子親身參與相關活動。你可以協助家中的學齡兒童以下列方式自願幫助他人：

- 幫年邁的鄰居除草。

- 在慈善廚房幫忙供餐。

- 爲無家可歸者準備補給包並捐給遊民收容所。

- 在動物收容所擔任志工。

- 爲養老院或兒童醫院製作小卡或小禮物。

- 參與社區清潔計畫。

讓孩子知道他們可以透過很多方式爲世界帶來改變。當他認爲自己有能力爲他人付出時，他就不會花太多時間認爲全世界都應該爲他的需求和要求著想。

青少年：教導他們人外有人、天外有天

現今的社會鼓勵年輕人透過自拍和個人影片在社群媒體上宣揚自己的生活細節，在這樣的環境中，要教導青少年不要太過自我陶醉並不容易。想幫助青少年了解他們不是宇宙的中心，關鍵在於觸發他們敬畏的感受。

加州大學柏克萊分校（University of California, Berkeley）的研究人員發現，敬畏感可以讓我們用全新的視角看待世界和周遭的環境。敬畏讓我們知道自己的渺小，幫助我們明白，自己處在一個比自身偉大的存在中。

家中青少年體驗過敬畏的感覺後，他會與身處的世界建立起連結，同時間也會明白自己不是宇宙的中心。

敬畏是非常強大的感受，通常會引發身體的生理反應。在俯瞰大峽谷或抬頭仰望滿天星斗時，你會全身起雞皮疙瘩，這是因爲敬畏的感受觸發了交感神經系統，導致皮膚下的肌肉收縮，進而使毛髮站立。這是很強大的力量。

那你要如何讓家中的青少年體驗到敬畏感？雄偉的山脈、壯闊的海景等，這些大自然景色都能觸發敬畏之心，但每個人感到敬畏的事物不盡相同。

也就是說，有的青少年可能會因為在湖上划獨木舟而心生感動，有的則是在博物館看到暴龍骨架時才會心生敬畏，你要找出能讓家中青少年有所敬畏的事物。不過別擔心，不用環遊世界也能鼓勵家中孩子心懷敬畏。

書中的照片或教育影片都可以引發敬畏之心。如果你的孩子對大自然不感興趣也沒關係，有些青少年在聽聞成就偉大善行或克服巨大逆境的眞實故事時，也會產生敬畏之心。

知本分的孩子會長成對社會有貢獻的大人

保德信青少年志工菁英獎（Prudential Spirit of Community Awards）每年都會頒獎給積極參與社區服務的模範青少年，其中有許多獲獎的孩子成就了連大人都覺得不可能辦到的事。

二〇一六年的得獎名單中，有一名十四歲的孩子叫作凱拉·阿布拉莫維茨（Kayla Abramowitz），她來自佛羅里達州的北棕櫚灘，創立了一間名為「Kayla Cares 4 Kids」的非營利組織，為全美五十州的醫院和麥當勞叔叔之家慈善基金會募集了上萬部ＤＶＤ、書籍及其他物品。

還有十一歲、來自肯塔基州路易維爾的葛瑞絲・戴維斯（Grace Davis）爲早產兒募得了超過十四萬美元。葛瑞絲才五年級，就懂得將小豬存錢筒發給社區裡的學生，鼓勵大家多多儲蓄響應募款。

十歲的傑克森・席佛曼（Jackson Silverman）來自南卡羅來納州的查爾斯頓，他爲家中食物不夠的孩童準備週末的午餐。他說服了當地的一間食物銀行讓他發起青少年志工計畫，至今已提供了超過一萬四千份便當。

許多孩童都在努力幫助別人，如果他們把自己視爲宇宙的中心，就不可能有此成就。心智強者不會認爲這世界欠他什麼，他們致力於付出而非求取，並認爲自己有能力帶來正面改變。他們不會說「應該有人去做些什麼」，而是自己身體力行，採取行動。如果你在養育小孩的時候，讓他明白自己的特別程度不過跟其他人一樣，他就會變得更善良且富同情心，致力於讓世界變得更好。

解惑及常見陷阱

不要落入相信「給孩子愈多就是愈好的父母」這種陷阱，也不要以爲你給孩子愈多，他就愈願意給予他人。這些策略會造成反效果。

你要盡量和小孩談談他可以付出什麼，不要光是討論他想要的東西。因此，不要問他以後工作時想賺多少錢，而是問他想爲社會做出多少貢獻。在節慶假期時，不要只關心他想要什麼禮物，而是幫他列出他想給其他人的禮物清單。

另一個常見的問題是，家長把所有的時間都投入孩子的活動。雖然課外活動可以迅速填滿你的空閒時間，但也不要把你的每分每秒都花在當孩子的司機、啦啦隊和娛樂專員上。爲自己留一些時間，從事和孩子無關的活動，對你的身心大有助益。你可以偶爾在週末度個假，或是把上健身房當成生活的首要之務，讓孩子知道你有好好照顧自己是件好事。

最後，不要堅持自己的孩子應該是特例，像是要求樂團指導老師讓自己的小孩加入，即使他未達標準；或是要求教練讓小孩上場比賽，即使他一直錯過練習。這些做法只會惡化孩子相信自己與眾不同的定見。

要求你的孩子和其他人一樣遵守規定和程序。不管你覺得公平與否，提醒自己，遵守規定可以讓孩子明白自己並非高人一等。

實用技巧

- 給予誠摯的讚美。
- 讓孩子心存敬畏。
- 全家一起擔任志工。
- 建立感恩儀式。
- 教導同理心。
- 協助孩子將心比心。

當心陷阱

- 給予過度的讚美。
- 給孩子特殊待遇。
- 過度強調孩子的成功而非付出的努力。
- 堅持孩子是特例。
- 讓自己的生活完全繞著孩子轉。

4 不隨恐懼起舞

安娜因爲擔心她十二歲的女兒柔伊出現日益失控的行爲，所以帶她來接受諮商。「看看她的頭髮！上星期她沒經過我的同意就去染成這樣。」她一邊說一邊指著女兒的金髮，一眼就看得出是染的。

安娜的丈夫保羅工時很長。而安娜是全職媽媽，教育五個孩子的重擔因此大都落在她身上，柔伊是老大。安娜表示，她對孩子的管教很嚴格，就是爲了避免孩子自己跑去做「這種事」。安娜又說：「我不過讓她去朋友家幾小時，回來就變成這樣了。事實證明，我們必須對她更嚴一點，因爲她完全不值得信賴。」

但當安娜說完她們家的規範時，我才眞的明白她所謂的「管教嚴格」是什麼意思，她家比較像新兵訓練中心，而不是適合小孩成長的地方。

柔伊和她的弟弟妹妹每天的行程幾乎都排得滿滿的。安娜規定柔伊每晚一定要睡滿九個小時，每天還會監督孩子做滿六十分鐘的運動。安娜還說，她做了很多事來確保孩子健康，像是買有機食材、出門在外一定都用洗手液洗手等。「你永遠不知道手上會沾到什麼細菌！」她高聲說道。

除了「運動時間」以外，每天還規定要花兩小時讀書與寫作業。孩子們不只有一長串的家事要做，而且只有出於課業需求才能使用三十分鐘的電子產品，因爲安娜認爲其他小孩花太多時間在玩3C產品。「看太久螢幕對眼睛不好，更別提對大腦的傷害了。」

准許孩子去朋友家玩，在安娜的管教下是很難得的事。但現在因爲柔伊去朋友家時染了頭髮，安娜清楚宣布她再也別想去朋友家玩了。

安娜擔心，柔伊的「叛逆行爲」可能代表了更根深柢固的問題。除了擔心柔伊用在頭髮上的「有毒化學物質」外，她認爲柔伊可能有身體意象或心理健康問題。她覺得柔伊決定把頭髮染成金色，是因爲不滿意自己的身體，所以才帶柔伊來接受心理治療。

雖然安娜原本是希望心理治療可以「修好柔伊」，但這個小女孩其實沒有任何問題，所以我給安娜的建議是請她改變育兒習慣。

眞正的問題其實是：

1. 安娜的規範太死板。太過嚴格的規定很可能會嚴重限縮柔伊的發展。

2. **她把兒童正常的行為當作自家孩子需要更多規範的證明。**她以爲孩子不遵守她訂下的規定，就代表孩子「失控」了。

我的建議如下：

1. **認識兒童發展。**如果想要做出任何眞正的改變，安娜首先必須改變她的心態。我建議她閱讀一些兒童發展相關書籍，了解柔伊的需求。

2. **安排自由活動時間。**柔伊需要時間發揮創意、探索世界、享受當孩子的時光，也就是說不要給她這麼多規範。我建議安娜每天至少安排一小時的時間，讓柔伊做自己想做的事。

3. **讓柔伊有選擇的機會。**柔伊必須學著做出正確的選擇，靠自己解決問題，不需要媽媽的干涉和建議。讓她爲小事做決定，像是要先寫作業還是做家事，這樣她才有機會安全地學習獨立自主。

4. **放寬某些規定。**安娜必須明白，柔伊某天晚點睡或孩子偶爾吃點零食，並不會造成難以收拾的混亂。

安娜不太確定要不要取消某些規範，擔心她如果稍稍鬆手，家裡就會陷入無政府狀態。處處規範孩子的生活讓她覺得事情比較在掌控之中，也有助於降低自己的焦慮。

因此，他們全家的治療計畫也包括協助安娜學習如何管控自己的焦慮感。當安娜學會與不確定感和平共處時，她就能做出對孩子最好的育兒決定，不是被自己的焦慮感牽著走。

事實證明，放寬一些規定後並沒有讓家裡陷入一團混亂，這讓安娜放心不少。當她給柔伊一些自由後，柔伊為了爭取更多想要的權利，變得更願意以行動證明自己能夠承擔責任。

你有多少育兒決策是出自恐懼？

在現今社會中，養兒育女確實是件很嚇人的事，但如果你讓恐懼主宰了自己的育兒決定，可能反倒害孩子要承擔那些不堪設想的後果。以下幾項陳述是否符合你的情況？

- □我想盡辦法不讓孩子感到害怕。
- □多數時候我都過度保護孩子。
- □我對孩子的擔心程度遠高於其他家長。
- □我不太讓孩子單獨出門或獨自行動。

- □很多事我都不准孩子嘗試，因爲我怕他受傷或傷心。
- □我認爲保護孩子不受批評是我的責任。
- □我花很多心力思考孩子可能遇到的最糟狀況。
- □每當孩子感到害怕時，我會馬上出手幫他。
- □我花很多精力在安撫小孩，而不是教他如何使自己冷靜下來。
- □我費了很多心思在降低孩子可能遇到的各種風險。

爲什麼家長會順從恐懼育兒

爲了抑制自己的焦慮，安娜制定了十分明確且嚴格的規定，變得過度堅持孩子要按表操課，並限制了他們的活動內容。雖然她立意良善，但這些教養策略最終比較像是爲了減輕**她自身**的焦慮。

對父母來說，小心謹慎點總是比較安心自在。不管怎麼說，如果因爲不認識對方家長就不讓孩子去朋友的生日派對，他們也不會因此一輩子受創。儘管如此，有時家長的育兒決策比較是爲了減輕自己的壓力，而不是替孩子做最好的選擇。

新聞讓世界變得異常可怕

不論是查看社群媒體，還是收聽當地新聞廣播，你基本上都會聽到各種自然災害、暴力和疫情失控的報導，甚至還會聽到孩子被綁架或大規模的槍擊事件。這些悲劇和暴行會讓你覺得整個世界搖搖欲墜。

羅伯特伍德約翰森基金會（Robert Wood Johnson Foundation）在二〇一四年進行的一項民調發現，超過百分之四十的美國人會因爲看到這類新聞報導而焦慮不安。久而久之，因爲這些新聞而產生的焦慮感改變了某些家長的教養方式。在桑迪胡克小學（Sandy Hook Elementary School）校園槍擊案發生後，來我這裡接受心理治療的一位媽媽改爲孩子註冊了私立小學，因爲她覺得「公立小學不再是安全的地方」了。另一個家庭因爲不想「讓孩子身處險境」，所以每週花了無數時間研究自學的可能。

以統計數據來看，你的孩子在意外車禍中喪生的機會遠高於校園槍擊案。話雖這麼說，但父母的恐懼是可以理解的。雖然暴力犯罪事件在過去數十年有所下降，但在各色媒體的大肆報導下，這個世界好像變得比以往都還要危險。

分辨何謂真實危險並非易事

二〇〇八年，蘭諾・史坎納茲（Lenore Skenazy）應她九歲兒子的要求，讓他自己搭紐約市地鐵回家，身上只帶一點點錢和地鐵卡（MetroCard），最後兒子毫髮無傷地回到家了。

當史坎納茲在《紐約太陽報》（*New York Sun*）上針對此事發表了一篇文章後，義憤填膺的家長們指責她不顧孩子的安危。沒多久，她就被冠上「世上最糟糕的媽媽」的罪名，世界各地的媒體、心理學家和育兒專家也開始爭相討論她的育兒能力。

因為看見各界的強烈反彈，她決定發起「給孩子自由運動」（Free Range Kid Movement），提倡父母要給孩子更多的自由。她表示，現在的孩子其實比過去更安全且能幹，但大多數的家長卻不這麼認為。

史坎納茲不是唯一因為給孩子太多自由而上頭版的家長。二〇一四年，一位住在南卡羅來納州的媽媽遭到逮捕，因為她去速食餐廳上班時，把九歲的女兒自己留在附近的公園裡玩耍。還有無數頭條新聞報導了小朋友獨自走在街上或單獨留在車上的事件。

這些報導引發社會大眾對安全議題和最佳育兒方針的熱烈討論。雖然把嬰兒留在悶熱的車上絕對不安全，但在外頭氣溫約攝氏十度時，讓七歲的小朋友待在車上，家長花個兩分鐘的時間去加油站買東西，也會造成危險嗎？

現在有太多太多關於如何養育健康孩童的育兒建議，讓人眼花撩亂，無所適從。某個網站提出警告，湖水裡有許多食腦變形蟲，而另一個健康網站則說，把髮圈綁在手腕上可能造成感染，危及性命。雖然上述例子的風險微乎其微，但光是聽聞這些極端的警世故事，可能就會讓你不禁質疑起自己的育兒決策。

身為首代可以在幾秒鐘內就找到所需一切資訊的家長，是幸也是不幸。當孩子身上長了奇怪的疹子時，你不再必須仰賴醫學字典中的一小段答案，只要上網搜尋，就能找到數百頁的相關資訊、猜測和個人恐怖經歷。過沒幾分鐘，你可能就會認定，孩子身上的一小片紅疹其實是某種致命的皮膚癌。

排山倒海而來的育兒選擇、恐怖故事和聳動報導，讓你一不小心就成了疑神疑鬼、擔心孩子身染怪疾的家長。

父母的恐懼會讓孩子對世界忐忑不安

安娜的軍事化教養風格是為了隨時掌握孩子的全盤狀況，大至孩子的活動項目，小至生活中的細枝末節都不放過。而她不明白的是，過度關心的育兒方式很可能會妨礙孩子的發展。

即使沒把家裡搞得像新兵訓練中心一樣，你的某些育兒行為也可能是出自於恐懼，如果不多加注意，你就會因為想要控制自己的情緒，而採取效果不佳的教養策略。

順著恐懼育兒會導致錯誤的教養決策

如果你在養育小孩的時候總是擔心受怕，就無法爲孩子做出最好的決定。讓恐懼主宰教養策略的父母常常會出現下列行爲：

1. **過度保護。**這類家長會出於擔憂，禁止小孩從事某些活動，因此使孩子無法盡情發揮創造力，探索周遭世界，享受多采多姿的童年生活。
2. **干涉太多。**這類家長在毫無必要的情況下，還是會插手干涉孩子的大小事，介入孩子的選擇。
3. **避免不安。**這類家長在決定育兒方針時，會優先考慮最不會讓自己感到焦慮，而不是長期來看對孩子最好的選項。

愛波是我之前的案主，她一開始來心理諮商是爲了解決焦慮問題，以上三種不健康的習慣她都有。小時候弟弟在河裡溺斃的創傷經歷，讓她在爲人母後，很怕同樣的意外會發生在自己孩子的身上。

爲了保護孩子，她寸步不離地守著他們，從不讓他們靠近海灘、湖泊或泳池。她認爲只要孩子不接近任何深水地區，就不會遭逢和自己的弟弟同樣的命運。

某天她去朋友家拜訪的時候，本來應該在房間跟朋友玩的七歲兒子，不知怎麼地走到了外頭，而不會游泳的他最後掉進了鄰居家中的泳池。好險鄰居聽到他在水中掙扎的聲音，趕緊把他救了出來。儘管如此，這起意外讓愛波受創更深了。

她的本能反應是加倍地過度保護孩子。過了好些時間她才發現，自己試圖讓孩子不靠近任何水源的做法，反而害他們更可能因此溺水。如果她想確保他們的安全，她需要做的是教他們游泳。

令人遺憾的是，許多家長都跟愛波一樣，把保護孩子的心思用錯了地方，不但沒有教孩子必備的安全技能，還想盡辦法避開任何可能造成危險的事物。然而，你無法讓孩子永遠待在安全的地方，因此最好讓他們學會面對危險時所需的技能，而不是以爲自己可以永遠讓他們遠離傷害。

恐懼會傳染

我在治療室放了各式各樣的玩具，這些玩具其實都是我的診斷工具，可以在孩子無所察覺的狀況下，評估、診斷並治療他們的問題。年幼的孩童雖然沒辦法說出自己不健康的思考模式或描述自己的核心信念，但透過想像遊戲，我就能知道他們看待世界的方式。

玩具農場和各種小動物模型（豬、羊、牛、馬等）是很受歡迎的玩具，但我也有準備看起來很兇猛的恐龍，或是像在狩獵的狼群。

認爲這個世界很安全的孩子會用柵欄把掠食性動物圍起來，並且會說「暴龍要住在柵欄裡，因爲壞動物必須關起來」這類的話。

覺得外頭世界很可怕的小朋友則是把農場動物放在柵欄裡面，他們可能會說：「小豬你必須待在柵欄裡，因爲我不希望你被壞動物吃掉。」反觀掠食性動物則可以四處走動。

這些想像中的場景讓我得以一窺小孩子的核心信念。他們是否相信這個世界本來就是個好地方，只有一些「壞傢伙」需要被關起來？還是他們認爲這個世界很可怕，所以善良的同伴必須和外面的世界隔離開來？不論孩子的信念爲何，他們都是根據自己的經驗和從爸媽身上觀察到的現象發展而來。

心理學家早就發現，父母的恐懼會傳承給小孩。父母如果有焦慮症，小孩通常也會有同樣的問題。

過去數十年來，大多數的研究學者認爲，焦慮肯定是透過基因遺傳的，但約翰霍普金斯大學醫學院（John Hopkins University School of Medicine）在二〇一〇年針對同卵雙胞胎進行了一項研究，證明事實並非如此，焦慮可以是習得性行爲。

過度保護孩子的家長會片刻不離地守著孩子，試圖確保他們的安全。然而，沒有經歷任何逆境的孩童就無法發展出堅韌的心智，以便日後長成心理健全、負責任的大人。到頭來，父母想要控制自身不安的意圖，反而導致孩子過度依賴他們。

這種過度保護的育兒方式是造成「歸巢小孩」（Boomerang Kids）現象興起的主因之一；該現象指的是愈來愈多大學畢業生和二十來歲的年輕人搬回他們兒時的房間。皮尤研究中心（Pew Research）在二〇一二年進行的一項問卷調查發現，美國十八歲到三十四歲的人口中，有百分之二十四的人曾經回家和父母同住。

這些年輕人不一定是因爲經濟狀況不佳、房租或工作薪水太低才突然躲回爸媽家中。事實上，二〇一五年一項發表在《婚姻與家庭期刊》的研究顯示，年輕人回家和爸媽同住的主因，大都不是出自財務問題，而是無法應付獨立生活所帶來的情緒壓力。

研究人員發現，許多青年無法妥善面對從青春期邁向成年的轉換階段；找工作、從大學畢業、自己付帳單等變化，對他們來說實在太難以負荷。

有些年輕人深受不健康的應對技巧所苦，像是酗酒；有些則是開始有憂鬱症或焦慮症等心理健康問題。

對成人世界的現實毫無準備，肯定不是美國才有的現象。英國二〇一五年的一項問卷調查發現，青年通常在二十九歲以前，都不「覺得」自己已經是大人了。住在家裡、玩電腦遊戲、看卡通等，都是他們覺得自己還沒長大的主要原因。

如果孩子在成長過程中相信，自己需要別人保護他們不受外頭嚇人世界的傷害，他們就無法學習處理現實生活問題所需的技能，也難怪許多年輕人會回到兒時的家尋求安全庇護。

如何改變做法

還記得先前提到的安娜嗎？她一心忙著確定柔伊遵守嚴格的健康飲食法，反而忽略了更重要的大局。她必須先停下腳步，檢視自己需要教導小孩哪些技能以及要採取哪些步驟，才能幫孩子長成心智堅強的大人。

球場和戰場上常說，進攻就是最好的防守，育兒路上也是如此。如果你希望孩子平安健康地長大，就不要費盡心思排除所有疑難雜症，而是要花時間教他們解決問題與保護自己的技巧。

想想自己的童年經歷

我們對於危險的看法轉變得如此之快，令人嘆爲觀止。以現今的標準來看，許多數十年前習以爲常的做法可能都是要坐牢的。

繫安全帶和兒童要坐安全座椅是最近才有的法規。但你能想像現在還有人開車的時候，讓幼兒在車子裡四處亂爬嗎？

如果家中的青少年沒帶手機就開車出門，可能會嚇壞大多數的現代家長，因爲他們會擔心，如果發生了緊急事故，小孩子要怎麼聯絡他們？我們好像都忘了，我們小時候大都沒有手機，還不是好好地活下來了。

花幾分鐘的時間想想，你爸媽讓小時候的你做過的哪些事，在今日可能會害他們坐牢或遭通報兒童保護服務。許多在過去司空見慣的做法以當今的標準來說，都可能被視爲危及兒童安全或疏於照顧。

不論是玩生鏽的盪鞦韆，還是騎腳踏車不戴安全帽，只要回想自己小時候的經歷，你就能用比較客觀的角度來看待現今過度重視安全的趨勢。接著想想哪些事是你爸媽曾經讓你做過，但你絕對不會准許自家孩子這麼做的。

評估孩子可能面對的風險

擔心的程度跟實際的風險其實沒有任何關係。也就是說，即使你覺得惶恐不安，也不代表眞的有值得擔心的事。

那你要如何決定什麼時候孩子可以獨自待在家？或是如何決定什麼時候可以讓孩子獨自和朋友出去玩，不需要成年人陪伴？問問自己下列問題：

- **我會跟我的摯友怎麼說？**如果是另一個家長問你：「我該讓孩子這麼做嗎？」你回答的時候就比較不會帶入情緒反應，邏輯也會更清晰。也就是說，你不妨試著採用自己會給其他家長的建議。
- **我知道哪些實際資訊？**盡可能針對某個主題搜尋任何你可以找到的相關資訊，以便了解實際的危險程度和相關風險的統計數據。
- **我不讓孩子這麼做的風險是什麼？**你准許孩子做的大多數事情都有一定的風險，但也別忘記想想，不讓孩子做某些事可能會帶來哪些風險。如果你太常拒絕孩子的請求，可能會使他出現社交問題、錯過學習機會，以及讓他更沒機會培養成爲負責大人所需的技能。

如果小孩子說想打美式足球你就提心吊膽，或是想到他要參加在外過夜的露營旅行你就心生畏懼，這時你要問自己：「孩子真正要面對的風險是什麼？」

注意安全但不要走火入魔

教導孩子保護自己所需的安全措施，像是騎腳踏車的時候要戴安全帽、去海灘玩要採防曬乳、不要吃太多糖等，這些都是他們應該學習的東西。

但切記，教導孩子的方式會帶來截然不同的結果。不能因爲自己害怕某些事，就想方設法激起孩子的恐慌，只爲了「讓他記取教訓」。

眞實案例發生在二〇一五年，一對住在密蘇里州的家長策畫了一場假的綁架計畫，目的是教小孩明白「陌生人很危險」的道理。他們安排了一位友人將他們六歲的孩子騙進一輛貨車並綁架了他。這個可憐的孩子在接下來的數小時內，都以爲自己再也看不到家人了。幸好，這些涉案的成人最終都遭到逮捕了。

讓孩子以爲自己命在旦夕明顯越了界，顯然也沒達到當初希望孩子學到「教訓」的目的。上述的例子非常極端，但要讓孩子了解這世上潛在的危險，其實還有更多更合適的辦法。

或許你不會爲了讓孩子認識安全的重要而做到這個地步，但還是不妨思考一下，要用什麼策略來鼓勵孩子注意自身安全。不論是給小朋友看不戴安全帽會有什麼後果的寫實圖片，或是爲了說服他們不要咬手指甲而用誇大不實的「最糟情況」來威嚇孩子，這些都不是教孩子注意安全的最佳方式

你應該告訴他們安全議題的相關資訊，制定有益健康的規範，像是「騎單車要戴安全帽，吃飯前要洗手」。

向孩子說明潛在威脅時，把重點放在如何保護自己的安全。與其說「在店裡要隨時待在

我身邊，才不會被壞人帶走」，不如問孩子：「如果你在店裡找不到我的時候，該怎麼辦？」你可以試試看下列的角色扮演和假想情境：

家長：如果有陌生人請你幫他找他的小狗，你會怎麼做？

小孩：我會說爸爸媽媽說不可以。

家長：如果他說只要上車一下下就好，馬上帶你回來，你該怎麼辦？

小孩：我會說爸爸媽媽不准我上陌生人的車。

家長：接下來你會怎麼做？

小孩：我會繼續向前走。

家長：如果他一直跟著你呢？

小孩：我會開始用跑的。

家長：你會不會大聲向別人求助？

小孩：會，如果他還不離開，我會大喊「救命啊！」，喊超大聲。

記得，許多讓我們擔心受怕的危險其實根本不太可能發生。舉例來說，美國每年只有一百一十五位孩童是遭到陌生人綁架，但有二十萬三千九百位兒童是被親屬誘拐；因此，你可以想見家中幼童被熟人拐走的機率，其實遠高於刻板印象中被陌生人綁架的假想情況。

如何教孩子面對恐懼

安娜軍事化的育兒方式讓柔伊無法依照自己的意思建立自我身分認同。安娜很幸運，柔伊只不過是透過染頭髮來主張自己的獨立性，而沒有做出任何更危險的反抗舉動。安娜必須放開手上的轡繩，讓柔伊學著獨立自主。

確保孩子學會重要的生活技能，他們才能在必要時做出正確決定。有時候，最好的人生教育是你退後一步，讓小孩自行站穩腳步。

想辦法增加勇氣而不是減少恐懼

讓恐懼主導決策的父母會阻礙孩子的發展，只因爲他們不希望孩子感到不安。媽媽可能認爲「孩子會害怕」，所以就決定不讓孩子參加要過夜的露營行程；或爸爸可能覺得：「女兒不認識隊上的任何人，她可能會很緊張，還是不要幫她報名壘球隊好了。」

二〇一二年，一份發表在《家庭心理學期刊》（*Journal of Family Psychology*）的研究顯示，焦慮的父母幾乎不太能辨識出導致孩子惶惶不安的原因。在猜想孩子面對困境會如何反應時，這類家長常常做出錯誤的判斷。他們希望孩子遠離某些挑戰，而且對孩子的表現通常也會有比較負面的預期。

也就是說，如果和服務生講話會讓內向的孩子坐立難安，家長可能會直接幫孩子點餐；或是小朋友害怕搭電扶梯的話，全家人每次都會爲了他走樓梯。

可是，這些配合孩子的舉動傳達出錯誤的訊息，等於是叫孩子相信自己沒辦法做任何她有所畏懼的事情。你愈是想辦法減少孩子的恐懼不安，孩子就愈沒有機會練習鼓起勇氣、面對困難，當然也就更無法克服心中的害怕。

你肯定不希望自家小孩在成長過程中認爲你不相信他的能力，所以你必須堅持「你辦得到」，教導孩子相信自己。

用正面態度與孩子談論恐懼

我們常常聽聞許多「鼓舞人心」的海報與名言佳句，告訴你如何戰勝恐懼，但這些訊息並不健康。恐懼是自然、健康的情緒，可以保護孩子不受傷害。

知道害怕是件好事。如果家中孩子的朋友問他敢不敢跳下懸崖或走到車來車往的街道上，你勢必希望孩子知道，他的不安是大腦在警告他這麼做很危險。

你要跟孩子說，恐懼是一種助力。當他的心跳加快、掌心出汗，就表示他準備好面對駭人的處境了。如果這時有隻飢餓的獅子在追他，飆高的腎上腺素將可幫助他逃命。

但有時候也會出現假警報，雖然沒有任何實際上的危險，但孩子卻怕到不行。比如說小朋友準備要上台參加單字拼寫比賽前，他的焦慮指數會直線攀升，好像整個人掛在懸崖邊一樣，身體會出現面對生死一瞬間的反應。

當孩子感到恐懼時，你可以請他問自己：「這是眞警告還是假警報？」如果是假警報，鼓勵他一次邁出一小步，勇敢面對自己的恐懼。隨著每次的小小進步，他會慢慢相信，在沒有實際威脅的情況下，自己有能力戰勝恐懼。

建立恐懼階梯

面對恐懼是幫孩子減敏的最好辦法。幫助他找出自己希望克服的恐懼，然後想想可以透過哪些方式讓孩子漸進式地面對恐懼。要達成最終目標不是一蹴可幾的事，但只要按部就班、不疾不徐地執行，他將會有自信繼續進行下一步驟。

如果你的孩子因爲害怕一個人睡，所以都跑來跟你睡，你可以爲他設計一道恐懼階梯。首先，把孩子的目標放在最頂端，接著找出可以助他向目標前進的每個步驟。範例如下：

- 睡在爸媽床邊的床墊。

- 將床墊移至爸媽的臥房門口。
- 媽媽在我房間陪我，直到我在自己的床上睡著。
- 媽媽幫我蓋被子，我開著小夜燈在自己的房間睡覺。

千萬不要擅自決定下一步應該是什麼，而是要和孩子溝通，你覺得不太可怕的事，對孩子來說可能並非如此。

你要讓他在練習的過程中體驗些許的不安，這樣才能慢慢緩解他的恐懼，然後往下一步邁進。時日一久，他將有信心循序漸進地迎戰自己的恐懼。

學齡前兒童：教導他們恐懼的基本概念

大多數的學齡前兒童都會經歷各式各樣不理性的恐懼，像是覺得床底下有怪獸，或是森林裡有奇怪的生物，但他們通常不怕爸媽的警告，像是不要在停車場奔跑。這個年齡的孩子還在試著分清楚現實和想像的不同，而且還不太了解因果關係。

你不太可能勸孩子不要害怕，但你可以透過激發正面感受，幫他對抗恐懼。如果你的三歲小孩堅持衣櫃裡有嚇人的生物，你可以拿手電筒和他一起在裡頭讀本好玩的書，讓他開始將衣櫃與正向情緒連結，而不是一直想到害怕。

又或是他如果很怕打針，那就讓看醫生變成比較愉悅的體驗，例如看醫生前先去遊樂場玩，看完之後再給他一點特殊獎勵，之後他就會開始認為「打針日」等於「好玩日」。

你要教孩子辨識讓自己感到恐懼的情境，像是說：「我明白，你一個人在黑漆漆、沒有燈的房間裡時會害怕。」光是知道你明白他的恐懼，他就不會這麼焦慮了。

學齡兒童：教導他們面對恐懼

學齡兒童也需要有人向他們保證，會害怕是正常的。當孩子說她很擔心自己在舞蹈公演上的表現，不要為了減輕她的不安說「唉，妳沒問題的」或「又不是什麼大不了的事，台下只會有十位觀眾」。你要改說：「對，在大家面前表演有時**真的**很嚇人，但我知道你辦得到。」

你要鼓勵孩子面對恐懼，每次進步一點點。如果她不敢和不認識的人談話，你可以教她如何和別人眼神接觸、打招呼，或是去餐廳時要求她自己點飲料。告訴她，你相信她有足夠的勇氣，而且你會在一旁給她力量。

你可以講有關勇敢人物的故事給孩子聽，並談談何謂勇氣。除此之外，還可以多找找與勇氣有關的真實故事，甚至是分享你自己鼓起勇氣的故事。

告訴孩子你採取了哪些步驟來迎戰自己的恐懼，像是說：「我今天在所有同事面前簡報，超緊張的。我的心臟跳得超快，連手都在抖！但我告訴自己，我一定辦得到，勇敢一點。就算我很害怕，還是鼓起勇氣站在所有人面前了，我想我在面對恐懼時表現得還不賴。」

如果你的孩子有最愛的英雄人物或角色，不論是來自電影、書籍或電視節目，你可以問他：「如果那個角色感到害怕的時候，他會怎麼做？」這麼做可以幫助孩子在有需要的時候多找出一絲勇氣。

青少年：教導他們忍受恐懼

大腦的不同區域有不同的發展速度，所以青少年某部分的大腦已經成熟時，其他部分的發展仍有些落後。正因爲如此，家中青少年對於冒險犯難會有些令人玩味的看法。

青少年會高估某些風險，但對特定風險又顯得毫無顧忌。也就是說，家中的青少年雖然根本不敢開口邀請曖昧對象參加畢業舞會，卻可以不假思索地在馬路中央騎腳踏車。

你要和家中的青少年談論何謂風險，特別是和遭到拒絕或感到尷尬有關的社交風險。確保他們知道，這些感受會讓人不舒服，但卻不是無法承受的。

教導家中的青少年學著消化這種不舒適的感受。你可以和他們分享當你感到難堪或被拒絕的故事，但小心不要把自己跟他們做比較，像是說：「哦，你覺得那樣很慘嗎？當我在你那個年紀時……」而是要談談你如何因應這些痛苦的情緒。

你可以告訴孩子，當被人拒絕或被群體排擠時，他們可以從中學到的重要人生經驗。說明迴避社交風險可能讓他過上渺小黯淡的人生，而認識新的人、嘗試不同的事物，才是活出精采人生的關鍵。

青少年常常會避免嘗試新事物或拒絕全力以赴，因爲他們不相信自己有能力處理這些難受的情緒。你要跟家中青少年說，遭到回絕證明他曾努力過。鼓勵他離開自己的舒適圈，每天試著踏出一小步。

爲了減輕自己的焦慮感，青少年時常希望別人向他們保證，一切不會有問題。你無法永遠在他身邊，協助他冷靜下來或爲他加油打氣，因此不如教他做自己的心智教練。當他說自己很緊張時，不要馬上安慰他，而是說：「如果你想爲自己打氣，可以對自己說什麼？」

青少年如果能夠提醒自己「我不會有事的」或「我能做的就是全力以赴」，他們將更能獨自應付未來的挑戰。只要學會激勵自己的方法，他們在心生恐懼時，將會更加獨立，不那麼依賴。

同時，也要記得和他們談談與安全有關的風險。車禍是青少年死亡的首因，這個數據不一定能夠嚇阻青少年超速，但如果你說超速會導致駕照吊銷、收到罰單或車子被沒收，他們才比較可能三思而後行。因此，務必要和他們說明短期後果、長期潛在風險以及會讓他們有所感的其他代價。

勇敢無畏的孩子會長成不怕審慎冒險的大人

莎凡娜是第一個搬來和我與史蒂夫一起住的寄養兒童。她的監護人來和我們討論暑假計畫時，她才剛來我們家沒幾週。學校很快就要放假了，而她的朋友不多，所以我們希望她在暑假期間能有充足的社交生活。在大家的集思廣益下，她的監護人表示，或許可以幫她報名爲期一週的夏令營活動。

莎凡娜立馬說，只要能去夏令營，她什麼都願意做。她從未參加過營隊，但她十分熱愛戶外活動，一直夢想著在小木屋過夜、划獨木舟、在營火旁唱歌。

雖然她很興奮，但想到要讓她離開我們一整週，我就緊張到胃都痛了。莎凡娜的脾氣不好，一緊張就會講疊字，而且和其他孩子在一起時就想主導話題。如果營隊的其他小朋友不接受她的怪癖怎麼辦？如果她不喜歡那裡怎麼辦？我實在不想讓她去這麼遠又沒有任何熟人的地方。

接下來幾個小時，莎凡娜一直很興奮地說著去夏令營的事。但她愈開心我就愈緊張，很擔心她會大失所望。

在她上床睡覺後，我問史蒂夫：「你覺得她在營隊會沒事嗎？如果她在那突然感到不安怎麼辦？」這時史蒂夫提醒我：「你記得她剛來和我們住的時候嗎？她也完全不認識我們啊。如果那樣都沒問題了，她一定能應付一週的夏令營。」

我在想什麼，他說的很對啊。莎凡娜是個堅強的孩子，熬過了不少艱難的處境，相較之下，夏令營不過是小菜一碟。

如果是其他家庭來找我諮商，我的建議一定是：「讓孩子好好玩吧。」但因為是自己的寄養孩子，我免不了更加掛心，很難說服自己送她去夏令營是正確的決定，這便是恐懼蒙蔽了我的判斷力。

這個故事更荒唐可笑的點在於，我十分清楚夏令營對寄養小孩來說有多大幫助。來到我治療室的寄養兒童，只要有參加過營隊活動，通常都認為那是他們一年之中最棒的體驗。但因為寄養家庭負擔不起昂貴的費用，所以大多數的寄養兒童是沒機會參加營隊的。

正因為如此，林鑿過世那時，我和他的家人請親朋好友不要送花，而是捐款至一個專門贊助寄養兒童去營隊的基金。在過去幾年中，我們已經透過這些捐款送了幾十位孩子去參加營隊活動。每年都有人跟我說，單單一週的夏令營對這些孩子帶來了多少正面的影響力。

但在幾年後的現在，我卻因為擔心莎凡娜受其他孩子欺負，而對她去營隊的事猶豫再三，眞是太荒謬了！

幾週後她去了夏令營，徹底玩瘋了。她在那有機會當一個「普通小孩」，和其他營隊學員一起學射箭、表演幽默短劇。我眞心相信，與不清楚她背景的孩子一起活動爲她帶來了不少助益。

就像我對莎凡娜的顧慮一樣，如果你發現自己憂心孩子想要嘗試某項體驗，要知道這種緊張感是養小孩必經的過程；但千萬不要只因爲自己掛念，就不給孩子嘗試的機會。

如果你讓恐懼主宰抉擇，一不小心就是在告訴孩子，他們要避開所有令自己感到不安的事，而且會讓他們認定自己不夠勇敢。這些都是有害健康的負面訊息。

心智強者不怕審愼冒險，因此你必須教小孩勇敢迎戰對自身有益的恐懼。

只要孩子相信自己有能力面對讓他害怕的事，他就更能發揮自己的最大潛力。搬離開家、應徵工作，以及敦促自己成爲更好的人，這些變化難免令人心生不安，但只要你在養育孩子的過程中，教導他們相信自己有能力面對恐懼，他們在迎接人生路上的任何挑戰時，就能全力以赴。

解惑及常見陷阱

如果你對某些事物有不理性的恐懼，不要讓孩子跟著沉浸其中。舉例來說，如果你很怕看牙醫，那孩子頭幾次的門診你就不要陪他去看，而是請你的伴侶、孩子的祖父母或其他可靠的成人陪同。

不這麼做的話，你的恐懼會感染給孩子，他長大也會認爲牙醫診所是很可怕的地方。即使你沒說自己很害怕，孩子還是能察覺到你的不安，因爲你的肢體語言、語調和行爲都會洩漏你的感受。

在教導孩子應付自己的恐懼時，許多家長常落入的陷阱是強迫孩子面對，但這麼做可能會適得其反，加深孩子的恐懼。你可以鼓勵他、讚美他的努力，甚至是獎勵他的付出。切記，逼他做令他極度恐懼的事不會有任何幫助。

順從恐懼育兒是難以打破的惡習。在管教孩子或處理問題的方法上，你可能需要做出一些重大改變。但除了教孩子慢慢地面對自己的恐懼，以身作則也同樣不可或缺，你必須讓孩子知道，即使面對未知的情況，你也會勇往直前。

最後的建議是，許多育兒問題其實沒有對錯。不是到了某個神奇的歲數，小朋友就突然可以獨自在家了，也沒有任何簡單明瞭的辦法，確保孩子的朋友永遠會給他帶來正面影響。雖然很多網站和家長部落客可能會提出斬釘截鐵的建言，但在爲自己和孩子做選擇的時候，還是要仰賴你自己的判斷力。

實用技巧

- 告訴孩子如何辨識與說明自己的恐懼。
- 幫孩子分辨真警告與假警報。
- 教導孩子面對恐懼。
- 回想自己的童年經驗。
- 教導孩子安全相關知識。
- 建立恐懼階梯，教孩子一次一小步戰勝恐懼。
- 加強正面感受。
- 鼓勵孩子為自己打氣。
- 評估孩子可能面臨的實際風險。

當心陷阱

- 把重點放在減輕自身的焦慮而非孩子的需求。
- 想辦法配合孩子，避開任何讓他感到不安的情況。
- 輕忽孩子的恐懼感受。
- 只想著短期而非長期的目標。
- 不讓孩子有任何不舒適的感受。
- 使用恐嚇戰術。
- 制定嚴格的規範，試圖減輕自己的焦慮。
- 讓孩子感受到你不理性的恐懼。

5 不讓孩子騎到頭上

十六歲的克萊麗莎不只是優等生，還是才華洋溢的運動員，和她的爸媽艾倫和潔娜一同住在中產階級的社區。以旁觀者的角度來看，他們是很理想的家庭，但他們家有個不爲人知的祕密。

克萊麗莎的爸媽只要拒絕她的要求，克萊麗莎就會說：「好啊，那我要拿刀割自己。」最初幾次她揚言要傷害自己時，她的爸媽只叫她不要說這麼可怕的話，因此克萊麗莎決定要他們知道，自己不是隨口說說而已。

某天晚上，爸媽不准她和朋友出去，於是她就用刮鬍刀片劃傷了自己的手臂。隔天一早，潔娜發現女兒手臂上有一道道的傷痕，當下不知該如何反應，只好把艾倫叫進女兒房間，結果他一臉嫌惡地叫克萊麗莎在傷口癒合前，都穿長袖出門。

他們希望女兒這次的行爲只是突發的插曲，之後她就會悔悟了，但他們大錯特錯了。

在接下來的週末，克萊麗莎告知爸媽她要去參加派對。在他們還來不及開口前，她就逕自走向門口並說：「我想回家的時候就會回家，別想叫我早點回來，否則你們會後悔莫及。」這時艾倫和潔娜知道自己需要尋求協助了。

他們一到我的辦公室，潔娜的第一句話是：「我覺得我們好像人質。」潔娜很怕自己如果不照女兒說的去做，她眞的會再次傷害自己。

不幸的是，自殘是青少年常有的行爲，但大都是源自於無法調適壓力，把自殘當作武器來對付父母的卻很罕見，這是個不太尋常的個案。

待解決的問題包括：

1. **艾倫和潔娜已經無力掌控。**克萊麗莎把自殘當作威脅手段來得到自己想要的結果，她的父母不知該如何阻止她。
2. **克萊麗莎的安全令人擔憂。**必須透過有效的方式來處理她自我傷害與拿刀割自己的威脅。

我的建議如下：

1. **要求克萊麗莎參加心理諮商。**我打算協助艾倫和潔娜解決問題，所以克萊麗莎需和另一位心理治療師談話。
2. **制定管教計畫。**艾倫和潔娜必須制定明確的規範和違規的後果。即使克萊麗莎放話威脅他們，他們也必須同心協力，嚴格執行。
3. **制定安全計畫。**他們必須知道如何應對克萊麗莎的自殘舉動，想出更有效果的務實辦法。也就是說，他們必須把她的自殘舉動當眞，但不能因此就棄守健全的教養之道。

他們達成了共識，如果克萊麗莎揚言要傷害自己，就不要讓她離開家門。讓她待在家裡是爲了安全起見，而不是處罰。

他們也清楚告訴克萊麗莎，她再也不能用威脅自殘來得其所願，而是必須遵守家中的規定。

如果她揚言要傷害自己，他們會在家監視她的行動；如果眞的爲她的安全感到憂心，他們會帶她去醫院做精神狀況評估。

此外，他們也拿走了克萊麗莎房內的所有尖銳物品，甚至連浴室裡的刮鬍刀也收了起來，連要刮腿毛前也得先問過爸媽。

接下來的幾個月，克萊麗莎的爸媽不遺餘力地制定清楚明白的規則。他們要求克萊麗莎遵守嚴格的門禁，同時密切地注意她的動向和一舉一動。她如果破壞規定，他們就會取消她例行的福利；出乎意料之外的是，他們並沒有遇到太多抵抗。

當克萊麗莎知道爸媽已經拿回家長的權力後，她就乖乖聽話了，也不再把威脅自殘當作武器，因爲她明白這不是得償所願的有效方式了。

你給孩子太多權力了嗎？

給孩子機會做出有益身心的選擇和讓他們在家裡擁有太多權力，完全是兩回事，但有時候確實很難分辨在什麼情況下算越界了。以下哪幾項敘述合乎你的狀況？

- □我的孩子能夠改變我的教養決定。
- □我不太能落實我爲孩子制定的規矩。
- □小孩對我爲全家做的決定擁有同等的表決權。
- □即使是關於大人的決策，我也會尋求孩子的意見。
- □我會用賄賂的方式來讓小孩聽話。
- □與其當有威嚴的父母，我寧可當孩子的朋友。

□我有時候會無視孩子的行爲問題，因爲我知道點破了也沒任何好處。
□我常常陷入和孩子的權力角力中。
□我的孩子不太會尋求我的許可，都是直接採取告知的態度。
□我有時候會叫孩子向我的另一半保密。

爲什麼家長會讓孩子騎到頭上

一開始，艾倫和潔娜堅持克萊麗莎原本都素行良好，在拿刀傷害自己之前，從來沒有任何問題。但一經細想，他們發現在過去幾年內，她在家裡的權力日益高漲。她變得愈來愈霸道且難以應付，但因爲她的成績很好，在運動場上又是佼佼者，所以他們覺得應該把她當成大人對待，不僅給她額外的自由，還讓她自己做很多決定。

他們早就在不知不覺間，讓她騎到他們頭上好一陣子了。當他們要求她晚上十點前回家，她會說：「改成十一點吧。」因爲她是個「好孩子」，所以他們通常會讓步。直到克萊麗莎出現自殘行爲，他們才發現自己已經順她心意調整太多規定了。

或許這個故事不太能引起你的共鳴，但克萊麗莎的案例是爲了讓你了解，立意良善的家長如何一點一滴地流失他們的權力，直到某天早上醒來，才發現自己的處境已岌岌可危。

威脅自殘不是孩子爬到你頭上的唯一方式，這種威脅其實倒不常見。但每當你任由孩子對你的想法、感受或行爲模式造成負面影響，就等於放任他們支配自己。

家庭地位結構的轉變

一位朋友最近邀我在週六早上去她家喝咖啡，這次的拜訪讓我發現，家庭地位結構在過去數十年來已有所轉變。早上八點抵達她家時，她站在門口迎接我，並小聲地說：「孩子們都還在睡覺。」

接著躡手躡腳地走進廚房（眞的像字面上那樣踮著腳），低聲說：「我們拿咖啡去後廊喝吧。」我們在後廊的椅子上坐了下來，望著她的後院，她說：「希望孩子趕快醒來，這樣我先生才能開始除草。」

這讓我不禁想起自己還小的時候，我不記得有哪個家長會擔心在週六早上八點，不小心把家裡的小朋友吵醒。情況通常完全相反，那時的家長會催促小朋友起床，趕快開始忙碌的一天，因爲還有很多家事要做。想當然耳，也沒有哪個爸媽會等孩子起床才除草，而是直接叫孩子去整理庭院。

確實，過去幾個世代父母養育孩子的方式已有很大改變。五、六〇年代的家長認爲，給孩子太多關注對孩子的情緒有害，認爲太常抱會寵壞嬰兒，並強調服從權威而不是諄諄善誘。

隨著對腦部發展的認識愈多，我們知道疼惜和照顧才是讓孩子健康成長的最好辦法。家長開始比較注意孩子的需求，幫助他們培養健全的自尊心成了首要之務，而教養方式也變成重視個體的獨立自主性，而非要求孩子聽話。

然而，在觀念改變的過程中，我們有點搞混了某些概念。許多家庭的地位結構發生了轉變，孩子變得和大人平起平坐，不再像聽命行事的部下。隨著對孩子的期許、要求孩子承擔的責任愈來愈少，他們獲得的權力漸漸大過了父母。

權力的轉換不全然是壞事。研究發現，權威型父母（獨裁作風的家長）養育的女孩較不獨立，男孩則較爲好鬥。除此之外，他們的小孩比較容易有心理方面的問題。

讓孩子在家中有發聲的權利是比較健康的做法，但有時我們的教養方針太過民主，而且太看重孩子的意見。

父母可能認爲，給孩子各種選擇或重視孩子的每個意見，就是讓孩子相信自己的能力。但鼓勵孩子相信自己有能力和給予他們太多權力，兩者之間有天壤之別。

就拿二〇一四年的眞實事件爲例，派崔克．史奈伊（Patrick Snay）是格列弗預備學校（Gulliver Preparatory School）的校長，當時六十九歲，因爲學校決定不和他續約，所以他控告校方年齡歧視。後來學校與他簽訂了協議，在庭外達成和解。

和解協議的條款包括支付八萬美元的賠償及積欠的一萬美元工資給史奈伊。此外，學校還要支付史奈伊的六萬美元律師費。

該份協議設有保密條款，要求史奈伊夫婦不能對專業法律顧問以外的人揭露和解內容。儘管如此，他們夫婦倆覺得應該告訴女兒和解的結果。

他們正值青春期的女兒馬上在臉書上貼文表示：「爸媽打贏了和格列弗的官司，我今年夏天去歐洲旅行的費用就交給學校了，活該。」

學校看到貼文後提出了聲請，法院判定此舉違反了和解條款，因此學校不再需要付錢給史奈伊。

根據法庭文件表示，史奈伊覺得當他未獲得續聘時，女兒因此出現了「一些精神創傷」，而她知道他們正在與學校進行調解，所以他們夫婦倆覺得有必要跟她說明調解結果。

雖然他們以爲告訴她內幕消息，是在給予女兒有益的權力，但事實上，他們給她的權力已超出她的能力範圍，她還沒成熟到足以保守祕密。

這些年我合作過的許多家長，都會讓他們的孩子參與家庭的重大決定。我實際聽聞的例子，包括讓十歲的小孩針對全家是否應該搬去別的城市，投下決定性的一票，還有十二歲的小孩不允許已經離婚的媽媽和別人約會。這麼做並不是在賦予孩子權力，而是讓他們承擔了過於沉重的責任。

你問孩子：「要喝溫水還是冰水？」是鼓勵他自行決定什麼事對他最好，但讓孩子有權決定全家每天晚餐都吃雞塊和薯條，就是讓他騎到你頭上了。

有些父母不願全權作主

史考特因爲太過憂心，所以決定尋求協助，他的壓力來源是他十六歲的兒子班。班最近剛休學，每天白天都在睡覺、吸大麻、打電動，晚上則是和朋友出去鬼混。

史考特很擔心班的未來，但他不知道如何鼓勵兒子做些正事。他表示：「班已經大到可以決定休學，但他還是個孩子，我總不能把他趕出家門。」

我建議他試試專爲全家人設計的密集到宅輔導服務。這項計畫會有整個團隊的心理治療師去他們家，專門處理家庭中的互動關係問題。其中一位心理治療師會協助史考特思考要如何制定家中的規範，並讓大家確實承擔違規後果。他們也會和學校部會合作，想辦法讓班畢業或至少取得高中同等學力證書（GED）。

史考特同意和女朋友討論是否可行，因爲她和他們住在一起，所以必須確保她也同意這項密集的輔導服務。他離開我的辦公室時看起來終於鬆了一口氣，因爲知道有計畫可以幫助他們解決問題。

但下週回診時，他卻表示不想要這項輔導服務了，原因是雖然他的女朋友同意，但班卻表示反對。

我向他說明，我們不需要取得班的同意。即使家中的青少年不覺得自己需要幫助，提供這項服務的單位也很了解要如何應對這種家庭狀況。這類干預措施完全不需要班的配合。但史考特堅持，只要兒子不願意，他就不會這麼做。

對於班把高中生涯浪費在閒混嗑藥，而他爸爸又不願意阻止他這麼做，我覺得很痛心。史考特不但沒有想辦法幫助班做出更健康的選擇，還放任他沉迷在不健康的生活模式中。

像史考特一樣給孩子太多權力的家長大都有以下通病：

- **缺乏領導技巧**。家長有時會對全權作主這件事感到不自在。他們可能不擅長溝通，或是不知道要如何鼓勵孩子採取行動。
- **缺乏教養技巧**。不知道如何訂下規範與執行處罰的家長，就無法樹立自己的權威。
- **缺乏情感支持**。家長如果沒有來自親友的支持，有時就會轉而向孩子尋求自己所需的情感支持。向孩子傾訴太多祕密會模糊親子間的界線。
- **缺乏兒童發展相關知識**。有時候家長以爲給孩子權力是健康的做法。但他們不知道的是，小孩並非迷你版的大人，手握太多權力對他們的發展而言並非益事。

給孩子太多權力會破壞家庭地位結構

由於克萊麗莎威脅要傷害自己，因此她爸媽覺得自己無法設下限制、執行處罰，但她的自殘行爲在在證明，她根本還沒準備好擁有更多自由並承擔起責任。當父母交出手中的權力後，要拿回來就不是這麼簡單的事了。他們必須先準備好面對制定適當限制後會遇到的反彈，否則就無法好好教育她。

給予小孩超出他們可掌控範圍的過多權力，可能會導致難以收拾的後果。你應該檢視自己在哪些情況下已經讓家中的孩子騎到你頭上了。

孩子需要規矩，而不是當訂規矩的人

我們不讓孩子在一定年紀前投票、開車或休學是有原因的，他們尚未具備做出人生重大決定的技能，而童年階段就是他們學著做出更好選擇的時機。

兒童的大腦尚未發展完全，他們負責控制衝動、解決問題、管控情緒和進行決策的大腦部位，仍無法像成人的大腦一樣運作。因此，小孩子不僅沒有足夠的人生歷練來做出最佳抉擇，連腦袋也還沒成熟到可以準確評估風險。

兒童手中的權力如果大過成人，會錯過許多寶貴的人生學習機會。他們會誤以爲自己已經什麼都懂。想要發號施令，卻沒經過適量訓練，遲早會大難臨頭。

如果小孩試圖想當家中老大，你千萬不能上當。孩子的不良行為一方面是在考驗你的育兒能力，一方面也是給你機會。當孩子無法控制自己的時候，他們會希望由你來掌握局勢。如果你在孩子行為失控時不加以干預，他就會質疑你的領導能力，且會因此焦慮不安。

我曾經和一對家長合作過，他們有個十四歲的兒子叫黎恩，常常蹺課、在商店內順手牽羊、和人打架，而且不只一次需要警察介入。

為了不讓他有天要去坐牢或是把命丟了，他的爸媽把他送去野外求生治療學校[1]。該校專門教導高風險青少年基本的生活技能，同時也處理他們的情緒和行為問題。

令他們意外的是，黎恩在學校的表現極為突出。事實上，他因為表現得太好了，學校一個月後就讓他回家了。但他父母驚恐地發現，黎恩一回家又開始出現行為問題。

所以他們又把他送去另一間住宿式治療機構，專門治療有嚴重行為問題的青少年。這次也一樣，黎恩又成了模範學生，待沒多久院方就讓他出院了。

但回家沒幾天，他又故態復萌。他媽媽最後認為，黎恩一定是「想辦法騙過了學校」。她一到我辦公室就問：「我要把他送去哪個治療機構，才能讓他待久一點，直到他露出本性為止？如果真的要幫助他，就必須讓他在機構裡待得夠久才行。」

但故事的全貌並非如此。黎恩在機構中表現良好，因為他有規範和架構可以遵守，而且不良行爲一定會受到處罰。

但在家裡就不是這樣了，他的爸媽不知道該如何嚴格執行規定。當他說要徹夜不歸時，他們也不知該如何阻止他；即使說要禁足，他還是照樣出門；如果沒收他的手機，他就用電腦和朋友聊天。他不用爲自己的不良行爲承擔後果，也沒有任何動機要守規矩。

除此之外，還有其他更深層的問題。黎恩的父母和黎恩的關係並不好，所以他完全不想尊敬他們，也不相信他們有能力掌握全局，所以完全不理會爸媽訂下的規矩，只做自己想做的事。

這已經成爲十分常見的社會問題了。我們通常把「問題」怪罪在孩子身上，然後把他們送去治療中心或少年感化設施；但當孩子返家後，家中環境一如既往，他們的行爲問題當然會繼續下去。

環境是影響孩子行爲的主因，如果沒有適當的界限，他們很容易會出現行爲問題。

規矩愈少、煎熬愈大

小朋友如果可以決定自己幾點上床睡覺、全家週末的計畫是什麼，或是自己要不要刷牙，

1 譯註：野外求生治療學校（wilderness therapy school）是專為問題青少年和高風險青少年設置的學校，透過野外求生、體力勞動和分工合作等活動，搭配專門療程，來改善這些青少年的行為問題。

經常會遇到嚴重問題。給孩子太多權力對孩子會造成下列傷害：

- **缺乏自制力**：孩子需要爸媽教他們自制，像是如何存錢和堅定完成目標。在缺乏適度指引的情況下，他們長大後很可能會有自制力方面的問題。
- **較常有健康問題**：大多數的小朋友會選擇垃圾食品而不是健康食物，也寧可打電動而不是讀書。研究顯示，不需遵守太多規定的孩子有健康狀況的比率較高，從蛀牙到肥胖問題都有。
- **較常有心理健康問題**：以爲自己可以全權作主的孩子比較可能產生心理健康問題，像是憂鬱症或焦慮症。
- **學業表現較差**：欠缺恰當的架構與規定，孩子在學業方面比較可能出現問題。
- **長時間盯著螢幕**：縱容型的父母放任孩子每天觀看四小時以上電視的機率是五倍。不用說，不論是看電視、打電動還是玩電腦，長時間看螢幕絕對無益於健康。
- **更容易出現危險行為**：權力過大的青少年在學校有不當行爲的比率較高，也比較容易接觸酒精飲料。

如何改變做法

以克萊麗莎和她威脅自殘的舉動爲例，潔娜和艾倫必須堅定立場。他們必須主動介入，清楚表示他們才是主導局面的人，而且願意面對因爲取回控制權而導致的任何行爲問題。他們向克萊麗莎解釋，如有必要，他們也做好帶她去急診室的準備。爲了確保她做出正確的決定，他們不惜採取任何行動，不會讓她的威脅阻撓他們。

雖然大多數的家長不會遇到孩子威脅自殘的情況，但還是有很多爸媽覺得自己有時像「人質」一樣。在雜貨店突然大發脾氣的四歲小孩，可能是發現尖叫會讓你們感到尷尬，如果你不讓他得償所願，他就會讓店裡的所有人知道他在不開心。或是八歲的孩子可能已經知道，他可以用討好你的方式來得到爲所欲爲的機會。

鞏固自身力量

視孩子的需要改變做法，和單純因爲孩子無法控制情緒就向他妥協，兩者不可混爲一談。孩子身體不適時，你去學校接他、照顧他，這是好爸媽的行爲；但只要他發脾氣就順著他，這只是在讓他養成壞習慣。

以下提供幾個情境示範，可以幫助你鞏固自身力量，而非拱手讓出權力：

1. 設定條件。

鞏固自身力量：告訴孩子，「吃完你的花椰菜就可以吃一塊餅乾。」

拱手讓出權力：孩子提議，「給我兩塊餅乾，我才要吃花椰菜。」然後你就同意了。

2. 善用獎勵而非賄賂。

鞏固自身力量：告訴孩子，「如果買東西的時候你都乖乖待在我身邊，等一下就讓你選個小禮物當獎賞。」

拱手讓出權力：跟孩子說，「來，我給你一些糖果，但你要答應我，等等在店內都要乖乖的，好嗎？」

3. 嚴格執行規定與後果。

鞏固自身力量：告訴孩子，「如果你現在不上床睡覺，明天整天都不能打電動。」

拱手讓出權力：花三十分鐘和孩子爭執就寢時間，但沒提出不睡覺會有什麼後果，最後還讓孩子晚睡。

建立明確的地位結構

如果你設定的界限已經開始有些模糊，請重新奠定你的權威。你可以透過下列幾個方法，建立家長與子女間明確的地位結構：

● **區分大人的談話與小孩的對話。**小孩子不需要知道蘇西阿姨即將破產或鄰居有外遇的事。如果你要談論大人的話題，就請小孩去別的地方待著，告訴他們，小朋友不用什麼都知道。

● **權利是爭取來的。**如果小孩子沒有付出努力，就不要給予他玩電子產品或和朋友出去玩的權利。就像你沒完成工作老闆就不會付你薪水一樣，務必要讓孩子努力爭取自己的權利。

● **要求孩子取得大人的許可。**不要讓孩子**告訴**你他要和朋友出去玩，或是**跟你說一聲**他要借車。清楚明白地要求他，做這些事之前他必須取得你的許可，你要讓他習慣尋求你的同意，且要視情況拒絕他的要求。

● **不要尋求孩子的同意。**面對重大決定時，不要問孩子：「你覺得我們搬家好嗎？」你的問法應該是：「如果我們要搬家的話，你會有什麼感覺？」但讓他清楚知道，就算他不同意，你們還是得搬家。

拒絕陷入權力鬥爭

和孩子爭論會使你以不同的方式漸漸喪失力量。首先，如果你無法保持冷靜，等於在告訴孩子，他可以用挑釁的行為來操控你的情緒。因此，他很可能會不斷地說不要，只為了惹怒你。

再來，你每花一分鐘和他爭論，他就可以多一分鐘不做你要求他做的事。他可能會試著對你們的分歧點發表長篇大論，讓你忘記原本要做的工作。例子如下：

爸爸：差不多該把電視關掉，去整理你的房間了。
小孩：我晚點會整理。
爸爸：不行，現在就去！
小孩：你根本就是教育班長！一直使喚我去做事。
爸爸：如果你做好分內的家事，我就不用一直提醒你了！
小孩：我根本不知道你要我做什麼，我的房間又不亂。
爸爸：明明就亂七八糟！我都快看不見地板了。

這位爸爸只要多花一分鐘和孩子爭論他是不是跟教育班長一樣，或是他兒子的房間是不是眞的一團亂，小孩子就可以多延後一分鐘不去打掃房間。不論孩子是讓你完全忘了本來的目的，還是拖延他本來該做的事，針對他的不作爲進行討論，只會讓他騎到你頭上。

以下是比較好的回應方式：

爸爸：差不多該把電視關掉，去整理你的房間了。

小孩：我晚點會整理。

爸爸：如果你不馬上去整理房間，今天就不用玩任何電子產品了。

小孩：你根本就是教育班長！一直使喚我去做事。

爸爸這時可以等大概五秒鐘，看兒子會不會起身去整理房間，如果沒有，就可以開始沒收兒子的電子產品了。與其花時間東拉西扯，警告一次（並嚴格執行後果）反而清楚傳達出爸爸才是老大的訊息。

雖然只給小朋友一次警告好像有點嚴厲，但確實執行後果會讓孩子知道你是來眞的，也是在教他明白，爭論或拖延是沒效的。

當你拒絕展開權力鬥爭，你是在告訴孩子，他可以控制自己的行爲，但不可以控制你。不過，在你告訴孩子不可以逼迫你做任何事的同時，你也要接受，自己不能強迫孩子做事。

爲了逼迫十二歲的孩子打掃自己的房間，不斷對他大吼：「馬上去做！」並不能拿回你的主控權，反而會因爲你情緒失控，不得不採取更劇烈的措施來逼他聽話，讓孩子漸漸占據上風。

善用語言穩固家長地位

還記得八〇年代的美國情境喜劇《天才老爹》（*The Cosby Show*）嗎？其中一集呈現了遣詞用字如何傳達家長的權威。在該集中，老爹克里夫・賀克斯苔博（Cliff Huxtable，由比爾・寇斯比〔Bill Cosby〕飾演）正值青春期的女兒凡妮莎（Vanessa）說，因爲她告訴學校的朋友，她家花了一萬一千美元買了一幅畫，所以學校的同學一直在找她麻煩。其他孩子開始罵凡妮莎自以爲高人一等，最後她和其他女孩打了起來，回家的時候心情十分低落。她跟爸媽說：「如果我們窮一點就不會發生這種事了！」克里夫回她：「聽清楚，是我和你媽很有錢，你什麼都沒有，好嗎？」

父母才是一家之主。即便家裡有些東西是小朋友用自己的錢買的，但你工作賺錢，支付各種帳單，就表示家中的東西都是你的。孩子可以想辦法爭取自己的福利、從你那裡獲得金錢報酬，但前提是你願意給他。

雖然有時候在對話中加入「我們」可以展現全家人「不分彼此，團結一心」的企圖，但你在說話時，還是要表現出自己才是家中的老大。因此，如果小孩要求門禁延後一小時，你不可以說：「我們之後來討論。」而是要說：「你先說說原因是什麼，我和爸爸再討論看看可不可行。」

不可盡信孩子的話

有時，你無法一眼看穿孩子是不是已經爬到你頭上了。小孩的評語和意見會動搖你的想法和心情，並造成不當的影響，最終可能會讓他們對你的人生掌握了太多主導權。舉例來說，你的孩子說：「你是全世界最差勁的媽媽！」

想法：你開始回想曾經犯過的教養錯誤，並質疑自己的某些決定。最後，孩子的評語讓你認爲自己是差勁的家長。

感受：你感到羞愧又內疚。

行為：下次他要求某樣東西時，你就會買給他，試圖成爲孩子眼中的好媽媽。

就這樣，你讓孩子的惡言惡語對你的行爲造成負面影響。再舉一個例子，家中的青少年說：「你太老了啦，不會用 Snapchat。」

想法：你想了想家中青少年有多懂電子產品，但自己什麼都不懂。你決定不再試著了解他們在網路上做了什麼，因爲你永遠也學不會。

感受：感到羞恥又洩氣。

行為：你不再試著監控家中青少年在網路上的行爲。

如果你全盤接受家中青少年的意見，可能就會放棄確認他在網路上是否安全。記得，當孩子表達強烈意見時，通常別有用心，而且你其實不需要孩子的認同。

如何教孩子運用適度但有限的權力

以克萊麗莎和她的自殘行爲爲例，艾倫和潔娜必須嚴格執行他們制定的限制，不論她喜歡與否。他們必須讓她知道，家中的某些決定沒有她置喙的餘地。

在讓孩子相信自己的能力的同時，又不能讓他們爬到你頭上，要達成這兩者間的平衡並非易事。因此，你要教導孩子，只有在你同意的情況下，他們才能爭取新的權利，承擔更多責任。

看清孩子的祕密武器

如果孩子發現她不能光明正大地獲取權力，很可能會試著用祕密武器贏得這場戰爭。這些祕密武器包括各種小手段，像是讓你感到愧疚、難堪或驚嚇，一切都只爲了讓你打退堂鼓。

當我還是小孩子的時候，我姐姐的祕密武器是一直煩爸媽，直到他們屈服爲止。她唱歌五音不全，所以把自己的歌聲當成優勢，每當爸媽拒絕給她某樣東西，她就會很大聲地唱歌，一直唱、一直唱，有時候能持續數小時不休息，直到我們所有人都讓她如願以償爲止。

這些年來，來我這裡接受諮商的孩子，他們的祕密武器愈來愈精明老練了。其中有個四歲的孩子，他生氣的時候會故意憋氣，有回甚至憋氣憋到暈倒，嚇壞了他的父母。從此之後，爸媽每次在他臉色發紫前就會讓步，因此他學會只要故意不呼吸，就能得到想要的東西。

另一個十歲的孩子則是要求每餐都要吃花生醬果醬三明治，否則他就絕食抗議。某天晚上他拒吃晚餐，他媽媽嚇傻了，擔心他會餓死自己，所以就讓他如願吃了三明治。

以下是小孩試圖控制你時常用的手段：

- 給你取綽號。
- 說惡毒的話，像是「我恨你」或「我要去跟阿嬤住」。
- 假裝不在意後果。
- 出現肢體攻擊。
- 大吼大叫。
- 許下承諾，像是「只要這次讓我去，我就不會再有其他要求了」。
- 哀叫乞求。
- 讓你在公共場合丟臉。
- 被拒絕後出現報復行爲。
- 揚言威脅。
- 利用你的罪惡感。

當孩子試圖用不正當的方式取得控制權，你要明確點出他的行爲。你可以說：「我知道我不讓你去朋友家玩，你不開心，所以你想讓我不好受，希望我會改變心意，但這麼做對我沒效。」

你要告訴孩子，他可以表達不同的意見。如果他覺得就寢時間太早，或是認爲你不買小狗給他太不公平了，他可以陳述他的看法。

舉例來說，他可以列出應該讓他養一隻小狗的十大理由，或是寫封信跟你說爲什麼應該讓他晚點睡。只要孩子用正確的方式表達自己的意見，你就應該認眞傾聽。

但你也要表明立場，不是他好好地提出自己的論點，你就一定會改變心意，最終還是取決於你運用身爲成人的智慧來決定怎麼做最好。

學齡前兒童：教導他們注意自身行爲

學齡前兒童開始學著獨立自主，因此會用比較不講理的方式來主張自己的要求。得不到自己想要的就鬧脾氣是很正常的事，你時不時會聽到他們說：「你不是我的老闆！」

清楚告知家中的學齡前兒童，他能掌控的是**他自己**的行爲，你的行爲則是由你自己掌控。

如果他選擇尖叫、乞求或大發脾氣，你要堅守原則，讓他知道，偏差行爲並不能讓他得其所願。

另外也別忘記，學齡前兒童的偏差行爲有時是想獲得關注，所以反覆說「住手」或「不要那樣」，只會加強他的錯誤行爲。這時你不要去注意他，假裝不受他哀號或尖叫等惱人行爲的影響，孩子就會知道不好的行爲不會獲得任何回報。

然而，你必須開始讓學齡前兒童知道，他的行爲會影響到你，但並不能控制你。試著和他說：「你說不好聽的話讓我很難過」或「你不聽話的時候我很生氣」。

不要把自己的情緒和行爲怪罪到學齡前兒童身上，像是說「你**害**我好生氣」這類話語，會讓他以爲自己能夠控制你的感覺。語言的細微差異會影響孩子認定自己擁有多少控制權的核心概念。

學齡兒童：教導他們不要參與大人談話

如果要分辨小孩如何看待自己在家中的地位，最簡單的辦法是當你在和其他大人對話時，看他的行爲表現。如果他覺得打斷你說話沒關係，那他很可能覺得自己和你平起平坐，甚至凌駕在你之上。

當然，所有小朋友偶爾都會中斷你與他人的對話。他們可能在另一個房間呼喚你，或在出門練球前問你有沒有看到他的釘鞋，但除非孩子有無法控制衝動的問題（例如注意力不足過動症），否則這種情況應該不常發生。

除了打岔之外，認為自己和你地位相當的孩子，會忍不住要加入大人的對話。不管你是在討論要如何改造浴室，或是要買什麼車，如果孩子主動建議你應該怎麼做，那絕對不是好現象。

當你在談大人的事，小孩卻插嘴提供建議，你要堅定地說：「這不是你該管的事。」你要清楚地表示，大人有足夠的知識和智慧做出最佳決定，而他的工作是乖乖聽話，毋需操心你為家裡做的決定。你可以邀請他為小事提供意見，像是：「我們要為奶奶的蛋糕加上黃色還是藍色的糖霜呢？」但記得提醒他，在家中重大的事務上他並沒有同樣的決定權。

青少年：教導他們使用決定操之在己的話語

青春期是你判斷家中孩子如何看待自己的重要時機。雖然你不希望他有受害者心態（如第一章的討論內容），但你也不希望他認為自己主宰一切。因此，一方面他要明白自己對人生擁有一定的控制權，但也要知道自己的力量有限。

家中青少年的用字遣詞很適合用來判斷他的潛在信念。如果她說出「老師**逼我**讀太多書」

或「你**強迫我**整理房間！」這類的話，你要提醒她，這些事是她的選擇。雖然不做這些事要承擔後果，但沒有人硬壓著她去做。

你要和她說，她可以控制自己的選擇，老師並沒有逼她讀所有的書，而是她自己選擇要符合老師的期待，以達成目標。這兩者的區別雖不明顯，但可說是差之毫釐、失之千里。

你要隨時留意家中的青少年是否在話語中，流露出她覺得自己的力量大過於你。如果她說：「你週五晚上**一定要**載我去電影院。」記得提醒她，如果你願意載她去，那是你做的決定。

擁有適度權力的孩子會長成無所不能的大人

麥肯錫是個九歲的小女孩，她因爲出現親職化行爲而被安排來與我和史蒂夫同住。她的親生父母有嚴重的物質濫用[2]問題，而麥肯錫身爲三個手足中的老大，不得不在爸媽喝酒嗑藥後，一肩扛起照顧弟弟妹妹的責任。

兒童保護服務把他們三個從家中帶走後，一直把他們安置在同一個寄養家庭，後來才遇

2 編註：物質濫用（substance abuse）即成癮行為，有時亦稱藥物濫用（drug abuse），不過有物質濫用問題者，依賴成癮的物質不限於藥物和毒品，還包括酒精、菸草等等。

到我和史蒂夫。即使寄養家庭中有足以勝任家長一職的爸媽，麥肯錫不再需要照顧手足，但她就是沒辦法不去照看他們。

她不斷地指揮弟弟妹妹，和他們爭論，甚至在寄養家長試著管教他們的時候出手干預。因此，政府機構不得不決定讓她離開那個寄養家庭，暫時與她的手足隔離，所以她才來到我們家。

她的弟弟妹妹仍會定期來拜訪她，而她漸漸接受了自己是姐姐的角色，不再堅持要扮演家長。她也明白，自己還是可以念故事給弟弟妹妹聽、教他們玩遊戲，但她不再需要費心照顧他們的健康了。她慢慢相信，他們的寄養家長可以好好照顧他們。

而且，她也開始有同年紀的朋友了，這是她第一次有機會好好玩樂。看著她終於能夠當個小孩，實在太令人高興了。

後來她終於回到先前的寄養家庭中，再次和弟弟妹妹團聚，但她還是費了一番工夫才信任寄養爸媽處理所有事的能力。

如果你給予孩子適量的權力，他會更有自信地成長和學習，但不會因爲必須負責作主而感到焦慮害怕，因爲在他的成長過程中，你會是他信賴的領袖，一路給予他指引，讓他漸漸相信自己的決策能力。

心智堅強的人不會把自己的力量拱手讓人。當你堅持不讓孩子爬到你頭上，就是在向他示範何謂堅強的心智，他會明白自己不能掌控你，但可以掌控自己的行為。

你要給孩子自己作主的力量，但不能讓她試著影響你，這麼做可以幫助她長成心智堅強的大人。日後不論是遇到糟糕的老闆或是無禮的親密伴侶，她都會知道自己跟你一樣，不需要讓任何人影響自己的想法、感受和行為。

解惑及常見陷阱

家中的成人一定要口徑一致、相互配合，如果你允許孩子不守規定，但你的另一半卻堅持原則，就會建立不健康的家庭互動關係。讓孩子知道大人才是家中的主導者，確保家中的地位結構明白確切。

有時候家長會要小孩子別跟另一半講某些事。雖然跟孩子說「不要告訴爸爸我們花了多少錢」，或「跟媽媽說你有準時上床就好」，聽起來沒什麼大不了，但這種小祕密會破壞家中權力的平衡，更別提對你和另一半的關係也沒有好處。即使你們夫妻倆意見不合，在孩子面前一定要統一戰線。

在不是和平協議離婚或分居的情況下，權力的拉扯有時會成為一大問題。要求小孩向另外一方「傳話」或是當「間諜」，會導致家庭互動關係失常。在這種情況下，我們應該盡力讓小孩能夠將生活重心放在符合他們年紀的活動上，監護權和法律相關問題交由大人自己解決就好。

另外一個常見的問題則是發生在當下急需孩子聽話的迫切情境。比如說，你人在飛機上，你的孩子不斷尖叫，只因爲他已經吃了好幾塊餅乾，你不要再給他一塊。你不想害其他乘客聽他尖叫兩個小時，該怎麼辦？

在這種不常發生的特殊情況下，爲了大家好，你可以讓步。但如果家中孩子經常性地這麼做——例如在你每天通勤的公車上他都這樣鬧——你可能就要任由他尖叫幾次了。一旦他發現使性子沒有用，就不會這麼做了。

然而，你也絕對不能濫用自己的權力。如果是無關緊要的決定，像是小朋友自己說不想搭雲霄飛車，那你就不要逼他去嘗試。尊重他的意見，進一步加深他不需要隨波逐流的觀念。

實用技巧

- 拒絕展開權力鬥爭。
- 設定明確限制。
- 嚴格執行後果。
- 保持冷靜。
- 拒絕配合孩子意圖操弄你的舉動。
- 不要讓孩子參與僅限大人的對話。
- 教孩子使用決定操之在己的話語。

當心陷阱

- 與孩子爭論，讓他們得以延後聽從你的指令。
- 屈服於孩子的操弄行為。
- 讓孩子挑起你最糟的一面。
- 讓孩子參與大人的決策。
- 沒建立清楚明確的家庭地位結構。

6 不企求完美無缺

大多數的九年級學生在地球科學測驗只要拿到C就很開心了，不過如果是凱莉的話，她就算拿到A-還是會哭出來。不僅如此，即使加入凱莉的實驗小組一定可以拿到A，還是沒人想跟她一組，因爲只要表現未達她的標準，她就會口出惡言。

科學課不是她唯一遇到問題的學科。她也會因爲在其他科目拿到「差勁的成績」而哭泣。每次她的英文作文沒有拿到A，她就會和英文老師爭論，求他重打成績。

只要凱莉又因爲成績而落淚，其他同學就會忍不住翻白眼，但她本人卻毫無所覺。她的目標不是擁有充實精采的社交生活，而是在平均成績積點（GPA）拿到四點零的滿分。

她幾乎每天都要求和升學輔導老師面談，要不是希望老師告訴她如何提升成績，不然就是想說服輔導室同意，學校的評分系統並不公平。有鑑於此，輔導老師建議凱莉接受心理諮商治療。

她和她的媽媽娜迪尼就是因爲這樣才來到我的治療室的。我問凱莉和娜迪尼，她們覺得爲什麼學校的輔導老師建議凱莉接受心理諮商治療。娜迪尼說：「凱莉知道自己有能力拿到滿分，但一直無法達標，所以很挫折。」

奇怪的是，娜迪尼好像不太在意凱莉情緒上的問題，而是比較擔心她的成績。娜迪尼還解釋道：「我一直跟她說，有時間傷心難過，不如把精神放在拉高成績比較實在。」

她接著說：「我們可能會請家庭教師，修改凱莉要交出去的英文報告，這樣就可以提高成績了。沒有任何一間名校會收英文成績不到A的學生。」凱莉跟著點頭說：「我覺得家教應該可以讓我成績好很多。」

娜迪尼問我：「你有遇過請家教後就每科拿A的學生個案嗎？」在聽完她們兩個討論如何獲得完美的成績後，我想我們雙方對「問題」的定義顯然有不一樣的看法，所以她們的解決之道當然也和我截然不同。以下是我看到的癥結點：

1. **凱莉覺得每科都必須拿A。**如果她沒有拿到滿分，就會覺得自己徹頭徹尾地搞砸了。即便她的成績已經很不錯了，她還是覺得自己不夠好。
2. **凱莉缺乏處理失望情緒的技巧。**她每次拿到不滿意的成績就大哭，也需要輔導老師給她很多情感上的支持，而且沒辦法維持任何友誼。

我的建議如下：

1. **娜迪尼要接受心理治療。**娜迪尼似乎是凱莉拚命想要拿到滿分的驅動力，因此只要她一天不停止對凱莉施壓，凱莉就不太可能停止追求完美。

2. **凱莉的療程則是要教她如何寬容地與自己對話。**成績不夠好時，過分自責對她來說沒有任何好處。如果她能學會用更「寬以待己」的方式與自己溝通，就能更快從失望中重整旗鼓。

3. **凱莉需要學習社交和情緒控管技巧。**每天在學校都因爲不滿意自己的成績而哭泣、把氣出在同學身上，以及天天要求和輔導老師會談，對她的社交生活都是大扣分。她如果能學會用更有效率的方式處理內心的混亂情緒，才比較能保持冷靜。

我向凱莉與娜迪尼解釋，身爲心理治療師，我的工作是幫助她盡可能地維持健康的情緒與堅強的心智。如果她們的目標是聘請家教並採取更激烈的措施來提升凱莉的成績，我無能爲力。有鑑於凱莉目前承受的壓力，我不認爲追求滿分有益於她的健康。

我們接著針對她們目前的做法以及我的建議，討論了各自的優缺點。起初，娜迪尼擔心把重心從提高凱莉的成績移至幫助凱莉面對現在的成績，會讓凱莉甘心淪爲「表現平庸」的學生。

她煩惱的點在於，表現平庸的學生沒辦法進入頂尖學校，也沒辦法拿到獎學金。雖然這些憂慮不無道理，但要求完美是要付出代價的，凱莉可能會因此出現嚴重的心理健康問題，或是讀完高中後就精疲力盡，無法繼續讀大學了。

我建議她們考慮一下我的做法，等下定決心要解決凱莉的情緒健康問題時再跟我說。她們離開我的治療室時還是滿心猶豫，我也不知道是否會再次見到她們。

但幾週後，娜迪尼打電話來預約諮商時間。她說情況在過去幾週變得更糟了，凱莉開始失眠，而且情緒變得十分暴躁，她覺得她們需要外力的協助。

爲了學習如何協助凱莉又不要求完美，娜迪尼自己也同意接受治療。在她努力改變自己對女兒的期望時，我也和凱莉合作改變她對自己的期待。

凱莉開始學習一些呼吸技巧，使自己在收到 A+以下的成績時可以保持冷靜。我希望幫助她盡量不要在學校崩潰，因爲這讓她在社交方面出現嚴重問題。

她的治療主要著重在轉變她的核心信念。她不能再對自己說「我眞沒用，居然犯這種錯」，或「我如果沒有每科都拿 A 的話，就註定會失敗」，而是要學著讓自己的內心獨白更加包容。同時間，娜迪尼也在學著不要強調完美的成績。

凱莉和娜迪尼在療程中明白，努力追求卓越有益健康，但拚命達到完美則非益事。當娜迪尼不再給女兒這麼大的壓力後，凱莉總算明白，她不需要完美無缺也能受到認可。

你是完美主義者嗎？

好爸媽都渴望自己的小孩功成名就，有時卻因為求好心切而失了分寸。你符合以下哪幾項陳述？

在你的個人生活中：

- □我有時會因為擔心無法取得完美成果而拖延時間。
- □完成一項專案時，我只注意到那些我無法忍受的小錯誤和細微瑕疵。
- □除非能做到完美無缺，否則我寧願試都不試。
- □我對自己的錯誤吹毛求疵。
- □我是個為達目的不擇手段的人。

在你的育兒生活中：

- □我希望孩子完成我的未竟之夢。

□我沒辦法忍受孩子不照我的方法做某些事。
□我的自我價值某部分取決於孩子的成就。
□我只想讓孩子參加她表現突出的活動。
□我較常批評孩子而不是讚美。

爲什麼父母期待孩子完美無缺

世上有形形色色的父母，有種極端的認爲，不論誰贏了比賽，每個小孩都應該獲得一個獎項；而另一種極端則是永遠不滿意孩子的表現，即使孩子已經榮獲NBA「最有價值球員」的頭銜也一樣。

娜迪尼就是那種從不滿足的家長，不過她以爲，跟凱莉說要拿到滿分才能上大學是爲了她好，心想「高標準」可以讓凱莉充滿鬥志。但她有所不知，要求完美是弊大於利。

虎媽認為要求完美，孩子就會表現完美

《虎媽的戰歌》（*Battle Hymn of the Tiger Mother*）的作者蔡美兒（Amy Chua）講過一句很知名的話：「中國家長要求完美的成績，因爲他們相信孩子做得到。如果辦不到，他們會假

設是孩子不夠努力。」

根據蔡美兒的說法，西方孩子只要拿到A-，他的爸媽就會大力稱讚他做得好，但中國小孩如果拿到A-，他的父母則會問是哪邊做錯了。

爲了養育一百分的孩子，蔡美兒從不准小孩和朋友出去玩、參加學校話劇演出或玩電腦遊戲，同時要求她們不能有任何一科成績低於A，而且還要會彈鋼琴與拉小提琴。

她在《華爾街日報》（*Wall Street Journal*）的一篇文章表示，她的一些西方朋友認爲自己很嚴格，每天要求小孩練習彈奏樂器三十分鐘到一小時。蔡美兒說：「對中國媽媽來說，要孩子練琴一小時根本不算什麼，要他們繼續練第二或第三個小時才稱得上難。」

如果中國小孩拿了B-（蔡美兒強調這是不可能發生的事），「大受打擊的中國媽媽會找出數十份、甚至數百份的練習測驗，和孩子不斷地反覆練習，直到小孩拿到A才會罷手」。

蔡美兒沒有顧及到的是，她的孩子錯過了許多寶貴的人生經驗，這些經驗可能是她們未來成就的關鍵。舉例來說，學習衝突協商（和朋友一起玩時機會多得是），是職涯成功的必要條件。此外，如果她從不准孩子失敗，她們要如何學習在跌倒後重新站起來？

當然，蔡美兒的這種心態並不僅侷限於中國家長，很多其他父母也抱持同樣想法，以爲要求完美就能塑造出完美的小孩。

舞台媽媽和體育爸爸把人生寄託在兒女身上

熱中於競賽的父母不只會在學業上比較。舞台媽媽讓自家女兒搖身一變成爲芭蕾巨星和選美皇后，體育爸爸則是在球場和運動場上鞭策著孩子取勝。他們對完美的要求基本上和孩子的需求沒有任何關係，只是爲了療癒自己心中的創傷。

體育爸爸可能是因爲自己不曾打過職業聯賽，所以希望小孩達成自己辦不到的偉大成就。即便知道全美只有百分之一的高中運動員可以拿到第一級學校（division one school）[1]的獎學金，體育爸爸仍堅信自家的孩子一定會雀屏中選。他們甚至相信，孩子絕對能突破萬難，打進職業隊。

此外，就算孩子沒有辦法達到完美的境界，有些家長還是會想盡辦法剷除一切阻礙。如果是高壓育兒世界中較溫和的派系，你會發現爸爸故意延後兒子上幼稚園的時間，目的是希望兒子比其他小朋友大一歲，所以身形會比較大，才能在美式足球場上占據優勢。

還有另一種手段比較激烈的父母，像是美國新墨西哥州阿布奎基的一位兒童牙醫奇托醫生（Dr. Cito），他爲了讓兒子在球場上擁有不公平的競爭優勢，就把兒子美式足球頭盔上的

1 譯註：美國國家大學體育協會（NCAA）將會員劃分為第一級別、第二級別和第三級別，而規模較大的大學大都在第一級別，且第一級別的會員學校可以向被錄取的學生提供體育類獎學金。

其中一個扣環磨尖，結果割傷了好幾位球員，其中有至少一位球員需要縫合。經官方證實，那頂頭盔「尖銳到足以割碎雜誌封面」。奇托醫生後來被判四十八小時監禁，緩刑一年，還要做四百小時的社區服務。

好在大多數的父母不會有這麼極端的行爲，但很多人帶孩子跑遍全美國，只爲了陪孩子參加比賽；也有家長鼓勵孩子從早練到晚或帶傷上場，一切都是因爲希望孩子在場上有優異的表現。

當然，想讓孩子占盡先機的不只是體育爸爸，舞台媽媽也有很多卑劣手段。有些伎倆早就行之有年了。舉例來說，在電影版《綠野仙蹤》飾演女主角桃樂絲的茱蒂・嘉蘭（Judy Garland），據說她媽媽在她還小時，爲了逼她在節目中好好表演，會給她吃提神或助眠藥物。

在現今這個數位世界中，「全世界都是舞台」一詞有了全新的定義，許多舞台媽媽開始在網際網路上想辦法讓孩子出名。

以知名的YouTube頻道「西西秀」（The CeCe Show）爲例，西西從三歲就開始了她的表演生涯，她媽媽會將她的滑稽舉動放在社群媒體上。西西已經有十幾萬名的追蹤粉絲，還透過宣傳產品和出席有償活動賺進了數千美元。

某次在《柯夢波丹》（*Cosmopolitan*）的訪談中，西西的媽媽表示，她跟西西說，表演是

「她的工作」，不論她願不願意都要做。媽媽接著說：「我的最大夢想是讓西西上電視表演，成爲世界明星，不要侷限在社群媒體上。」無庸置疑地，一定還有許多父母抱持著同樣心態，希望讓自家孩子成爲大明星。

專家表示，家長如此熱中於確保孩子看起來完美無瑕或表現得無可挑剔，是因爲他們把小孩當成自己的延伸；而強迫孩子去做他們以前辦不到的事，也是爲了完成自己無法實現的夢想。

荷蘭烏特勒支大學（Utrecht University）的一項研究發現，透過孩子再活一次對父母來說有療癒效果。父母如果在過去有任何無解的遺憾和失望，沉浸在孩子的榮耀中，能帶給他們引以爲傲和美夢成眞的感受。可惜的是，雖然家長的感受是正向的，但對孩子卻是有害的。

決定標準要設多高並不容易

身爲家長，你有責任鼓勵孩子全力以赴。即便他不相信自己的能力，你也要相信他辦得到，在他認爲自己一步也堅持不下去的時候，激勵他繼續前進。

但要弄清楚對孩子究竟應該有多高的期望並非易事。如果你沒搞清楚，那表示你很可能會無視孩子的極限，設下了高不可攀的期望。

你忍不住會想參考其他小朋友的表現來了解什麼是「正常」的標準，但小心會適得其反。

就算你朋友的小孩兩歲就完全戒了尿布，也不代表你家三歲孩子還在穿尿布就是發展落後。然而，如果你聽到其他家長談論自家的小孩，或是看到他們在臉書上的貼文後，想到自己七歲的孩子還不會長除法，而十二歲的那一個也沒有被大學球探相中，難免會心生恐慌，總覺得自家的孩子好像都比不上別人家的。

拿自家孩子和別人相比，很容易讓你設下超過他能力所及的期望，而當孩子無法達成期望時，你們雙方都會感到灰心喪志。

每位孩子都是獨一無二的，而且環境、生理和人際關係等因素，在在都會影響到孩童的發展。從孩童的性別到父母的收入，都可能成為小孩達到某個發展階段的影響因子。因此，你必須了解家中孩子在某個年紀的「正常發展」，但也要時時提醒自己，你才是最了解自家小孩的人。你的小孩可能數學很好，但閱讀落後；或者他是全校最棒的足球員，但卻連腳上的釘鞋鞋帶都綁不好。如果你認不清楚自家孩子的強項與弱項，就很容易把標準設得太高。

企求完美有害孩童的心理健康

娜迪尼認為凱莉對自己有很高的期望是件好事，但她不知道的是，凱莉在上學時間哭泣且總是覺得壓力過大，對凱莉的高中生涯已經造成了很大傷害。

許多家長就跟娜迪尼一樣，相信那句古老的名言：「玉不琢不成器。」他們認爲要不斷地對孩子施壓才能助他們發光發熱。然而，他們並非鼓勵孩子盡己所能做到最好，而是逼迫孩子做到盡善盡美，長此以往，這種做法等同於揠苗助長。

完美表象會掩蓋實際問題

完美主義的父母不只希望孩子十全十美，他們也要求自己做到盡善盡美。縱使有跡象顯示事情可能不如預期，他們仍想讓每件事都順利運作，如此可能會爲自己和孩子帶來嚴重後果。

克莉絲汀娜．霍金森（Christina Hopkinson）就是很典型的例子。她在《每日郵報》（*Daily Mail*）發表的一篇文章表示，自己爭強好勝的性格促使她每件事都要做到最好，所以從任何人的角度來看，她在學術或體育方面的表現都十分亮眼。

她把所有的阻礙（包括懷孕）都看作是可以戰勝的挑戰。她剖腹產生下的寶寶在亞培格量表[2]中獲得滿分，因此她認爲這就是她能夠養育一個完美孩子的證明。她帶寶寶從醫院返

2 編註：「亞培格量表」（Apgar Scale 或 Apgar Score）又譯「阿普伽新生兒評分」，由美國醫生維吉尼亞．亞培格（Virginia Apgar，一九〇九—一九七四）於一九五二年提出，是檢測新生兒健康狀況、判斷是否需要緊急救治的評量標準；於嬰兒出生後第一分鐘與第五分鐘評測，評測項目共五項，英文刻意設計首字是A、P、G、A、R，便於記憶：外觀（appearance，即膚色）、脈搏（pulse，即心跳）、做鬼臉（grimace，即面部反射）、活動力（activity，即肌肉張力）、呼吸（respiration）。剖腹產、早產、高危險妊娠之嬰兒通常評分較低。

家後，就很自豪自己可以一邊煮午餐一邊泡茶給客人喝，還想像大家一定很羨慕她，才經歷過重大腹腔手術沒多久，身體居然恢復得這麼好。

她逢人便說，身爲一個新手媽媽，她適應得很好。而且她對社區的助產士也這麼說，非但沒問任何問題，還把心力都放在保持完美形象上面。助產士相信她「親餵非常順利」，所以就降低了拜訪頻率。但事情的發展並沒有一直順利下去，霍金森發現兒子有些無精打采，卻抗拒自己帶兒子去看醫生的本能反應，因爲擔心自己會看起來像是疑神疑鬼、能力不足的家長。

助產士五天後來訪時，發現寶寶的體重掉了百分之二十五，出現可能致命的新生兒高鈉血症，才緊急將他送醫。寶寶有脫水的現象，而且血液中的鈉含量過高。

好在，住院八天後，她的寶寶終於得以健康出院。經過這起意外事件，霍金森說她對人生的看法從此改觀。如果沒經歷這件事，她承認：「我還是會恭喜自己，覺得這個可愛無比的寶貝都是自己的功勞，而不會發現，我們能完全掌控的事其實寥寥無幾。」

很多家長都跟霍金森一樣，渴望別人讚美、佩服他們可以擁有「完美的家庭」或「圓滿的人生」。他們把問題、缺陷、疾病或錯誤都視爲軟弱無能的徵象，這種觀念根深柢固到了危及兒女的程度。

這類家長好像認爲，承認自己一樣會打瞌睡或感冒，別人就會認爲他們不過也就是平凡人。正因為擔心別人認為自己「脆弱」，所以他們反而不會好好照顧自己。

遇到問題的時候，這類家長不會積極處理，反而會選擇視而不見，希望問題會自行解決。他們無法面對自己的弱點，所以會試圖粉飾太平。他們拒絕承認自己的痛苦，也不願尋求協助。但他們的心智其實一點都不強壯，只是假裝自己很強悍，為的是尋求他人的認可。

孩子會為無法達標而付出代價

當家長期望孩子表現完美，小孩就可能發展出所謂的「社會期許型完美主義」（socially prescribed perfectionism），也就是堅信自己必須隨時保持完美無瑕，別人才會看重自己。他們漸漸相信，任何微不足道的錯誤都可能會讓自己不受他人喜愛。

但外人很難發現他們的痛苦。因為他們在隱藏自己內心的混亂上也追求完美，所以把自己的恐懼和不安藏得很好。

社會期許型完美主義造成了許多問題，包括：

- **心理健康問題：**拚命追求完美的孩童比較容易出現心理健康問題，像是憂鬱症、焦慮症、厭食。他們很擅長掩蓋自己的症狀，所以通常不會接受治療。
- **自我挫敗行為：**許多研究已發現完美主義和暴食症、拖延症、人際衝突有連帶關係。

諷刺的是，完美主義者想要成功的渴望反而常常是阻礙他們達成目標的主因。

- **長期不滿足**：完美主義不是通往成功的金鑰。小孩如果覺得自己無法達成他人的期望，生活就會充滿痛苦和折磨，而長大成人後，不管有多少成就，也都不會感到滿足。

其中最令人擔憂的是，許多研究已發現，覺得自己與期待不符的小孩自殺的機率較高。二〇一三年刊登在《自殺研究檔案》（*Archives of Suicide Research*）的一項研究中，研究人員針對十二歲至二十五歲曾自殺過的男性，訪問了他們的父母。超過百分之七十的父母表示，他們的兒子對自己設定了過高的要求和期望。

富裕階層也突然開始出現自殺連鎖效應，研究人員懷疑是因爲孩子承受了必須有傑出表現的莫大壓力。以矽谷來說，青少年的自殺率飆升到全美平均值的五倍。美國疾病控制與預防中心（Centers for Disease Control and Prevention）稱此現象爲慢性健康問題。二〇一四年，維吉尼亞州的費爾法克斯郡也出現了類似現象，青少年的自殺率節節攀升。調查人員最後的結論是，莘莘學子的自我期許過高、家長望子成龍的壓力、父母拒絕承認孩子有心理健康問題等，都是造成自殺的風險因子。

加州大學經濟學家葛瑞．雷米（Garey Ramey）和薇拉瑞．雷米（Valerie Ramey）將當今社會的競爭文化稱之爲「幼兒競賽」（the rug rat race）。愈來愈多的小孩要上大學，但菁英學校的名額卻不增反減，所以家長間的競爭也開始日益白熱化。爲了隨時保持競爭優勢，就要花更多時間參加有助於申請大學的準備活動，如此可能會讓孩子覺得自己永遠不可能達成父母的期待。

所以說，如果在資源充足的私校中，表現傑出的孩子都會覺得自己是個蠢才，那有學習障礙的小朋友該如何看待自己？英屬哥倫比亞大學（University of British Columbia）一項針對青少年自殺進行的研究發現，百分之八十九的自殺遺書中有拼字錯誤。研究結論表示，許多自殺的青少年很可能有學習障礙，甚至可能覺得自己好像比不上其他同學。

不論家中的小朋友可能成爲哈佛大學準新生還是需要接受特殊教育，如果你的期望超出他的能力所及，便可能造成致命的後果。悲哀的是，這些孩子自殺死去的父母，大都未曾想過這種事會發生在他們身上。

如何改變做法

凱莉因爲無法容忍自己拿到A⁺以下的成績，所以必須學著接受，成績不夠好不是世界末日。如果她不滿意自己拿到B，可以想辦法下次努力考好，但一味責備自己和罵自己是廢物沒有任何幫助。

她的媽媽則必須針對成就和失敗向她傳達新一套訊息。若想要凱莉原諒自己犯的錯，她必須知道即使沒有達成媽媽的期望，媽媽依然會接納她。

定期審視自己對孩子的期望。你是在鼓勵他盡己所能？還是在勉強他企及完美？

留心給孩子太多壓力的跡象

當你成爲「那種父母」時，你很難自我覺察。你可能在看小孩比賽棒球時變得過分激動，或是在孩子沒有成爲單詞拼寫比賽的參賽代表時，堅持要和學校行政人員談談。而你對孩子施加了太多壓力的跡象，或許就更不容易察覺了。以下是你應該留意的五個警訊：

1. **你較常批評孩子而不是讚美。**如果你只注意到出錯的地方，而沒有對孩子做對的事有所表示，可能會讓小孩覺得自己徹頭徹尾地失敗了。
2. **你拿自家孩子與其他孩子比較。**說出「可是強尼每天練習四小時」或「你姐姐數學從沒考差過」這類的話，會讓孩子時常處於競爭狀態，而忽略了自己的人格特質。
3. **你把所有情況都視為性命攸關。**童年時期其實很少會有什麼一生難得一見的機會。因此，如果你發現自己對孩子說：「如果你想要加入進階班，這次的考試就必須拿到

A」，或「如果你想成爲全明星賽的球員，今晚的比賽就必須打好」，請停下來思考一下。記得提醒自己，孩子還是有很多其他發光發熱的機會。

4. 你常常失去理智。只要小孩表現不如預期，你就會感到暴躁又沮喪，那表示你可能也覺得壓力過大了。情緒失控也是期望過高的跡象。

5. 你插手小孩子的所有活動。高壓教育的父母經常變成控制狂。如果你一直採取緊迫盯人的態度，希望小孩「做好」每件事，那你可能就是在逼迫他做到盡善盡美。

隨著孩子日漸長大成人，你的期望也應該有所提高，但有時你的期望可能會大過於孩子能力的成長幅度。因此，請隨時留意自己的標準過高的警訊。

針對成就和失敗傳遞正確訊息

我在初中擔任心理治療師的時候，發成績單的日子總是特別有趣。有些孩子在回家前會探頭進我的辦公室說：「莫林老師，我拿到四個A唷！」有些成績不盡理想的小孩則是會來我的辦公室，希望我爲他們打氣，才有勇氣回家面對父母。

在某次成績單出爐的日子，西蒙來到我的辦公室，他是最近才來找我的學生。他因爲拿到兩個B所以哭得很傷心，他說：「我可能必須去和爸爸住了。」

西蒙的爸媽在他八歲的時候離異，雙方爲了監護權問題爭奪了好些年。法官最近裁定，媽媽家是西蒙的主要居所。但媽媽明確地跟西蒙說，法官必須相信她有盡到良好的養育之責，他才能繼續跟她住在一起，也就是說，西蒙必須是優等生才行。

可憐的西蒙以爲他眞的必須有完美的成績才能跟著媽媽，所以考不好這件事嚇壞了他。西蒙離開我的辦公室後，我馬上打電話給他媽媽。我原本以爲她會說她無意讓西蒙有這樣的想法，她卻承認，是她告訴西蒙必須每科都拿到A才行。西蒙和爸爸住的時候每科都是A，因此她擔心成績稍稍下滑就會讓別人認爲她教養能力比前夫差。

她同意下星期來我的辦公室和我談談。她也承認，其實她根本不在意西蒙的成績單上偶爾拿少少幾科B，她顧慮的是法官的看法。

我向她解釋，和西蒙說他必須每科都拿A才能繼續跟她住，讓西蒙承受了莫大的壓力。西蒙每次考不好或作業搞砸的時候，都要擔心自己可能要搬家，這對他來說並不是好事。

她最初聽到我這樣說很不開心，她問我：「那他的成績一直下滑怎麼辦？別人會怎麼看我？」我就反問她：「如果因爲你要求他成績完美，導致他壓力過大出現心理健康問題，別人又會怎麼想？」

我進一步解釋，我從未見過任何孩子因爲成績單上有兩個B，導致監護權變動而必須搬家的情況。不過，我倒是眞的看過孩子因爲一方家長給的壓力太大，所以想和另一方家長住的個案。

然而，她還是堅持西蒙的學業成績會在下次開庭的聽證會上被提出來，所以我建議她和律師談談，以了解更多資訊。

但我也告訴她，就算西蒙的居所會因爲一科成績是B而受到影響，告訴西蒙也毫無助益。最佳做法是鼓勵他發揮潛力，協助他盡力做到最好即可。如果他必須搬去和爸爸住，也是因爲法官認爲他父親那邊是比較好的居住環境，跟西蒙的成績一點關係也沒有。

她同意不再和西蒙說他必須維持完美的成績，而是和他說，法院會評估**她的**表現，確保她有盡全力協助西蒙在學業上全力以赴。

當然，因爲西蒙已經相信他必須每科都拿A，所以接下來的幾週他都繃緊了神經，很害怕自己隨時會接到要搬去和爸爸住的消息，但好險他的憂慮並未成眞。

實際的情況是，在我輔導西蒙的期間，他都和媽媽住在一起，而且不再對自己的學業成績惶惶不安。他媽媽傳達給他的新訊息，再加上法院沒有任何行動，讓他得以放下心中的大石。他現在終於能夠把心力放在思考自己何時才能拆牙套，以及棒球要打什麼位置，而不是鎮日擔憂自己成績不夠好，可能必須搬家。

對孩子暗示如果他不夠完美，就會「有壞事發生」的害處極大。說出「你今晚如果沒在比賽中拿出完美表現，就拿不到美式足球獎學金」，或「今晚的獨奏會非常重要，你不能出任何一點差錯」這類的話，會對孩子傳達錯誤的訊息。

壓力也不一定來自家長，老師、教練或其他師長可能會告訴你的小孩，他一生的成功都取決於「這次機會」，如果搞砸，以後就再也沒有希望了。我曾聽過老師和學生說：「如果你的學術性向測驗（SAT）考不好，以後就別想讀大學了。」但事實上，即使考不好，他們還是可以重考，而且這個測驗分數只是大學招生辦公室人員考量的其中一個條件。所以，你也要注意可能對孩子施加不當壓力的其他角色。

不論潛在的風險是什麼（而且通常沒有你想的這麼嚴重），記得告訴孩子盡力即可。我們都知道，人有失足，馬有亂蹄；與其固執地要求孩子永不犯錯，不如讓他知道，只要心智夠堅強，他也能在表現不如預期時重新站穩腳步。

追求卓越而非完美

眾多研究一致顯示，只要家長對孩子有合理的期待，他們通常能夠展現出相應的學業表現。如果你的期望難以企及，孩子則很有可能會直接放棄。而且，就算他眞的表現得可圈可點，也無法沉浸在成功的喜悅中，因爲他會一心想著下場比賽如何更上一層樓，或是要如何保住冠軍頭銜。

如果孩子全心追求的是「卓越」而不是「完美」，那麼他就不會因爲犯錯而質疑自己的價值。以下是你可以幫助孩子全心追求卓越的三個方式：

● **問問自己，這份期望是為了滿足誰的需求。**你希望他成爲隊上的明星選手好讓自己與有榮焉嗎？你想要靠孩子的好成績來證明自己是個好家長嗎？千萬記得，你設定的期望應該是爲了孩子好而不是爲了自己。

● **重視努力而非成果。**你應該要說「我希望你可以坐下來讀一小時的書」，而不是「我希望你考試拿A」。讓孩子清楚知道，堅持不懈和勤加練習才是不斷進步的根本。

● **在孩子出現壓力過大的跡象時趕緊收手。**雖然在孩子願意嘗試的時候，鼓勵他堅持下去是好事，但當他心不在此，還逼他咬牙苦撐只會適得其反。如果他說他恨死足球了，或是不想再彈鋼琴了，這可能就是你逼得太緊的警訊。

三明治說話術：善用讚美與批評

太常批評孩子並不健康，不僅會破壞你們的關係，還會削弱孩子的動力。

你要用讚美來抵銷批評，然後再交錯使用批評與讚美，就像層層疊疊的三明治。

請參考下列範例，了解如何指出孩子做得好的部分、說明你希望哪方面還可以改進，最後以正面的評語作結：

●「很棒！你把衣服收起來了。雖然衣櫃還有點亂，但我喜歡你把床鋪得這麼整齊。」

●「你今天在場上表現得很積極。但我注意到教練派你去守外野時，你就比較心不在焉。我想我們應該想辦法提高你在場上的專注力，不能因爲打哪個位置而放鬆。但我看得出來，只要一站上打擊位置，你就會想盡辦法打到球。」

●「你花了很多心思完成這份作業，但似乎拼錯了一個字。除此之外，其他部分都很不錯。」

先指出做得好的部分，孩子才會有成就感，知道自己做對了。接著再跟她說需要改進的地方，下次就能更上一層樓。最後再給予一些讚美，讓她充滿動力。

千萬不要過度使用這種三明治說話術。有時候只需要給予讚美就夠了，否則她會認爲就算自己做得再好，你還是把焦點放在缺失上面。

如何教孩子全力以赴

以娜迪尼和凱莉對完美成績的執念來說，放下完美主義的關鍵在於減少凱莉的壓力，她必須學著全力以赴而非表現完美。

如果你的孩子不論什麼事都想要做到最好，他永遠不會對自己的能力感到滿意。你要教他著眼於自己可以控制的事，像是努力的程度和自己的態度，不要太執著於追求完美結果。

找出灰色地帶

你要隨時注意家中的孩子是否開始出現完美主義心態，最容易辨別的指標跡象就是「非黑即白」的思維模式。

剛成爲完美主義信徒的人認爲自己如果不是唯一的贏家，那就是徹底的輸家。他們會因爲一個小小的錯誤就認定自己的表現糟糕透頂。如果家中孩子有這種思維，你可能聽他們說過類似下面的話：

- 「我數學考超差！寫錯了兩個答案！」
- 「我在舞蹈公演中有幾個動作沒跟上大家。我看起來一定像是史上最差勁的舞者。」
- 「那場比賽糟透了，我兩次試圖得分都失敗。」
- 「反正我沒有入選爵士樂隊，繼續練薩克斯風也沒意義了。」
- 「我在學校歌舞劇的角色選拔會中表現得超差，所以他們給了我一個臨演角色。我想我不會再唱歌了。」

如果你的孩子說出類似這種全有或全無思維的話語，你要告訴他不是什麼事都這麼黑白分明，幫助他找出兩者之間的灰色地帶。

你可以問：「雖然你犯了一個錯，但會不會整體來說其實你做得很好？」或是說：「今年沒入選不代表明年不會入選，你還有整年的時間繼續練習。」

記得以身作則的重要，你的用語對孩子有很大的影響。盡量不要跟孩子說她的數學成績獲得「壓倒性的勝利」，或是體操表演「完美無缺」。這類標籤很容易導致孩子產生全有或全無的極端思維。

在談論自己的生活時，你一樣也要避免使用極端的話語。如果你面試工作的時候有一個問題沒回答好，回家後不要大聲嚷嚷自己面試表現得亂七八糟，而是要說自己表現得好和不好的地方。你可以試著用比較持平的方式講述整個過程，例如：「我覺得自己在過去工作經歷這部分回答得不錯，但被問到自己最大的弱點時，我的腦袋突然就一片空白了。」

學齡前兒童：教導他們不要放棄

小孩子不是生下來就是完美主義者。如果是的話，他們可能什麼都學不會。不妨想像一下，剛要學走路的小孩因爲害怕走不穩所以拒絕走路？或是跌倒一次後，他就認定自己做不好，所以再也不試著走路了？

好險小孩子不會有這種思維模式。對孩子來說，他們決心要學習新事物並不斷進步，但不會期待自己做到完美。

對學齡前兒童來說更是如此，即便自己在動作技巧、協調感、專注力和其他方面都還未發展成熟，但他們還是努力想跟上大孩子的腳步。

家長經常在這個階段急著對孩子施加過大壓力；問他們為什麼這麼做，他們又說不出任何實際原因。研究顯示，以學走路為例，孩子什麼時候學會走路跟運動技巧較好或智商較高沒有任何關係。事實上，不管孩子是在九個月大或二十個月大開始走路，他的動作技巧到開始上學的年紀時，跟其他孩子都相差無幾。

縱使你很想讓孩子提早識字或比他的同儕都還早會做加法，也請記得，高學習成就並不代表一切。除非他具備情商方面的軟技巧，像是在生氣時知道如何使自己平靜下來，或是懂得如何和平地解決衝突，否則即便他小時了了，長大後也未必如此。

因此，請抗拒想要孩子什麼都做得比別人好的衝動，不妨鼓勵他把心思放在建立健康的人際關係和享受當下。即使他犯了錯也要讚美他付出的努力，並在他堅持完成艱難的任務時給他鼓勵。

學齡兒童：教導他們偶爾享樂也沒關係

競爭精神可以很健康，但學齡兒童有時會太過堅持自己一定要拿第一。如果你想了解孩子的競爭特質，氣球遊戲是有趣又簡單的測試方式。

吹一個氣球，叫孩子一起來玩。你們輪流把球傳來傳去，而你要一邊隨機喊出得分，像是「在你打到氣球之前，它從椅子上掉下來了，加十分！」，或是「氣球碰到了天花板，要扣一千分！」切記，你一定要隨意變動評分方式，愈不合理愈好。如果小孩抗議，你甚至可以說：「抗議再扣二十二分。」不要眞的記錄最後的總分，把它當成一個好笑的遊戲。

如果你的孩子一邊玩一邊笑得很開心，這是好事。如果她堅持「這不公平」而且不想玩了，你可能要想想家中是不是太過強調要當贏家。當然，如果你沒辦法純粹「爲了好玩」玩遊戲但不計分，你或許就能猜出孩子的競爭心態是來自誰的遺傳。

有些孩子的個性天生就是比較好勝，不過你最好還是隨時注意孩子的狀況。你會希望她願意全力以赴，但不會想要她認定必須不計代價做到完美。

在設定目標的時候，問問孩子她覺得這個目標是否合理。她覺得自己可以在社會科拿到A嗎？還是覺得有考過就很幸運了？

鼓勵她想辦法超越自己的期望。如果她說她應該可以拿到B，你可以問她：「你覺得可以做什麼來提高自己拿到B+的機會?」或許是更努力讀書，或是請老師給她額外的協助，這些做法都可能讓她的成績有所提升。

但同時也別忘了提醒她，成績不完全是她能控制的事。雖然她可以掌握自己的努力程度，但她不能控制老師出題的難度。

青少年：教導他們不完美並非壞事

青少年有時認為自己的缺陷、問題或過去犯下的錯誤會減損自己的價值。如果有個青少年來接受心理諮商時，堅持自己的「小腹很醜」或「數學不好」，所以不會有人喜歡她，我會和她進行「河石練習」。

我辦公室有個裝滿中型河石的容器，我會請她選一顆自己喜歡的河石。大多數的青少年會仔細查看所有石頭，最後選一顆自己喜歡的。接著我會問：「你為什麼選了這顆?」

我得到的回答通常是「它的邊邊有裂縫，看起來可愛」，或是「我想要這顆紅色的石頭，上面有白色的斑點」。接著我會說：「所以這顆石頭並不完美，儘管上面凹凸不平且色彩斑雜，你還是喜歡它?」這時他們通常會會心一笑，因為他們知道我接下來要說什麼了。這個練習可以讓我們開始討論，缺陷不會貶低你的價值，反而造就了獨一無二的你，而且其他人依然會愛你。

向孩子證明他不需要力求完美，你甚至可以鼓勵他偶爾故意犯個錯。有完美主義的家長一想到要鼓勵家中的青少年蓄意搞砸，可能就會渾身不自在，但讓他了解無法成就完美不是世界末日，會對他大有助益。

如果家中的青少年在學業上是完美主義者，鼓勵他在作業中犯錯。他可以故意答錯一道題，或是在英文科報告中拼錯一個單字，讓他明白世界不會因此崩塌。雖然這個建議看起來很瘋狂，但鼓勵孩子偶爾把事情搞砸，或許能改變他的人生。只要他明白即使故意犯錯，天不會因此塌下來，地球也會繼續轉動，那他在自己想盡辦法也無法隨時保持完美的情況下，可能就會更願意放過自己。

讓他知道他足夠強壯，可以面對自己犯下的錯以及犯錯的後果。包容自己的不完美之處將可協助青少年建立自信，相信自己有能力面對不適的感受。

擁有務實期望的孩子會長成樂見他人成就的大人

奧麗薇亞也是寄養兒童，當時才十歲，她的寄養父母因爲有急事必須出國，所以在他們返家前，她來和我們待上幾週。

在他們出發前，奧麗薇亞的寄養父母告訴我，她和許多寄養體系中的兒童一樣，過度服從已成爲她的生存技巧，或許是因爲過去她只要「乖乖聽話」，就不會被虐待。但現在，她想盡辦法表現出最好的一面，是因爲她害怕自己如果表現不佳，寄養父母會另外找一個「更好」的孩子。

在過去幾週內，奧麗薇亞迫切地想要討好我們就是個證據。她會問「我可以幫你掃地嗎？」或是「你希望我幫你吸地嗎？」這類問題。她從不抱怨，而且不管要求她做什麼事，她總是說「沒問題」。

經過那次來訪後，我就變成奧麗薇亞固定的臨時照顧者。只要她的寄養父母必須出遠門或是去奧麗薇亞不能跟的地方，她就會來和我住。而這些年來看著她的轉變，我覺得眞是了不起。

她之前相信是因爲自己表現不好才必須離開父母身邊，也以爲自己如果不夠完美，就永遠不會有人要領養她。但隨著時間過去，她的寄養家庭向她證明，就算她把自己搞得一團糟，他們一樣愛她，而且最後也領養了她。當她擁有足夠的安全感，明白自己不需要完美無缺也會被愛，她慢慢地變得獨立自主且堅決果斷了。

家中的孩子只要相信自己夠好，即使不到完美的程度，她也會願意去嘗試可能會失敗的事物。她會有能力處理自己犯的錯，更能夠從失敗中重新站起來。心智堅強的人不會嫉妒他人的成就。但如果你期望孩子完美無缺，那麼她就會隨時注意有沒有比她更聰明、更有錢、更迷人、更成功的人，結果就是永遠比不完。不過，只要你訂下符合現實的期待，她對自己也會有務實合理的期望。她將能為自己立下成功的定義，在別人達成目標的時候與他們同慶，因為她不會拿自己和別人比較。

解惑及常見陷阱

家長不只會在運動或成績方面期望孩子表現完美，有些人甚至希望孩子的所作所為都要盡如人意。某個家長可能會希望自己四歲的孩子在餐廳吃飯時，整餐都要坐好坐滿，另一個家長則是不明白，為什麼他的八歲小孩就是不能在開車上路的時候，和他的弟弟在後座好好相處。

記得，小孩子一定會時不時破壞規矩，他們本來就會有不當行為，也一定會犯錯。

許多父母常落入的陷阱是對小孩子太快有太多的期待，而且這個狀況特別容易發生在獎勵制度上。

爸爸可能會對女兒說，如果她整個月都有好好做所有家事，就可以拿到一百美元。然而，這個目標對女兒來說有點太遙遠了，所以她非常可能早早就放棄。比較好的做法是每當孩子完成一件家事就給她一點獎金，讓她每次向成功邁進一小步時都能獲得獎勵。如果非要完成所有挑戰才能贏得獎賞，可能會讓孩子覺得自己的努力一文不值。

除此之外，你也要注意當孩子表現不盡理想時，你是如何應對的。不要讓自己被恐懼牽著鼻子走。小孩子的科學測驗考差了並不會毀了他的一生，我就從沒聽過任何大人說：「我因爲十年級的時候生物學考砸了，所以從此改變了人生的方向。」

與其教孩子避免失敗，不如讓她相信自己擁有強大的心智，足以因應任何無法盡如人意的狀況。你要幫她了解，儘管她不盡完美，仍然值得被愛且十分出色。

實用技巧

- 交錯給予讚美、批評和讚美。
- 致力追求卓越而非完美。
- 跟孩子説説自己失敗的故事。
- 問孩子對自身有何期待。
- 鼓勵有完美主義的孩子偶爾犯點小錯。
- 注意自己給孩子太大壓力的跡象。
- 偶爾從事一些無關輸贏的好玩活動。

當心陷阱

- 威脅孩子如果表現不好就會有壞事發生。
- 太常批評孩子。
- 只看見孩子犯的錯。
- 在孩子面前流露出「全有全無」的思考模式。
- 和其他孩子比較。
- 希望自己盡善盡美。

7 不許孩子規避責任

瑪莎和吉姆當時打來我辦公室預約門診時間，希望「愈快開始諮商愈好」。幾天後，他們和我進行了第一次晤談，瑪莎說：「我們好不容易讓兒子搬離開家了，實在不希望他再搬回來，拜託你幫幫我們。」

吉姆接著說：「我知道這樣聽起來很差勁，但他真的不是個好室友。」他們的兒子叫克里斯，高中畢業後沒有升大學，而是想要先就業，不過他也沒有認真在找工作，而是把接下來七年的時間，都花在打電動和跟朋友鬼混上面。雖然他時不時會說自己有在找工作，但他的爸媽很肯定他根本是在敷衍了事。

克里斯二十五歲的時候終於找到了服務生的工作，他爸媽開心得不得了。而且當他說他打算搬出去，和朋友一起租房子時，他們馬上開始幫他打包。知道兒子總算要獨立生活後，他們鬆了好大一口氣，更是期待他終於要搬離家裡地下室的那一天。

瑪莎說：「他是個懶惰的髒鬼。我下班回家就看到水槽裡有沒洗的碗盤，髒衣服也丟在浴室地上。每次叫他收拾乾淨，他就大發脾氣。」

吉姆也說：「我們也常爲了錢吵架。他會要我們付演唱會門票的錢，或是爲了跟朋友出去玩和我們拿錢。有時候我們寧可給他錢，只要他離開家就好。」

現在，他們終於不用每天跟他吵架，但不代表從此高枕無憂了。

克里斯賺的錢不足以支付獨立生活的開支，每個月還是會跟吉姆和瑪莎要錢。爲了讓克里斯保住他租的公寓，他們只好給他錢，但這個慷慨的舉動已經影響到他們銀行的存款了，他們卻束手無策。

當我問到克里斯的理財能力時，他們承認，兒子沒什麼理財概念，搞不好連記帳維持收支平衡、擬定預算或從收入預留一筆存款都一竅不通。他們也不清楚克里斯的收入是多少，每次提到這事，他就說不關他們的事，他們也就不再逼問了。

當我說如果他們每個月都要給他錢的話，他賺多少就跟他們有關了，對此他們也表示同意，但因爲兒子不想說，所以他們也無可奈何。

可以肯定的是，只要他們繼續縱容克里斯的行爲，他絕對不會有幡然悔悟的一天。如果他們希望克里斯的財務穩定，就得從改變自身做起。

他們面臨的問題如下：

1. **他們在掏空自己的存款。**他們給克里斯的錢是來自儲蓄帳戶，繼續這樣下去，遲早會破產。
2. **他們不希望克里斯搬回家。**他們認爲克里斯不搬回家對大家最好，但也不希望他無家可歸。

我建議他們要求克里斯遵守以下幾點規定：

1. **他必須告知收入。**如果他們每月都要給他錢，就必須知道他的收入有多少。
2. **他必須和爸媽一起規畫預算。**擬定預算是有助他理財的第一步。
3. **他必須學著理財。**每週和爸媽開會一次，討論該付的帳單、如何平衡收支以及確認預算規畫，這些步驟可以幫克里斯學著掌握自己的財務狀況。
4. **他每個月只能從爸媽那裡拿到一筆固定金額的錢。**如果吉姆和瑪莎決定要拿錢幫克里斯付帳單，他們必須定下明確的金額，而且要堅守立場，即使他錢不夠了也不再給任何一毛錢。

吉姆覺得克里斯會拒絕遵守這些規定。而且他和瑪莎如果不給他錢，克里斯很可能會被趕出租屋處，接著他就會搬回家，然後因爲通勤太花時間而把工作辭掉。他很怕克里斯會住在家裡一輩子。

我提醒他，如果克里斯不跟他們學習理財，那是他自己的選擇；而他如果付不出帳單，也是他應承受的直接後果；就算被趕出租屋處，他們也沒義務要讓他搬回家。

吉姆同意他們沒有「法律上的義務」讓他搬回家，但道德良知要求他們這麼做。他認爲克里斯不像其他年輕人這麼聰明。可我向他們保證，如果克里斯能從高中畢業，還可以找到工作，就表示他有足夠的能力學習理財。假定他無法支付自己的帳單，只會讓他有藉口一輩子繼續當個不負責任的人。

瑪莎和吉姆同意這週回家討論一下。隔週回來門診時，他們都同意執行這個計畫了。吉姆說他花了很多時間思考，最後決定他必須幫助兒子變得更加獨立自主。他覺得很對不起克里斯，沒有早點教他理財技巧；如果現在不教，克里斯可能永遠也不會學了。

接下來的那週，他們和克里斯說了這個新計畫。聽完他們訂下的規矩後，克里斯說：「聽起來你們根本不在乎我會不會沒錢吃飯！」然後就掛電話了，接下來好幾天都沒跟他們聯絡。不過，有天他打來要錢了。

他們堅守立場，跟他說必須先見面談談財務規畫才行，結果他說他們是「控制狂」，又把電話掛了。但隔週克里斯打電話來說，他得繳他那一份房租了，所以只要他們願意給錢，要他做什麼都可以。

他們同意在他的租屋處見面，一起檢視他的財務狀況。克里斯完全不知道自己賺多少錢，也不清楚總共有多少帳單要付，於是瑪莎和吉姆幫他理出頭緒。

他們接著帶他擬定了預算，同時也發現他的收入不足以支付帳單。因此，瑪莎和吉姆同意先幫他付汽車帳款，前提是他必須學著按預算過活，並繼續跟他們學習理財技巧。

瑪莎和吉姆後來只再來過門診兩次。他們表示壓力減輕了不少，對自己和兒子的未來也比較充滿希望了。他們相信自己總算是走在正確的方向上，一步步教兒子成爲可以獨立生活的負責大人。

你有讓孩子擔起應負的責任嗎？

雖然你不該直接把孩子當成迷你版的大人對待，但也不要把他當成沒有能力的幼童看待。你可能忍不住會想任由他「當個孩子就好」，但同時間也別忘記要把他養育成一個負責任的大人。以下哪幾點符合你的狀況？

□即使是小孩自己會做的事，我還是會幫他完成。

□我很少叫小孩做家事。
□我經常提醒小孩他自己應該做的事。
□不管小孩有沒有付出相對的努力，都可以享有我給他的福利和權利。
□我不會花太多時間教小孩洗衣服或維持收支平衡等生活技能。
□我無法判斷孩子能承擔責任的安全範圍。
□我很常原諒小孩犯錯或忘東忘西。
□我花很多時間讓小孩「當個孩子」，而不是教他對自己負責。

爲什麼父母放任孩子規避責任

在克里斯還小的時候，瑪莎和吉姆就斷定他不像他哥哥一樣聰明，因此對他的要求就比較低，也從未教導他成爲負責的人所需的生活技能。

幸好，他們還有機會在他成年後教他一些生活技能。在孩子小時候教他們很容易，但由於諸多原因，多數父母並未把教導孩子負責當成首要之務。

雖然你未必會讓自己養出需要你支援一輩子財務的兒女，但你可能會讓孩子規避某些責任，進而限縮了他的潛力。

父母經常見樹不見林

當爸媽的有時會太重視結果，反而忘了注意孩子在過程中學到的人生經歷。舉例來說，愈來愈多家長對教師提告，這種趨勢令人擔憂。

當家中的青少年作弊、太常蹺課、學業落後時，有些家長不是要求自己的孩子負起責任，反而選擇對學校部會提起訴訟，導致教師因爲訴訟的威脅或校董事會的施壓，不得不修改成績或撤銷懲處措施。因孩子的權利受到侵犯而控告學校是行之有年的事，但把「成績不佳」也當作是侵犯到孩子的權利，卻是最近才興起的概念。

即使老師的評分制度「不公平」，家長眞的應該對老師提告嗎？學習如何面對有失公允的做法會是很實用的人生技巧。此外，當孩子看見家長和其他大人以身作則，示範如何因應生活中的不平境遇，他們就會明白，這是人生的必經之路。你的孩子遲早會遇到不講理的老闆或不公正的上司，但這不表示告他們是唯一的選擇。

另一種讓孩子學不會負責的狀況，就是有些家長不太在乎小孩負不負責，只在意孩子是否有競爭優勢，因此把所有心力都放在確保他們的成績單夠亮眼，才好吸引大學招生辦公室人員的目光。

相當然耳，在大學申請書中寫「我每天自己鋪床」並不能讓孩子申請上常春藤盟校，所以家長不會要孩子知道如何摺衣服或換床單，而是會幫他們報名能爲履歷加分的活動，像是拉大提琴、爭取校隊徽章以及帶領團隊在數學競賽中奪冠。

事實上，現今的家長大都不讓孩子做任何家務。布勞恩研究所（Braun Research）二〇一四年發表的一項調查顯示，雖然有百分之八十二的成人表示自己在成長過程中有幫忙家務，但只有百分之二十八的成人會叫自己的孩子做家事。

也就是說，有高達百分之七十二的兒童在家裡什麼事都不用做！雖然有些父母說孩子根本忙到沒有時間幫忙家務，但其他則是覺得孩子就應該好好玩樂。不論理由爲何，不做家事的孩子就沒機會學習對未來極有幫助的重要技能。畢竟，你的孩子如果想要擁有一段成功美滿的關係，勢必得知道如何對家庭生活做出貢獻。

教孩子負責並非易事

有時候你眞的很難界定自己與孩子的責任範圍。你可能認爲維持家中整潔是你的工作，所以當孩子房間亂七八糟時，你覺得自己有責任打掃乾淨，因爲小孩房也是家裡的一部分。

或是你覺得爲了讓孩子能夠在學校和課外活動中好好表現，自己有責任確保他取得所需的一切。因此，孩子如果忘了帶足球鞋去學校，你就會在練習開始前爲他送去。不管怎麼說，你不希望孩子是場上唯一沒穿制服的人，讓別人認爲你是不負責任的父母。

以家務來說，自己動手做一定比較快。教小孩洗衣服或煮飯要花很多時間，而且他如果出了什麼差錯，可能會有很嚴重的後果，像是不小心把一件紅衣服和整籃白衣服丟在一起洗之類的。爲了節省時間、金錢與免得麻煩，許多家長寧可選擇自己做家事。

不僅如此，如果你決定教小孩做某件家事，有很大的機率你要反覆教他好幾次。你可能必須花上好些時間，教他如何在除草的時候不會在草坪上留下一道道沒除乾淨的痕跡，或是教他如何準備分量剛好夠全家人吃的餐點。對許多忙碌的父母來說，要找出這麼多的時間教導小孩負責並不容易。

無法放手的父母

塔妮亞因爲覺得憂鬱而來尋求心理治療的協助。有天在會談的時候，她的手機響起，她說：「我兒子打來。不好意思，請稍等一下。」

她接起電話，開始用很輕柔的聲音講話，好像對方是三歲小孩一樣。她說：「嗯，今天你就熱些薯條和熱狗當晚餐好嗎？明天來我家吃晚餐，我會做千層麵。」

她掛電話後還跟我解釋：「每次只要我兒子的太太出遠門，他就會打電話跟我求救。他不知道晚上要煮什麼給小朋友吃。」她覺得兒子還會爲了這麼小的事求救很可愛。

她表示：「我之前一直很擔心孩子們長大後就會離開我，所以知道他們還是需要媽媽，讓我很開心。」

於是，我們開始聊到塔妮亞的人生目標有多大一部分是放在照顧孩子身上。她是全職家庭主婦，過去勞心勞力，幾乎事事都替孩子們準備周全。現在她三十歲的兒子不知道要煮什麼給自己的孩子當晚餐，她居然莫名地覺得自豪。

那天在我辦公室接完兒子的電話後，塔妮亞的療程突飛猛進。我們把治療的重心改成協助她在孩子離家後，以更健康的方式建立自己的人生意義和目標。

塔妮亞和很多父母一樣，不太知道如何調適放手讓小孩長大的難受心情。爲了不讓自己太沮喪，她只好繼續過度參與他們的生活。雖然知道孩子還是依賴她，會讓她暫時感到開心，卻不能讓她覺得人生充實。

在我第一份的社工工作中，臨床諮商督導常說：「孩子養到十二歲後，你的角色就要從駕駛轉成乘客。」這不代表孩子在青少年階段不需要你，而是表示你不再需要替他們包辦所有的事，他們應該學著自行承擔各式各樣的責任。

規避責任的孩子永遠不會成熟

我的案主瑪莎和吉姆經歷了切身之痛，才明白放任克里斯不承擔責任是糟糕透頂的做法。克里斯雖然已算是成人了，卻沒做好加入大人世界的準備，完全不具備獨立生活的技巧，而他的爸媽覺得自己付出了代價——還是實實在在的金錢代價！

因此，雖然你可能認爲每天幫自己的十歲孩子鋪床沒什麼大不了，或是以爲替家中的青少年塡寫大學獎學金申請表是在幫他的忙，但最終你可能是在害他而不是幫他。如果你不要求孩子對自己的人生負起責任，他們就不會學到發揮自身最大潛力的必要技能。

小時不負責，大了也一樣

在圈養環境中出生和長大的動物通常都不會被野放。生物學家表示，這些動物不具備靠自己存活下來的生存技能，要牠們在野外獨自求生是很殘忍的事。

然而，許多家長卻是這麼對待孩子的。他們包辦了孩子生活中的大小事，而孩子在長大後自然對嚴峻的成人世界毫無準備。這些孩子不具備在大學、軍隊或工作上表現傑出的必要技巧，因此才會出現另一個令人憂心的趨勢，也就是父母過度介入成年孩子的就業狀況。密西根州立大學（Michigan State University）二〇〇七年進行的一項調查發現，百分之三十二的大型公司表示曾有員工的家長與他們聯絡。

百分之三十一的招聘經理表示，他們曾看過家長替孩子遞交履歷，另外百分之四則說，他們還見過父母陪同成年孩子來面試，更有百分之九的人說，甚至有家長試圖替孩子談薪水。

部分人資部門表示，曾接到員工家長因爲自家孩子遭到違紀處分而打來的電話。這些年輕人好像還在讀中學一樣，遇到麻煩就跟爸媽抱怨，而家長也會出手干預，即便孩子在工作上搞砸了，也要想辦法讓他們擺脫責任。

如果你不認爲孩子可以靠自己找到工作，或是覺得他無法自行解決工作上的難題，那事情就非同小可了。這並不是說孩子完全不需要你的協助，她或許想知道如何與公司談判薪資，或是希望你幫她看看自己的履歷。給予睿智的建議是幫助孩子的好辦法，但直接幫孩子把事情攬下來做好就另當別論了。

如果你總是出手拯救自家的孩子，不讓他面對自己的戰爭或擔起應負的責任，他在眞實世界求生所需的經驗和自信就會不足。你家小孩未來的老闆或伴侶肯定不會想要一個在財務、生理和心理上都還依賴爸媽的人。

如何改變做法

瑪莎和吉姆希望他們的兒子克里斯更有擔當，不過他們非但沒想辦法鼓勵他承擔更多責任，反而採取不當的做法，助長了他不負責任的態度。如果他們不改變做法，就可能永遠困在這個惡劣處境中。想要克里斯有所改變，他們就必須確保他學會自立自強；也就是說，他們必須扮演嚴格的老師，而非事事寬容放縱。

試圖讓孩子規避責任是在害他而不是幫他。你應該認眞制定計畫，教孩子成為能夠獨立自主的大人所需的技能。

相信孩子能獨當一面

多數的父母會低估孩子的能力。如果你一直出手幫孩子的忙，他就不會學著自己解決問題。

讓孩子有機會練習自己完成該做的事。雖然讓小孩幫你做某件事會花上更多時間，但你可以把這些時間視爲一種投資：現在花愈多時間教小孩做事的方法，以後就可以省下更多幫她忙的時間。

你可以透過以下方式提高孩子的責任感：

- 在幫他準備點心的時候，告訴他放水果的地方，跟他說你爲什麼要清洗葡萄或切蘋果；下次他想吃點心時，讓他分擔一些工作，像是請他去拿水果或看著他洗水果。
- 不要問小孩：「你帶了晚上比賽要用的水瓶和制服了嗎？」而是問：「今天晚上的比賽你要帶什麼？」

● 不要在科學展覽會前一晚幫孩子趕出成品。你應該說：「你的科展作品好像再兩週就要交了，你要怎樣才能確保自己準時交出作品？」你可以協助她制定準時完成所需的計畫。

當你的孩子年紀漸長且日漸成熟時，你應該繼續讓她向你證明她可以獨當一面。她如果在過程中犯錯，你就會知道她需要更多的練習機會。

要求孩子負起責任

曼蒂每天早上都要叫她十三歲的兒子萊恩起床至少六次，最初幾次她還會溫柔地叫他，但他堅持賴床，最後她只好使勁對萊恩又吼又搖，他才肯起床。可當他終於下床後，卻又用超級慢的速度準備上學。

萊恩每星期都會錯過公車好幾次，害曼蒂必須開車載他上學，導致曼蒂上班也遲到。她說：「我不能讓他因爲錯過公車就不去學校，他打的就是這個如意算盤！」

他們家離萊恩的學校太遠，走路上學不安全，所以我建議她算算開車載他去學校要花多少時間和油錢，然後向兒子收費。

但問題在於，萊恩沒有錢，因爲他不做家事，所以沒賺任何零用錢。好險，曼蒂同意做些改變。

如果萊恩錯過公車，他就必須做家事，直到還清欠媽媽的錢爲止。不僅如此，在家事做完前，他沒有資格享受任何平常的福利，包括打電動。

下一次萊恩錯過公車時，曼蒂在載他去學校的路上就跟他說，搭車的「費用」是十五美元。當晚她給了他一張家務清單，分明標示各項工作不同的價格。他必須完成清單上的所有家事才能還清欠款。

她告訴他，家事做完前，不准玩電子產品，也不能和朋友出去玩。令她訝異的是，萊恩當晚就完成了所有家務，隔天她才叫他一次，他就跳下床，還提早幾分鐘抵達公車站。

徹底執行規定有如此奇效，讓曼蒂非常開心，但她也知道，萊恩有天可能會故態復萌，不過這次她已經準備好要求他對自己的行爲負責。

你要留心自己是否在無意間，助長了孩子不負責任的行爲。可能情境如下：

- 十歲的小女孩總是說自己沒有回家作業，但每到睡覺時間，她就想起自己有個作業要做，所以爸媽只好讓她把作業做完才睡覺。
- 十二歲的小男孩「忘記」做一項大型的家庭作業，直到要交的前一晚才想起來。他知道媽媽會幫他弄個成品出來，讓他的成績不會太難看。

- 十四歲的男孩整週都沒有練鋼琴，他知道鋼琴老師一定會生氣，所以他說服媽媽，叫她跟老師說他這週身體都不舒服，以免老師生氣。

當孩子出現不負責任的行爲時，請務必讓他承受負面的後果，下次他才會學著負起責任。如果你不讓他承擔責任，他就永遠不會記取教訓。不妨參考以下做法讓孩子承擔後果，幫助他們學習更有責任感：

- 女孩在足球賽季期間掉了好幾件衣服。在她又把兩件運動衫忘在更衣室且找不回來後，她的爸媽就叫她用自己的錢買替換的衣服。
- 男孩騎單車的時候忘了戴安全帽，所以爸媽沒收他的單車一整天。
- 女孩從不注意聽劇場總監宣布下次排演的日期和時間，因此爸媽讓她自己決定何時要打電話去問清楚；並規定，如果需要他們載她去排演，必須提前二十四小時通知。

孩子一再犯錯就要承擔必然後果

有時候你可能根本無需費心思考要讓孩子承擔什麼後果，只要袖手旁觀，他自然而然就必須面對自己行爲的必然後果。這個方法特別適用在已經是「累犯」的小孩身上。以下提供幾個例子：

- 小孩忘記把籃球鞋放進背包中，但這已經是第三次了，所以媽媽拒絕拿去學校給他。因爲沒有球鞋，所以他不能上場練球。
- 小孩堅持他沒有任何家庭作業，所以爸媽就沒有檢查他的聯絡簿，讓他隔天沒寫作業就去上學。結果，他因爲數學功課沒寫完，所以下課時間必須待在教室。
- 全家人才剛到遊樂園，小孩就想一口氣花完他的零用錢。爸媽沒有阻止他，所以接下來的一整天他都沒錢可用。

在孩子承擔必然的後果時，你要展現同理心而不是對他生氣，你可以說：「我知道不能上場練球你很難過。希望下次你會記得帶球鞋，才能和球隊一起練球。」

必然後果最適合用在八歲以上的小孩身上，更小的孩子通常比較無法理解行爲與後果之間的直接關係。

在決定是否要讓必然的後果發生前，記得確認孩子能從中記取教訓。有的孩子會因爲下課要留在教室而不開心，但對某些小孩來說可能完全無感。因此，請思考一下這些後果對你的孩子有沒有用。

善用「老祖母法則」

「老祖母法則」的概念是：完成應做的事，就能享有權利與福利。記得使用正向的語言架構，讓孩子明白自己可以決定要爭取的目標與時機。所以就不要說「房間沒打掃乾淨就不能出去玩」，不如換成「房間打掃乾淨就能出去玩了」。

稍微轉換一下說話方式，就能大大改變孩子看待自身責任的方式，他不會認爲「因爲爸媽不准，所以我什麼都沒有」，而是會想「我可以自己決定何時要爭取我的權利」。

這種心態上的轉變能讓小孩知道，他要爲自己的選擇負責，只要他愈能有所擔當，就能獲得愈多權利。

以下示範幾個執行老祖母法則的有效方式：

- 「回家功課做完你就可以玩電腦。」
- 「你把玩具收好，我們就來玩遊戲。」
- 「只要做完家事，你就可以去騎腳踏車。」

你只要跟小孩說，做對選擇可以獲得哪些好處，並由他自己決定要執行的時機。千萬不要碎碎念、一直拜託或提醒他做該做的事。如果天色已晚，他還沒完成任務，記得告訴他現在來不及出去玩了，但明天可以再試一次。

親身示範何謂負責

雖然和孩子**討論**像是打掃家裡或去工作等日常責任很重要，但向孩子**示範**你有多認眞看待責任一事更加重要。身爲負責任的大人，你應該在生活中幫助有需要的人、解決疑難雜症以及處理安全問題。

雖然有時候你會忍不住想逃避某些責任，特別是在時間有限的時候，但這時請別忘了，孩子一直都在觀察你的所作所爲。如果她發現你會排除萬難、盡己所能，她就會明白責任的重要性。

以下幾個範例說明如何成爲良好的負責榜樣：

- 在雜貨店買東西的時候，爸爸發現地板上有打翻的液體，就跑去請店員清理一下，以免有人因此滑倒。他跟小孩說，雖然不是他們打翻東西，但既然發現了，就要想辦法解決問題。
- 媽媽發現一位年長的鄰居在外散步，但臉上有茫然之色，所以她就走過去和那位鄰居聊聊，看看有沒有需要幫忙的地方。這位媽媽跟她的小孩說，我們必須向可能需要幫助的人伸出援手。

- 媽媽發現有個公車站牌位在視線死角，而每天早上都有好幾個小朋友聚在那條路上，因此可能造成安全上的危害。於是她和學校聯絡，跟學校說她擔心那個公車站牌的所在位置不安全。這位媽媽跟她的孩子解釋，學校行政人員應該會想知道這類安全問題，他們才能做出相關應變，確保小朋友的安全。

當你想說「應該有人去做些什麼」這類話的時候，要特別留意，不要忘記你自己就可以成爲那個人。向小孩證明，即使沒人要求，你依然願意挺身而出做對的事。如此一來，小孩將來就比較能夠認同自己有機會、甚至是有責任依此原則行事。

如何教孩子承擔責任

以克里斯和他不斷討錢的行爲爲例，瑪莎和吉姆必須訂下基本原則，想辦法教會兒子那些他原本在義務教育就應該學到的事，但同時又不能把他當成小孩子對待。正是因爲他們沒有在兒子還小的時候好好教他重要的生活技能，現在才需要費盡心思、小心謹慎地處理這個問題。

想想自己的哪些舉動可能讓孩子規避了她明明有能力盡到的責任。你應該積極教孩子練習擔起責任，愈早開始愈好！

從小做家事

不要小看能夠自己鋪床的孩子的力量。明尼蘇達大學（University of Minnesota）的研究人員發現，年幼時有沒有做家事是預測年輕成人成功與否的重要指標。參與家務與否比家庭收入、孩童智商或家庭互動關係等因素都還來得重要。

該研究發現，最好讓孩子從三四歲就開始做家事，如果到十五六歲都還沒做過家事，這些孩子日後不太可能有所成就。然而，如果你家的孩子已經是青少年了，也別絕望得太早，從現在開始分配家務吧，遲做總比不做好。

瑪蒂・羅斯曼（Marty Rossmann）是執行這項研究的副教授，她表示做家事可以讓孩子學到一生受用的責任感。小孩子能從參與家務中習得良好能力、學會獨立、提升自我價值，這些成果對他們日後的成就都將有所助益。

會做家事的孩子在成年後，適應力會比較好，對他人也更具同理心。從小教孩子負責甚至有助於增進他們在成年後的人際關係。

你的孩子必須知道，家務事和責任感不一定是好玩的事，但無聊不代表不能去做，因爲不全憑自己的感受行事也是重要的生活技能。

針對叫小孩做家事要不要給予金錢獎勵一事，研究結果則大相徑庭。有些研究證明，獎勵孩子做家事會降低他們無償做事的動機，但其他研究則顯示，給孩子做家事的金錢獎勵可以讓他們學會負責任的金錢觀。

因此，採取中庸之道或許能讓孩子同時獲得兩種做法的好處。不要每項家事都給孩子獎勵，有些家務應由全家人一起分擔，像是擺餐盤、吃完飯後自己收碗盤、洗碗等，都是良好公民應盡的責任。

孩子應該要能在沒有報酬的情況下願意主動做事。未來有一天他如果要和室友或伴侶一起生活，你會希望他能夠獨當一面，不需要別人提醒他應做的事。

確保你的孩子能夠察覺別人的需要並採取行動。如果祖母需要人幫她把雜貨從車上拿下來，或是他朋友快拿不動手上堆滿的箱子時，你肯定會希望他主動說要幫忙，不需別人開口。除此之外，你也不會希望他想因此得到報酬，所以請記得強調當一個良好公民的重要性，隨時伸出援手，不求回報。

接下來你可以給孩子一些能獲得金錢報酬的額外家務，像是除草或洗車等你會付錢請別人做的工作。但請記得給孩子適當的規定和建議，幫助他學習以負責任的態度儲蓄與支配金錢。

接受解釋而非藉口

當孩子把事情搞砸時，你可以給他解釋的機會，但不能找藉口逃避責任。所謂的藉口是指把問題怪罪在他人或外在環境之上，解釋則是會承擔起個人責任。以下舉例說明：

藉口：我考試沒考好是因爲老師在教的時候沒有解釋清楚，甚至沒跟我們說要讀哪裡。

解釋：我考不好是因爲不懂教材的內容，完全讀錯了方向。

即使試題很難或老師在教的時候沒有講清楚，孩子還是有其他選擇，比如說在不懂時找人幫忙。讓孩子知道，爲自己的行爲負責可以提高她成功的機會。

在孩子找藉口的時候，直截了當地跟她說：「聽起來像是你在找藉口，不如說說你可以怎麼做，避免這樣的事發生？」或「那你能做什麼？」讓孩子明白，找藉口不能讓她免去責任。

學齡前兒童：教導他們成爲小幫手

一個眞正負責任的孩子必須能夠在沒人向她開口的情況下，辨識出他人何時需要她的介入與幫助。雖然這不是項容易上手的技能，但你可以從孩子在幼稚園的時候就開始教起，最簡單的方式就是稱自己的小小孩爲「小幫手」。

加州大學聖地牙哥分校（University of California, San Diego）二〇一四年的一項研究發現，三到六歲的孩子如果可以選擇「當個小幫手」，他們會更有動機去幫助別人；但如果是叫他們選擇要不要幫助別人，他們就比較不會挺身而出。（史丹佛大學二〇一一年的一項研究也有類似發現，成人若將自己視爲「選民」而不是「可以投票的人」，去投票的機率比較大。）

小朋友把自己當成小幫手的時候，他們就會準備好在自己能派上用場時伸出援手，所以你要對小孩說「讓我們看看你今天可以幫什麼忙」或「你眞是超級小幫手」這類的話。這樣做或許能引導孩子將自己視爲有能力協助他人的獨立個體。

雖然家中的學齡前兒童沒辦法做太難的家務事，你還是可以在做家事的時候教他當你的助手；像是幫你洗碗或拖地，又或者在出門辦事、採買的時候，可以分派一些小事給他，然後說他眞是「最佳小幫手」。

你可以分派下列家務給家中的學齡前兒童：

- 鋪床。
- 擦灰塵。
- 收玩具。
- 掃地。
- 把襪子配成對。
- 清空浴室或臥室的小垃圾桶。
- 把自己的一些衣服收好。

學齡兒童：教導他們因果關係

只要有機會，就向孩子點明他們的行爲與結果之間的直接關係。要讓小孩了解因果關係，你可以說「讓我們來看看前因後果是什麼。你很認眞讀書，所以你的努力讓你獲得了好成績」，或是「你的足球技巧進步很多，一定是因爲你每天都在後院練習的成果」。

如果他已經很努力，但還是失敗了，向他保證這些努力沒有白費，你可以說「這些練習可以讓你準備好在明年的球隊選拔中脫穎而出」，或「就算不是每次都拿到好成績，讀書還是可以讓你學到很多知識」。

當孩子明白自己的選擇會影響到結果，將更能接受隨著決定產生的個人責任。等他年紀再大一些，就會知道他對於自己未來能否達成目標有一定的掌控權。

除了學習因果關係外，你還可以透過指派下列家務來讓他更有責任感：

- 拖地。
- 料理烤起司三明治之類的簡單的餐點。
- 削蔬果皮。
- 把乾淨的衣服收好。
- 準備自己的午餐便當。
- 清理浴室。
- 吸地毯。

青少年：教導他們綜觀大局

當孩子長成青少年時，你只剩幾年的時間教他準備好進入大人的世界，因此要記得退後一步，好好看清全局。

家中的青少年就算成績優異、在運動場上表現傑出，也不代表她已具備成爲負責大人的特質。思考一下孩子需要知道的所有生活技能，除了洗衣服等做家事的方法外，她也需要學習人際互動、情感關係、溝通等技巧。

不要輕忽你以爲自家青少年已經會的簡單小事。我每天都會遇到不想打電話的青少年，他們因爲太習慣傳簡訊，所以對電話禮儀一無所知。但他們遲早需要和別人講電話，因此不妨讓他們自己預約一次門診時間，或是要求他們打電話到某家公司詢問產品或服務相關問題。

將每天都視爲幫助孩子習得更多生活技能的機會，好讓他們在未來邁向成功。當她破壞規矩或沒有盡到自己的責任時，你就知道她需要更常練習如何做出更好的決定。

此外，你會做的家務，家中的青少年也應該都要會做。建議採取輪流的方式，讓他們有機會練習各種家務。你可以分派下列家務給家中的青少年：

- 煮飯。
- 洗碗。
- 換床單。
- 採買日常用品。
- 照顧年幼的弟妹。
- 洗窗戶。
- 洗車。
- 拔除花園的雜草。
- 除草。
- 清理草坪上的落葉。

有責任感的小孩會長成愈挫愈勇的大人

維洛妮卡帶她十四歲的兒子札克來接受治療，因爲她擔心他可能有注意力不足過動症。她說札克很健忘、做事毫無計畫，而且極度懶散。這是我在治療室最常遇見的情況：沮喪的父母不明白爲何自家小孩沒有動力奮發向上，但只要和他們聊一陣子，問題根源就呼之欲出了。

維洛妮卡認爲札克是個不負責任的孩子，所以她不斷提醒他做每件事。她會說「札克，不要忘了帶比賽要用的水壺」或「記得，你今晚要用功準備科學測驗」。

因爲她會提醒他每件事，所以札克從未想過自己安排時間，反正時間到了媽媽就會告訴他要做什麼，而且他通常只會敷衍了事。

他沒有學著自行思考，只是聽命行事，難怪會如此健忘又散漫。幸虧維洛妮卡只要稍稍改變一下自己的教養方式，就能幫助札克開始學習對自己負責。

由於維洛妮卡之前一直反覆碎念、提醒札克要做的事，以致他從不需要面對後果，也沒有嘗過自己行爲可能帶來的各種惡果。一旦她開始撒手不管，讓他面對那些必然的後果，他馬上變得有責任感多了。

給孩子有難度的任務，即使他們偶爾會失敗也沒關係。只要勤加練習，他就會學著從失敗中復原，並會發現自己比想像中更能獨當一面。

要求他對自己的行爲負責。長此以往，他就會學著要求自己擔起責任，並想辦法從挫敗中重整旗鼓，再接再厲。

心智堅強的人不會失敗一次就放棄。而你的孩子需要練習面對挫折，才能學著在失敗後重新出發。如果你希望孩子學會如何應對挑戰、在失敗中站穩腳步，教他有所擔當是最好的辦法。

解惑及常見陷阱

父母有時會陷入依照傳統性別角色來分配家務的迷思，像是女孩負責洗碗，男孩清理車庫等。切記，不要因爲性別而使孩子的技能受限。

另一個常見的問題是教養方式前後不一。家長有時候會因爲自己某天比較有精力，所以認眞盯著孩子做完家務，或是比較用心教孩子負責。但太累或壓力太大的時候，他們就比較容易睜一隻眼閉一隻眼。除非你傳達一致的訊息，否則孩子永遠也學不會。在教育何謂責任感上，如果你的教養態度愈一致，日後就愈不用花時間處理相關問題。

不知如何盡責通常是源自於不明白實際的期望是什麼。叫小孩「打掃房間」或「做家事」不會有效果，你要讓他清楚知道你的意思與希望他做到的程度。

即便家中的小孩一再犯下同樣的錯，你也要保持冷靜。斥責不會有幫助，所以不要說「你怎麼可以老是忘了帶球鞋？你要帶去學校的東西也才沒幾件，但你還一直忘記這麼簡單的一件事！」這類的話。

想辦法一起解決問題才是正解，你可以說：「這是你第三次忘記帶球鞋了，要怎麼做才能讓你記得這件事？」看小孩是需要在門上貼一張檢查清單，或是在桌上擺個行事曆都行，總之要想辦法幫他找出更爲負責的可行方式。

實用技巧

- 相信孩子能負責行事。
- 在孩子不負責任的時候讓他承擔後果。
- 在孩子老犯同樣錯誤時讓他承擔必然的後果。
- 善用「老祖母法則」。
- 稱小孩為「小幫手」。
- 分配家務給年幼的孩子。
- 付出努力才能享有權利。
- 要求孩子擔負責任。

當心陷阱

- 碎碎念、懇求、斥責孩子。
- 一再幫不負責任的孩子脫困。
- 讓孩子為自己的選擇找藉口。
- 過度重視活動按計畫進行，而不花時間教孩子責任感。
- 為孩子做得太多。
- 沒有徹底讓孩子承擔後果。

8 不過度保護孩子

茱莉五年前離了婚，並拿到了三個孩子的主要監護權，他們分別十歲、十四歲和十六歲。她的前夫麥可就住在附近，每週會來看孩子幾次，但因爲他住的是單房公寓，所以孩子從未在他家過夜。

事實上，他們幾乎沒去過他的公寓，都是麥可來茱莉的家，也就是他們還未離婚時住的地方。茱莉同意這樣的安排，因爲他的公寓實在太小了，而且孩子的電玩、腳踏車和其他東西都在她這裡。

茱莉和麥可還沒離婚前，麥可的工作經常需要出差，所以即便他們離婚了，對孩子來說也沒有太大不同，孩子們見到麥可的頻率跟他之前住在家裡時差不了多少。

茱莉對於麥可一個人住感到有些抱歉，所以她每週日晚上都會邀他一同晚餐。此外，她知道他不擅長下廚，所以也常常讓他打包剩菜回家。

每逢節日，麥可也是在茱莉家中度過，因爲茱莉覺得爲了孩子好，他們應該全家一起過聖誕節和生日。她會負責買禮物，但都跟孩子說是「爸爸媽媽」一起送的。

離婚後的這些年，茱莉和幾位男士約會過，但都沒有認眞交往。可現在情況不一樣了，她和現任男友大衛已經在一起約六個月，茱莉覺得跟他或許有未來可言。

但問題來了，每次麥可和大衛見面時，麥可都很無禮，他會對大衛酸言酸語，還會跟茱莉和孩子說些諷刺大衛的評語。

爲了不讓大衛受到麥可的無禮對待，茱莉開始在麥可來看孩子的時候，自己去找大衛，不過這個辦法最近開始有些行不通了。

再過兩個月就是聖誕節了，茱莉感到很焦慮，她想邀大衛來家裡和她與孩子們一起過節，但她知道麥可也會想參加。

她來尋求心理諮商的協助，希望能排解這些壓力。要想清楚怎麼過聖誕節以及和誰一起過，出乎她意料地難。她表示：「我怕在聖誕節到來前，我會先精神崩潰。」

她很清楚自己早就放下過去，完全不想花時間和麥可相處。我問她爲什麼和麥可一起過節這麼重要，她說：「因爲孩子希望我們像一家人聚在一起啊。」

邀請大衛和麥可一起來她家裡過節的話，氣氛一定會很緊繃且詭異，但如果麥可沒有出席，孩子一定會很難過，她不想毀了他們的佳節。不過同時間，她也想和大衛一起過聖誕節，因此她感覺糟透了。

以下是茱莉目前遇到的問題：

1. **她在延後悲傷。**雖然她決定離婚，但卻不希望孩子經歷父母離異的痛苦。她以爲自己是在減輕這件事對孩子的傷害，但實際上只是延後無可避免的事發生而已。
2. **她的選擇正在傷害她目前的關係。**茱莉沒辦法放下過去向前看，繼續與麥可保持聯絡只會讓她無法與大衛建立良好關係。

我的建議如下：

1. **與麥可保持距離。**雖然有些家長在離婚後仍保持密切的友誼，但茱莉和麥可顯然沒辦法當彼此的好朋友。她需要與前夫建立健康的界線。
2. **讓全家人有時間悲傷。**雖然他們已經離異多年，生活卻仍相互糾結。建立各自的生活空間後，需要讓大家都有時間哀悼逝去的日常。

茱莉花了好幾個星期才想明白，她決定與麥可保持密切的關係，只是爲了讓孩子暫時不受傷害而已。她最後終於決定，是時候與麥可劃清界線，才能繼續過自己的生活。

於是，她第一次開口跟麥可說，她不歡迎他來家裡過聖誕節，也決定不要邀大衛一同過節。她不希望孩子把爸爸不能出席的事怪在大衛身上。

她和孩子度過了第一個沒有麥可的聖誕節，並決定創造幾個專屬於他們的新傳統。茱莉表示，那次聖誕節氣氛有點怪，孩子也很傷心麥可不在，但她向孩子們解釋，差不多是分開過節的時候了，而孩子們稍晚也去了麥可的家。

在接下來的幾週，茱莉一步步對麥可設定了更多限制。她和他說，他必須在他家和孩子相處，至少大多數的時間都應如此。此外，他也不能在星期日晚上來她家吃晚餐了。她甚至換了門鎖，也沒給麥可鑰匙，這表示他不能隨時毫無預警地進來家裡，而是必須像訪客一樣按門鈴示意。

麥可並不喜歡這些改變，他叫她「不要鬧了」。但茱莉明白，他的憤怒是爲了推翻她決意執行的這些變動。她堅守自己的立場，明白表示他們必須各過各的生活。

茱莉發現孩子們因爲這些變化而傷心不已。於是我跟茱莉聊到，孩子有這些反應再正常不過了，因爲他們終於有機會哀悼自己不再完整的家庭。

悲傷是療癒的一環，必須給孩子足夠的時間去哀傷、發怒，體會因家庭狀況變動所引發的種種情緒，他們才有可能全心接受父母離異所帶來的後果。

隨著時間過去，茱莉發現每個人都出現了正面改變。她覺得自己的人生終於繼續往前走，並發現孩子們慢慢從傷痛中痊癒，開始重新定義所謂「正常」的生活。

你是否過度保護孩子？

在某些情況下，保護孩子避開不必要的痛苦對健康有益，但有些家長會做得太多，變成過度保護孩子，讓他們沒機會體驗能讓心智更加堅強的痛苦煎熬。以下幾點描述聽起來很耳熟嗎？

- □ 我不會告訴孩子事實的眞相，以免他們受傷。
- □ 我花很多心力確保孩子的情感不會受傷。
- □ 我不認爲孩子能夠應付太過艱難的處境。
- □ 玩遊戲的時候，我有時會放水讓孩子贏，爲的是不讓他們難受。
- □ 我只在乎當下能讓孩子開心，而不顧長期的後果。
- □ 如果我認爲孩子會被拒絕，我就不會鼓勵他勇敢嘗試。
- □ 我想盡辦法不讓孩子承擔風險。

□我不認爲孩子應該承受任何情感上的痛苦。

□我想要保護孩子不受眞實世界的傷害，愈久愈好。

爲什麼家長會過度保護孩子

茱莉是基於自身和孩子的最佳利益決定和麥可離婚，讓大家可以展開各自的人生。但同時間，她不希望孩子承擔離婚的痛苦。因此，她以爲和麥可維持密切的關係，是對的選擇。然而，麥可無法忍受茱莉展開新的戀情。除此之外，試圖讓孩子免於承受父母離異的痛苦，很顯然對任何人都沒有幫助。

回顧自己試著保護孩子不受傷害的情況，想想這些痛苦會不會其實對孩子有所助益。

蔚為流行的幸福人生觀

每當我問家長對孩子有什麼期待，最常見的回答是「我只希望孩子快樂長大」。不論孩子是深受憂鬱症、學習障礙、健康問題或嚴重的行爲問題所苦，我遇到的所有家長幾乎都希望孩子能夠享受人生。

不只是我的治療室出現這種幸福人生觀的趨勢。上網簡單搜尋一下，就能找到超過五十萬篇文章都以養育幸福快樂的孩子爲主題，像是「養育快樂孩子的七大祕訣」和「讓孩子永遠快樂的十種方法」等文章，都在大肆宣揚讓孩子永遠笑容滿面的「祕技」。

重視孩子的幸福快樂是好事，且研究也顯示，感到幸福的人坐擁較高收入與較佳的人際關係等各種優勢，但幸福快樂不應是短期的目標。

允許孩子不做家事能帶來短暫的愉悅感，但不會讓他學會負責，而沒有責任感的人不太可能過上特別幸福的人生。

小朋友想要什麼就買給他，會讓他整天都很開心，但如果他永遠不知道耐心等待自己想要的事物是怎樣的感受，就不會珍惜手上擁有的東西。如果你希望孩子成爲明白快樂眞諦的人，就必須讓他們感受生命中的某些痛苦。然而，許多家長就是不忍心看孩子受苦，所以總是出手幫孩子避開可能讓他們不愉快的一切事物。

協助孩子遠離危險和避開重大傷害是正確的做法，但一不小心就容易做得太過火。以下這些試圖讓孩子免於痛苦的行爲並不健康：

- **隱瞞實情或說謊**：醫生已經表明孩子過重，但媽媽還是告訴女兒，醫生說她的體重很健康。
- **操弄結果**：爸爸下西洋棋的時候讓兒子贏，不希望兒子因爲下輸了而難過。

- **限制太過嚴格**：家長因爲太擔心孩子在運動時受傷，所以從不讓她加入任何球隊。
- **助長不良行為**：媽媽因爲不希望青春期的兒子忍受尼古丁戒斷症狀，所以買菸給他。
- **幫孩子做事**：雖然清理車庫是兒子的工作，但媽媽還是幫他做好了，只因爲不想勉強他做事。
- **轉移注意力**：家長因爲不想要孩子爲了家中狗狗過世而傷心難過，所以一直不斷用各種活動來轉移孩子的注意力。

孩子不應承受過多傷痛

當寄養兒童來到我們家時，我們很容易想保護他們不再經歷任何痛苦。面對這些遭到虐待、忽略或與家人分離的孩子時，我們希望他們不用面對太難的回家作業，或是遇到沒辦法進入棒球隊的挫折，但不讓孩子承受日常生活中的壓力，並無法彌補他們曾遭受過的磨難。

事實上，曾經歷過極端困境的孩子，反而更需要透過克服日常生活中的問題，提升對自己能力的信心。來到我們家的十歲寄養兒童梅莉莎，就是很典型的例子；她之前沒辦法保護弟弟妹妹不受繼父的虐待，覺得自己是什麼事都做不好的壞孩子。

但在我們放手讓她面對像是與朋友口角、困難的回家功課等生活中的小難題後，她發現自己其實具備良好的解決問題技巧。她明白自己在看到別的孩子被霸凌時，可以挺身而出爲他們說話；在聽不懂功課要做什麼時，也能夠勇敢發問。順利解決這些小麻煩讓她改變對自己的核心信念。在累積了足夠的成功經驗後，她終於開始相信，自己有能力爲世界帶來改變。

當孩子經歷創傷事件時，過度補償是我們的本能反應。比方說，父母離異或家中成員過世時，爸媽可能會說：「他已經受了很多苦，我不希望他還要費力面對其他事情。」然而，生命中總有許多無法避免的難題，你不可能保護他一輩子。此外，過度保護會傳達錯誤訊息，讓孩子以爲自己太過脆弱，無法應付現實生活，進而影響到她對自身與世界的看法。

過度保護讓孩子無力處理負面感受

雖然茱莉想盡辦法讓孩子們不要太難過，但長遠來看，這麼做對他們毫無幫助，因爲不論如何，他們遲早有天要面對爸媽不在一起的事實。所以，縱使採取某些方式減輕孩子的痛苦有其必要性，保護過度只是拖延承受哀慟的時間而已。

有時你很難分辨，在保護孩子免於承受痛苦上面，自己是否做得過頭了。如果只看眼前，你或許會覺得自己做對了，孩子確實看起來健康又快樂，但他日後可能因此承受嚴重的後果。

孩子遠比你想的堅強

艾荻是個八歲的女孩，她經常感到焦慮，雖然她媽媽說她總是有點緊張兮兮，但最近突然焦慮指數破表，不僅常咬指甲，上課也無法專心，晚上更沒辦法在自己的房間睡覺。

我和艾荻諮商了幾週，希望了解是什麼事情讓她感到如此不安。我排除了霸凌和惡夢等常見的懷疑，但她心裡顯然有某件事讓她耿耿於懷。

經過數個星期的努力後，她終於說：「我不小心聽到爸爸媽媽講話，他們在說爸爸有糖尿病。」我問她，她對糖尿病有什麼認識，她說：「會死掉，因為糖尿病聽起來是很嚴重的病。」然後她就哭了起來，還一邊說：「我不想要爸爸死掉。」

接著我們請艾荻的媽媽一起加入會談，她表示先生確實經診斷患有糖尿病。但他們怕艾荻擔心，所以才沒和她說，就是怕她承受不了。但顯然艾荻還是得知實情了，而且在對糖尿病一無所知的情況下，她做了最壞的猜測。這個可憐的孩子過去幾星期以來，腦中都在想著爸爸隨時會死掉的事。

她的療程包括認識糖尿病相關知識。當她開始相信爸爸不會因為糖尿病突然過世，整個人就放鬆了不少。

家長通常低估了孩子能夠承受多少真相的能力。孩子很聰明的，就算你不告訴他們，他們也會想辦法知道。雖然你的本意是爲他們好，但這種試圖保護孩子不受傷害的意圖可能會帶來反效果。

如果孩子發現你沒有跟她說眞正的情況，就可能會誤以爲實情遠比你說的更糟。小朋友在學校聽到其他同學談論槍擊案後，會以爲他很可能成爲槍擊案的受害者。除非他知道相關資訊和已採取的安全措施，否則他也無法控制自己的想像力。

痛苦不是敵人

艾娃是個六歲的小女孩，她因爲某些行爲問題來接受心理治療。我幫她諮商才沒幾個星期，就接到了她媽媽的電話。

她說她們家的貓咪生病好一陣子了，艾娃的爸爸帶牠去看了獸醫。獸醫檢查後發現了一些嚴重的健康問題，於是他們決定，盡快讓貓咪安樂死才是最人道的做法。

爸爸沒帶貓咪回家，於是艾娃問說：「毛球去哪裡？」她的媽媽馬上回她：「獸醫覺得毛球太可愛了，想要她待在診所一陣子。」艾娃聽完後大發雷霆，她說獸醫不應該擅自留下他們的寵物。

現在媽媽不知該如何是好，她知道這番謊話讓自己進退兩難；但她會脫口編出那樣的故事，本意就是不想讓艾娃爲眞相難過。

我跟她說，她應該告訴艾娃眞相，並解釋爲什麼她要說謊。她一開始還很猶豫，認爲這會讓艾娃傷透了心。於是我和她討論了爲什麼用這種方式保護艾娃不受傷害，並非長久之計，畢竟艾娃總有一天還是會知道眞相。

她們母女倆下週來諮商的時候，艾娃告訴我發生在她家貓咪身上的事。然後我們三人一起聊了有關悲傷的主題，以及她可以如何平復傷心的感覺。

很多家長都跟艾娃的媽媽一樣，爲了保護孩子不惜找藉口、撒謊。但說謊會傳達出錯誤的訊息，而孩子最終發現自己被騙的時候，只會加倍地傷心難過而已。

對孩子要誠實。如果謊話已說出口，請說出眞相，同時要陪在孩子身邊，協助她面對傷痛。

令人感嘆的是，沒有學會如何面對悲傷的孩子，通常終其一生都會試著逃避這種情緒。他們會不斷地用各種活動麻痺自己、把行事曆塞得滿滿的，也可能會尋求不健康的應對策略，只求短暫的解脫。

不經一事，不長一智

第一次在大學教課時，我就跟其他教職員一樣，要接受相關訓練，學習主動察覺學生出現的心理健康問題。身爲心理健康的專業從業人員，對於學校花費這麼多心力，確保所有教職員都具備相關工具和資源，以便幫助因大學課業要求而不堪負荷的學生，令我刮目相看。

但我過了一兩個星期就發現學校如此重視此事的原因了。每週都有學生下課後來找我談話，但幾乎都跟學業成績無關，而是和室友相處有問題，或是不知道該如何排解大學生活的壓力，以及各式各樣的疑難雜症。

我當時才三十歲，離開大學「還」不算太久。但我不記得自己在學校讀書的時候，有學生會向教授尋求情感上的支持啊。我從這次的教學經驗發現，這個趨勢不僅限於我任教的這所大學而已，整體大學學生的適應力不佳已成爲普遍現象。

《高等教育紀事報》（*Chronicle of Higher Education*）是專爲大學教職員發行的全國性週報，該報在二〇一五年發表了一篇名爲〈無所不在的痛苦現象〉（An Epidemic of Anguish）的文章，文中引述美國大學心理輔導中心主任協會（Association for University and College Counseling Center Directors）前任主席丹．瓊斯（Dan Jones）的話；他表示，現今的大學生「因爲家長爲他們解決了所有問題、排除了一切障礙，所以缺乏自我安撫技巧。跟上一代相比，他們在人生道路上幾乎沒經過什麼磨練」。

相關研究也證實，現今的大學生比過去的年輕人更加不清楚如何好好面對現實世界的無情磨難。二〇一五年一項針對大學新生進行的調查發現，半數的學生表示幾乎隨時隨地都覺得壓力過大，經常陷入焦慮、孤單、憂鬱的情緒。百分之六十的學生表示，早知如此，希望自己在讀大學前就做好心理準備。而更有百分之八十八的受訪者說，之前把太多心思都放在學業上頭了。此外，許多學生不知該如何處理自己難過的情緒，其中至少每五人就有一人轉而尋求藥物或酒精的慰藉。一如眾所意料，愈是飽受折磨的學子在學業成績上的表現也比較不好。

這些年輕人在成長的過程中大都被保護得太好，幾乎沒有經歷過任何磨練。孩子如果沒有練習面對情緒方面的挑戰，成年之後就容易在日常生活中遇到各種掙扎。

光是收聽廣播電台不會讓孩子成爲偉大的吉他手；看再多如何成爲優秀籃球員的書，也不會讓孩子打進美國職籃ＮＢＡ。如果孩子想要在某方面有所成就，就必須勤加練習，面對壓力也是如此。

你的孩子一生中終將會面臨艱難的處境，像是失業、財務出問題、離異、失去摯愛等，這些都是無法避免的情況。如果他不從現在開始練習處理這些椎心之痛，日後就只能坐以待斃。

如何改變做法

當茱莉終於下定決心要改變自己與麥可的關係時，她發現自己必須讓孩子正視這個痛苦的事實，讓他們有機會爲了爸爸沒辦法跟他們住在一起感到難過，以及爲了沒辦法再以一家人的身分過節而生氣。

關鍵在於讓家中的每位成員都能爲失去原本的家庭致哀。當孩子接受爸媽將各自生活的事實時，他們才能開始針對這些變化來調適心情。

與其不讓孩子感受到痛苦，不如教他能夠成功消化哀傷情緒的必要技巧。如此一來，孩子將能把人生中最痛苦的時光，轉變成提高心智強度的大好機會；他不會被動地忍受痛苦，而是能從中汲取經驗。

檢視自己看待痛苦的方式

你對生理或心理上的痛苦所抱持的看法，會使你不計一切代價保護孩子不受傷害。以下列舉幾個可能讓你糾結萬分的想法：

- 痛苦是難以忍受的事。
- 孩子沒有能力克服痛苦。
- 痛苦是有害的。
- 小孩不應承受任何痛苦。

父母如果有這些想法，就會想盡辦法不讓孩子難過。然而，他們每讓孩子避開一次惱人的事和日常生活中的小問題，孩子就少一次機會練習如何消化不愉快的感受，因此就更無法應對自己的痛苦經驗。也因爲這樣，父母變得更加小心翼翼，形成了永無止境的惡性循環。

研究顯示，讓孩子偶爾受苦能夠帶來下列好處：

- **痛苦讓孩子明白快樂。**不曾感到痛苦的孩子就不會明白何謂快樂。要明白快樂的眞諦，你勢必得感受過某種程度的痛苦。
- **痛苦可以促進孩子的社會連結。**曾經有過痛苦經歷的孩子特別容易與彼此產生共鳴，像是和朋友一樣失去了寵物，或是曾經被龍捲風警報嚇到等等，這些煎熬的時光和共同的經歷可以拉近孩子與朋友的距離。
- **從痛苦中解脫後會更加快樂。**雖然痛苦不是令人愉快的感受，擺脫痛苦卻是。不論孩子是因爲終於完成令她緊張不已的表演，還是因爲連續兩年落選後終於進入了足球隊而鬆了一大口氣，她這時的心情都會比從未經歷任何痛苦還快樂。
- **忍受痛苦後獲得的回報更令人歡喜。**孩子如果有認眞練球，就會覺得運動飲料喝起來特別可口；如果零用錢是他辛苦除草換來的，他也會更加珍惜。痛苦會使感受更加敏銳，所以回報也會變得比平常來得令人開心。

● **痛苦使人專注。**這跟瑜伽或冥想教人活在當下的原理很類似，痛苦也能幫孩子更加專注於現在。全神貫注是一項技能，而痛苦有時可幫助我們專注體會活在當下是什麼樣的感覺。

面對急性疼痛時想辦法轉移小孩的注意力

在某些情況下你必須保護孩子不受傷害。如果他已經站在懸崖邊了，你不會希望他掉下去好記取教訓，對吧？又或者你四歲的孩子想和會咬人的狗玩，還是家裡的青少年想去沒有成人監督且可能會提供酒精飲料的派對，你也要想盡辦法阻止他們，保護他們不受傷害。

但有些時候你就是沒辦法讓他們遠離痛苦。如果他的背痛得厲害，或是坐在治療椅上滿懷恐懼地等牙醫做根管治療，你叫他「面對挑戰」不會有任何幫助。遇到這類急性疼痛時，想辦法分散他的注意力，你可以聊聊其他事情、一起讀本書，或是找事情給他做，讓他不去想著身體上的疼痛。遇到難受的事也是如此，如果孩子的摯友剛搬走，你可以帶她去遠足，讓她暫時忘卻這件事。

但不要忘了藉此機會教育小孩。你可以跟孩子說：「我想讓你好過點，不如我們一起聊聊你的假期吧，這樣心情可能會比較放鬆。」然後你可以跟孩子解釋，轉移注意力可以是處理強烈痛苦的好方法，但我們不應時時刻刻找事情讓自己分心。不特別提醒的話，孩子可能會因為不想面對解決問題的壓力，而習慣性地逃避。

向孩子強調一個觀念：「這麼做並不容易，但我知道你可以堅強地處理問題。」明確地讓孩子知道，你相信他有能力應對困境。

讓孩子知道該知道的事

《華盛頓郵報》（*Washington Post*）最近有篇專欄文章名為〈父母應如何和孩子談論重大世界災難？〉（How Should Parents Discuss Major World Catastrophes with Their Children?），其中描述一位媽媽如何試著不讓八歲的女兒知道世界上發生的大事。該篇文章的作者莎拉·馬拉尼斯·范德·夏夫（Sarah Maraniss Vander Schaaff）表示，她把報紙藏起來，關掉電視，不聽廣播，只因她不想讓女兒知道世界上發生的壞事。

但有一天，她女兒不小心瞄到的電視節目，剛好在講述馬來西亞航空三七〇號班機的空難，該架飛機在飛往北京的途中失蹤了。結果莎拉必須和女兒解釋那個新聞節目在講什麼。在解釋世界眞實情況的過程中，她不禁開始思考：「我以爲我爲她準備了層層保護，現在因爲一個報導就徹底被破壞掉了，我不僅沒辦法將這些保護層恢復如初，她也知道這些都是我創造出的假象了。」

從來沒有人警告孩子這些發生在世界上的壞事，他們原本以爲人生充滿繽紛彩虹和可愛小狗，卻在轉眼間發現邪惡其實無所不在，這樣的落差太大了。面對眞實的世界時，你最好爲孩子提供稍微篩選過的資訊，不要讓他們一無所知。

事實上，現今的社會確實很可怕。雖然你的六歲孩子不需要知道近期恐攻事件的殘忍細節，八歲的孩子也不需要知道你正焦心等待奶奶的切片報告檢驗結果是不是癌症，但不讓孩子知道現實生活中的大小問題，只會讓她過於天眞無知。

一般來說，不建議讓七歲以下的孩子看新聞。天然災害、犯罪事件和全球危機等報導，對孩子來說太過不舒服了，而且新聞通常會有過於聳動的圖片和影片，可能會超出孩子的負荷。

但這不表示你不能告訴孩子任何相關資訊，畢竟他還是會從別人那裡聽到這些消息。因此，當孩子有所疑問時，你必須根據他們的年紀來提供適當的資訊。

較年長的孩子通常會藉由朋友或網路得知目前的新聞事件，所以你可以告訴他們一些相關的基本資訊。你可以透過以下幾個方法，和孩子討論令人痛心的事件：

- **家族成員生病**：如果家中有人罹患重病，孩子基本上都會發現不對勁的地方。而且，如果這個疾病會對病人的外貌造成影響，你更要和孩子說明現在的情況。你要告知孩子病名，並說清楚目前正在採取的治療步驟。

- **死亡**：年幼的孩子不明白死亡是永久的狀態，所以五歲的孩童可能一下子看起來可以接受他摯愛的人過世，沒多久又問說什麼時候才可以看到那個人。盡量不要用「奶奶只是睡著了」或「奶奶走了」這類簡短的說法，而是要仔細解釋：「奶奶的身體停止運作了，我們之後沒辦法再看到她了。不過，我們還是可以繼續愛她、想念她。」如果是跟較年長的小朋友或青少年談論此事，你可以直接坦白地說：「很抱歉要跟你說這個壞消息，奶奶今天過世了，醫生說他們已經盡力了。」此外，你要準備好回答有關死亡和往生後會發生什麼事等困難問題。
- **恐怖主義**：用孩子聽得懂的話語說明，像是「有些壞人會去傷害別人」。向孩子強調目前已經採取的安全保護措施，你可以說「很多人在努力確保我們的安全」。除非家中的孩子已經是青少年了，否則不要深入談論背後的宗教或政治動機。
- **自然災害**：不管是洪水、龍捲風還是森林大火，簡單說明一下發生了什麼事，不要提供太多不必要的細節，只要確保孩子了解基本資訊就好。你可以談談目前採取了哪些措施解決問題，像是「消防員現在拚了命在協助有需要的人」。
- **即將發生的事件**：如果即將發生的事件會讓孩子不開心，不要太早告訴他。比方說，孩子如果知道下個月要接受重大手術，很可能會害他從現在就開始擔心，因此無法好好過日子。你只要提前一點點告訴他就好，例如前一週或前一天再講，並向他說明大家會如何幫助他。要幫助孩子度過痛苦的事件，最好的辦法就是提醒他，世上有很多善良的人都在想辦法保護大家的安全。

長青兒童教育節目《羅傑斯先生的社區》（*Mister Rogers' Neighborhood*）主持人佛雷德・羅傑斯（Fred Rogers）曾說過一段很著名的話：「我還是小男孩的時候，每當在新聞上看到可怕的事情發生，媽媽總是跟我說，你要看的是那些伸出援手的人，總是有人在想辦法幫助大家。」這個建議很棒。告訴孩子有警察、政府官員、急救人員、醫生和各式各樣的人在保護民眾、減輕大家的痛苦；也不要忘記提到那些投入救援、盡一己之力的平民老百姓。

我們在第七章也說過，你可以透過教孩子成爲「小幫手」來鼓勵孩子相信自己的能力。讓孩子擔任小幫手不僅可以增強他的責任感，也可以教他在困頓中調適自己。帶他一起爲當下的情況盡一份力，像是和他說他可以寫感謝卡給那些辛苦付出的人，或是找出一件他可以和你一起幫助別人的事，例如捐贈衣服或錢給有需要的人。

承認痛苦

六歲的時候，我跌倒摔傷了手臂，一邊哭一邊抓著手腕跑進家裡。媽媽幫我檢查完傷勢後，有個家族朋友剛好在我們家，她說：「不要哭了，你沒有那麼痛。」

雖然我眞的覺得很痛，但我還是不哭了，因爲我不想在她和她的小孩面前看起來像個膽小鬼。因此，我逼自己不再落下一滴淚，即使他們離開了，我還是堅決表現得很勇敢，而且不承認自己會痛。

在接下來幾天，疼痛感愈來愈強烈了，但我不願意開口求助，到了第三天，我的手腕已經痛到完全不能動了。雖然我試著掩蓋問題，但媽媽還是發現我都沒在用右手腕，因爲我試圖用左手把豌豆用湯匙舀進嘴裡。她馬上帶我去看醫生，照X光後發現骨頭斷了。媽媽覺得很內疚，我記得她還說：「我怎麼會整整三天都沒發現她的手腕斷了呢？」

其實媽媽沒發現我的手腕斷了不是她的錯，而是她朋友沒有惡意的一句話，讓我決定隱瞞傷勢。她不把我的疼痛當一回事，而當時年幼的我，以爲她懂得比我多。

否定孩子的生理或心理上的痛苦並無任何助益。叫孩子不要覺得難過或痛苦不會讓這些感受消失，就像我的手腕還是會痛一樣，這麼做只是在告訴孩子，擁有這些感受並不是好事。

就算孩子的反應跟實際情況相比有些誇張，你還是可以說「看得出來你眞的很痛」或「我知道你現在一定疼死了」這類的話，接著用正面的方式支持他努力面對痛苦。

如果孩子的行爲開始超出社會規範時，就不要給他太多關注。比方說，他如果在雜貨店跌倒了，開始尖叫、在地上打滾，你可以冷靜地說：「看來你需要回到車上休息幾分鐘。」當他冷靜下來後，再一起回店裡買你的東西，不用太過關心他。如果給予太多關注，會讓孩子認為只要說自己心情不好或身體不舒服，就可以獲得你的注意或躲掉自己不想做的事。

另外一點也很重要，不要騙小孩說某件事根本不會痛。說「打針完全不會痛」會降低你的可信度，如果真的會痛，比較好的說法是：「可能會有點痛，但我知道你可以的。」

當某件事一定會讓孩子難受時，告訴他們這麼做的必要性，像是說：「參加朋友的歡送派對可能會讓你很不好受，但難過不是什麼壞事，而且你應該在她離開前跟她見一面。」

教孩子面對痛苦

以單親媽媽茱莉這個個案來說，她一直想辦法要讓孩子快樂。雖然她心有愧疚，也不希望孩子受苦，但其實他們需要的是學習認識痛苦的機會。教導孩子渡過難關的調適技巧，是提升他們心智強度不可或缺的一環。

教孩子辨別痛苦是敵是友

在雙腳疲憊的時候想辦法超越身體的不適，跟腳踝斷了還逼自己繼續跑，兩者間有著天壤之別。情緒上的痛苦也是如此，有時即便悲痛難忍也要繼續走下去，但有時也需要讓自己停下腳步休息或尋求協助。

和孩子聊聊為什麼各種感受有時有益、有時有害。以下列舉幾個例子：

- **恐懼**：如果恐懼可以阻止孩子做危險的事，像是從橋上往下跳，那它就是我們的好朋友；但如果恐懼讓他無法去做對的事，例如舉手向老師發問，那它就是我們的敵人。
- **悲傷**：悲傷可以敦促我們去做些什麼來紀念某段回憶，例如為過世的寵物畫一張畫，可以幫助孩子走出傷痛。但悲傷如果讓孩子變得沉默退縮，那就不是件好事了。
- **憤怒**：憤怒有時是我們在受到不當對待時的反應。孩子可能會為被欺負的朋友憤而挺身。但如果孩子因為生氣而傷害別人，憤怒就成了一件壞事。

發現孩子情緒不穩時，請主動和他聊聊，你可以說：「你覺得現在這種害怕的感覺是好事還是壞事？」一起討論有哪些策略能幫他以更有意義的方式面對自己的感受。

有時孩子很難理解痛苦可以成為助力的概念，但只要多和他聊聊這個話題，他總有一天會明白困境和負面感受可以如何助他一臂之力。

不要輕忽受傷的情緒

約書亞是個脾氣暴躁的十三歲男孩，因為經常在學校和人打架，被轉介來接受心理諮商。

他幾乎每天都會和其他小朋友起衝突，因此老師們很擔心他的心理健康。留校察看和停學等處置，對他的挑釁行爲毫無嚇阻之效。

奇怪的是，約書亞在我治療室的時候不只很友善，而且十分恭敬有禮，完全不像是會有這類行爲問題的男孩。

花了幾星期的時間認識他後，他突然輕描淡寫地提到，他曾有個弟弟。這是我第一次聽說這個訊息。我詢問過他和他爸媽有關他們家的成員狀態，他們只說他有個姐姐，但從未提過這個弟弟。所以我問了約書亞有關他弟弟的事，他才說弟弟小他兩歲，在他五歲的時候，因爲一場可怕的意外過世了。說完後，約書亞馬上補充道：「很令人難過沒錯，但我沒事。」

隨著我愈來愈了解他，我才發現他從不談論他的弟弟。他說：「爸媽連聽到弟弟的名字都會難受，所以我們都不提他。」事實上，弟弟過世後，他們全家就打包搬家到另一個新的城市繼續生活，好像弟弟從未存在過一樣。

難怪約書亞時不時會對其他孩子發脾氣。他從沒機會好好面對自己的椎心之痛，所以這種悲痛感受變成了一股怒氣。

我和約書亞的父母約了時間見面，並提到他們最小的孩子這個敏感話題。他們很驚訝約書亞居然和我說了這件事。他的媽媽說：「我們以爲這對他來說太難以承受了，所以從沒跟他談過這件事。只想說帶他來新學校重新開始，沒人知道之前發生的事，這樣應該就能讓他不再去想這件事了。」

但想當然耳，約書亞從未遺忘過，他很想弟弟，卻一直沒機會對別人說。

我和他的爸媽說，我認爲他的好鬥行爲很大一部分是來自於他無從排解的哀慟。我建議他們幫他報名哀悼親友的支持團體，讓他可以和其他同齡的小朋友談談自己的感受。與此同時，我也建議他們參與約書亞的一些心理療程，好讓他們一同面對自己的感受。幸好他們都同意了。

約書亞必須治癒深藏在心中的痛苦，因爲那才是他出現暴力行爲的背後主因。接受治療一陣子之後，他的攻擊行爲就消失得無影無蹤了。

你要教導孩子，勇於面對和佯裝堅強是截然不同的事。佯裝堅強的孩子可能會說出「根本不會痛」或「我不在乎」這類的話來掩飾自己的痛楚，但光是忍耐痛苦是不夠的。

孩子可以從痛苦中成長，但在這麼做之前，必須要能承認自己受到了傷害。不管孩子是因爲朋友說了不好聽的話而難過，還是因爲沒被選入棒球隊而心情不好，你要鼓勵她承認自己受傷了。

和孩子討論療傷的重要，不論受傷的是身體或心靈都一樣。如果不小心割傷了手臂，她就必須清潔傷口，以防感染；如果傷口眞的很深，就要去醫院縫合。情感上的創傷也是如此，如果眞的傷心欲絕，就必須考慮去看醫生。

你無法控制孩子在人生中會遇到的所有痛苦經歷。因此，與其想辦法不讓她經歷任何苦難，不如給她所需的工具，幫助她以健康的方式面對痛苦。

幫助孩子表達痛楚

面對痛苦的感受最好的辦法就是與人聊聊，因此請鼓勵孩子在心裡難過的時候主動說出來。

如果他不想跟任何人說，寫日記也可以幫他釐清自己的感受，試著化解痛苦。以下幾個寫日記的活動可以幫助孩子了解自己的感受：

- **圖畫日記**：還不會寫字的孩童可以從畫畫中獲得力量。不妨每天睡前花幾分鐘的時間，請孩子畫下他今天的生活。這個活動可以教他開始思考自己做了哪些事和有什麼感受。
- **私密日記**：每天寫下自己的想法和感受對小朋友有很多好處。有些孩子隨便拿個空白筆記本就能寫日記，有些則是需要簡單的提示。你可以買個上面寫有「我今天做了什麼」或「這是我的感受」的日記本。記得事先和孩子討論，她希望和你分享日記內容，還是希望只有自己能看。
- **親子日記**：寫交換日記是分享彼此感受的好方式，對不太擅長和人面對面討論自己感受的孩子來說更是如此。小朋友可以透過寫日記給你，和你分享他們較爲私密的顧慮，接著你可以在日記中回覆一些如何面對這些感受與問題的小訣竅，或是單純地表示你聽到他的心聲了。

學齡前兒童：教導他們面對挑戰

可以選擇的話，小孩天生傾向於逃避困難。給予鼓勵可以讓家中的學齡前兒童更願意採取行動，即便這麼做並不容易。

成爲孩子的楷模，告訴他們你面對痛苦仍繼續努力的情況。你可以說「雖然很累了，但我還是會繼續跑下去」，或是「雖然我有點害怕溜下這個滑梯，但我知道自己很安全，所以我會鼓起勇氣」。

當家中的學齡前兒童願意忍受些許的痛楚時，記得給予讚美，像是說「我知道拼圖拼不起來讓你很挫折，但我覺得你願意一直嘗試很棒」，或是「問朋友要不要跟你一起玩很可怕，但你鼓起勇氣做到了！」

勇於面對難關或重大挑戰可以幫助家中的學齡前兒童提升自信。請務必協助他一步步克服這些挑戰，讓他體驗到成功的滋味。如果你一下就叫他做太難或太痛苦的事，他會懷疑自己的能力，未來也比較不願意接受挑戰。

學齡兒童：教導他們學會堅強

孩子的一生中免不了會遇到困境、傷痛和問題，這是避無可避的事，但你可以採取一些做法來減輕這些事情對他們的影響力。

想像孩子有一個「堅強存錢筒」，你只要協助他獲得面對困頓所需的技巧與工具，就等於有無數次機會幫他在存錢筒中投入零錢。每次他面臨痛苦的經歷，就像從存錢筒裡取出一點零錢。然而，只要他的存錢筒裡還有很多零錢，就能渡過這些難關。因爲你一直在幫他累積足夠的本錢，所以不管是面對拒絕、失敗或哀慟，他都不會受到太大傷害。

幫孩子在存錢筒中存錢最好的辦法就是讓他相信自己的能力，相信自己的孩子比較能夠克服逆境。因此，你要發掘孩子的興趣所在，並協助他培養不同的才能。

幫助他人也是培養心智韌性的好方式。爲年幼的孩子講故事，或是幫助年長的鄰居整理庭院等，都可讓小朋友明白自己有能力爲世界帶來改變，這將成爲他從棘手境遇中重整旗鼓的關鍵。

青少年：教導他們從痛苦中學習

家中青少年或許沒辦法隨時自在地跟你談天，這很正常。這其實表示她漸漸能夠獨立自主了。

但你家青少年必須要能和其他身心健康的大人聊聊。列一張她覺得可以放心交談且值得信賴的對象清單，試著想出三到五位適合擔此重任的成人，讓她在面臨艱難處境的時候可以尋求協助。這些人可以是教練、祖父母、阿姨、叔叔、鄰居、家族友人或任何願意傾聽她的難題的人。

你必須確定家中的青少年在遇到難過的事時，會向別人求助，這麼做可以幫助她以不同的角度看事情，才能在困境中有所成長。失去朋友、被初戀對象甩了或是沒被選入球隊，都可以是讓她更加堅強的經驗。

和家中青少年談談爲什麼痛苦的事可以變成重要的人生經驗。你可以和她分享自己在困境中學到的事，或許是經歷過財務問題讓你更懂得理財，又或者是失去親人教會你珍惜與所愛之人的相處時光。

最要緊的是，你要跟她說，其實大部分的人都比自己以爲的堅強。向她保證，自我懷疑和質疑自己是否有能力熬過苦難是很正常的事；但不管怎樣，痛苦是人生中的必經之事，只有衝破逆境才能堅強茁壯。

經歷過痛苦的孩子會長成更愛自己的大人

克服困境實際上對孩子有益。肯特州立大學（Kent State University）在二〇一六年進行了一項研究，研究人員調查了在成長過程中，父母深受慢性身體疼痛所苦的孩子。其中許多孩子的成長環境中，父母的健康問題並非顯而易見，像是克隆氏症、纖維肌痛和慢性背痛等疾病，都不是旁人能察覺的，也因此讓這些孩子的處境特別艱難。

在訪問這些年輕人的童年經歷時，研究人員發現，他們年幼時受到的情感磨難，反而為他們帶來了以下幫助：

- **更能理解他人**：因爲自身的經歷，他們看世界的方式也稍有不同。他們認爲自己較具同理心，而且也比較能理解有些事完全不是人力能掌控的。
- **更強健的人格特質**：童年的經歷讓他們更具同情心、包容心、毅力與動力。
- **培養出更優異的重要技巧**：他們學到金錢與時間管理等實用技能，以及必要的調適技巧。

● **立志活得更健康：**爸媽的健康問題教會他們好好照顧自己的價值。他們明白健康飲食、拒絕養成抽菸等不健康習慣的重要性。
● **更有精神寄託：**許多受訪者表示，他們擁有虔誠的信仰，會透過禱告來渡過難關。

孩子如果沒有機會承擔一些生活中常見的負荷，就不會變得堅強。他們要經歷過適量的痛苦和磨難，才能發展出人生所需的調適技巧。

你不能保護孩子不受任何傷害，也不可能和他一起度過生命中的所有挑戰，他勢必得獨自面對某些痛楚。你只要教他從苦難中成長所需的技巧，他就能夠汲取自己的內在力量。

心智強者不怕獨處。他們自在做自己，也有信心能靠自己站穩腳步，不怕人生丟給他們的任何難題。在面對困境時，他們會想辦法找出所需的工具，不僅僅是忍受痛苦，更會從中學習。

解惑及常見陷阱

有時父母沒辦法自在地向孩子表達自己承受的痛苦，不願意在孩子面前哭泣，或是拒絕承認自己傷心難過。

這種行爲會讓孩子不知所措，他們長大後會認爲流露情感是壞事，或是感到痛苦就等於軟弱。因此，你要成爲良好的典範，偶爾讓孩子知道你心裡難受。但記得，也要示範你如何用健康的方式面對受傷的情緒。

另一個常見的陷阱是，許多父母覺得自己一定要無所不知。當悲劇發生時，告訴孩子你不知道接下來會怎樣，或是你也不確定爲什麼會這樣，都沒關係。

除此之外，在犯錯時也不要太自責。諸如決定什麼時候要讓孩子面對某些挑戰，或要讓他承擔多少磨練，這些事並沒有明確的對錯，全憑你自己的判斷。

有時候你可能覺得自己讓孩子承擔了超出他能力範圍的事，又或是認爲自己有些保護過度了。這些都沒關係，你要記得，你可以隨時觀察孩子的情況，然後加以修正即可。

實用技巧

- 面對急性疼痛時，想辦法幫小孩轉移注意力。
- 誠實告知孩子會讓他感到痛苦的事。
- 認同孩子的痛苦。
- 鼓勵孩子寫日記。
- 為孩子累積滿滿的韌性儲備金。
- 幫助孩子從痛苦中學習。
- 檢視自己對痛苦的看法。
- 根據孩子的年齡告知與現實世界有關的資訊。
- 教導孩子辨別痛苦是敵是友。

當心陷阱

- 輕忽或否認孩子受到的痛苦。
- 為了讓孩子免於受苦而說謊。
- 鼓勵孩子表現出強悍的樣子。
- 希望孩子自己面對困境，沒有從旁提供足夠的支持。
- 隱瞞自己的痛苦。
- 不讓孩子遭逢逆境。

9 不將孩子情緒視為己任

傑瑞米和蘇珊陪他們十二歲的女兒葛蕾絲來參加她第一次的治療門診。葛蕾絲因爲在學校有社交方面的問題而被轉介來接受諮商。我問她，她覺得輔導老師爲什麼希望她來見我，她回道：「因爲學校的其他學生很壞。」我問她，他們做了什麼很壞的事，她又說：「我不知道，就是壞。」

蘇珊這時插口說：「親愛的，你要不要跟治療師說公車上那個女生做了什麼事？」葛蕾絲立馬雙手抱胸，扁嘴說：「我不要！」我請她媽媽跟我說詳細的情況，蘇珊又說：「如果葛蕾絲不想說，我們就別提了吧。」

光是這句話就讓我大略猜到爲什麼葛蕾絲會出現問題了。因此，我又問了一些有關她朋友和社交互動的問題。傑瑞米說：「其他小朋友有時會說葛蕾絲是愛哭鬼。」他解釋，葛蕾絲是獨生女，因此她不太擅長分享和妥協。

傑瑞米承認，如果事情不如葛蕾絲的意，她會變得有些難以應付。聽到他這麼說，葛蕾絲馬上瞪著他說：「我才沒有！」此時，蘇珊表示要帶她去等候室休息，讓傑瑞米私下跟我談談。

她們走出去聽不到我們談話後，傑瑞米說：「葛蕾絲是很敏感的孩子，學校好像不太明白她的狀況，她朋友好像也不『了解』她，因此葛蕾絲適應得很辛苦。」

每當葛蕾絲覺得其他小朋友很壞或不公平時，她會去找學校護理師尋求安慰。護理師之前會讓葛蕾絲打電話給傑瑞米或蘇珊，好讓他們安慰她。但最近護理師開始請葛蕾絲回去上課，或是在下課時間回到班上，和她的朋友「和好」。

他們倆不太喜歡這個做法，所以直接買了手機給葛蕾絲，讓她在需要的時候，可以去洗手間偷偷打電話或傳訊息給他們。如果她那天真的過得很糟，他們就會去學校接她，帶她回家「放鬆」心情。

傑瑞米進一步說：「我都猜得到葛蕾絲何時需要回家，所以我會打電話給學校，讓她可以早退。她上車的時候心情通常不太好，我就會帶她去吃冰淇淋，聊聊是什麼事情讓她難過。她只要能和人聊聊，很快就會冷靜下來。」

他說完自己的看法後，葛蕾絲和媽媽也回來加入我們的談話。以下是我發現的問題：

1. **葛蕾絲缺乏情緒管理與社交技巧。**她不知道如何處理自己難過、生氣或失望的情緒，也不具備適當的應對技巧，才會影響到她的人際關係。
2. **葛蕾絲的爸媽一直幫她脫離不悅的情緒。**葛蕾絲的爸媽爲她貼上「敏感」的標籤，並以保護她爲己任，想盡辦法不讓她覺得不愉快。

我的建議如下：

1. **訓練葛蕾絲的情緒控管技巧。**葛蕾絲需要學習她這個年紀應具備的應對技巧，並要學著相信自己有能力感受各種不一樣的情緒。
2. **她的爸媽要學習訓練技巧。**葛蕾絲的爸媽必須從「救星」變成「教練」。他們其實每天都有很多機會教葛蕾絲如何管理自己的情緒。

我向他們說明，兒童治療通常會採取雙管齊下的方法：葛蕾絲會和我一起學習新技巧，爸爸媽媽則會和我學習如何教導她在現實生活中練習這些技巧。當我建議安排每週固定的門診時間時，蘇珊卻說：「這要看葛蕾絲的意願，只有她才能決定怎麼做對她比較好。」好險葛蕾絲也同意再來回診。

當我開始和他們一家人展開療程時，很明顯地發現，蘇珊和傑瑞米真的是戰戰兢兢地避開任何可能會讓女兒不開心的事。如果葛蕾絲不想做某件事，他們就會想辦法讓她稱心如意。難怪她在學校會遇到問題，因爲其他十二歲的小朋友不會像爸媽一樣這麼配合她。

葛蕾絲的年紀正值同儕關係不可或缺的發展階段，她的交友情況卻漸漸惡化。她爸媽執意出手救援，不讓她經歷任何不舒服的感受，妨礙了她正常的情緒發展。她的情緒成熟度大概只達到四五歲兒童的平均水平。

他們從不知道情緒控管是可以學習的技能。直到他們看見葛蕾絲有辦法學著控制憤怒、讓自己冷靜下來、面對難過的情緒，就像她學著綁鞋帶或鋪床一樣，他們才開始用不同的角度看待親子間的互動方式。

當她難過的時候，他們發現自己可以把握機會，教她如何適應這些不舒服的感受。他們也開始明白，讓她開心不是他們的責任，葛蕾絲應該爲自己的感受負責。

當他們相信這麼做對她最好時，傑瑞米和蘇珊也同意，之後不會因爲她在學校過得不開心，就去把她接回家。在家的時候，他們也開始適時地拒絕她，要求她負起應擔的責任，並在她破壞規矩時要她承擔後果。

我們大概花了幾個月的時間教葛蕾絲基本的技巧，像是如何分辨自己的感受，以及如何用適當的方式表達這些感受。她漸漸了解生氣或難過都沒關係，但大吼大叫、嘟嘴生氣是無法讓其他小朋友喜歡自己的。

隨著葛蕾絲了解自身情緒的能力有所進步，她對他人的同理心也有所提升。她開始明白，當自己太過蠻橫或大發脾氣時，別人的感受是什麼。葛蕾絲慢慢培養出和其他小朋友建立眞誠友誼所需的技巧。

你是否把孩子的情緒視爲己任？

孩子心情不好時你想讓他開心，或是在他生氣時安撫他的情緒，這都是很正常的事。但如果你一直想辦法幫孩子轉換情緒，他就學不會靠自己調節。你符合以下哪幾項描述？

- □我沒花什麼時間和孩子討論情緒的事。
- □如果孩子感到無聊，我覺得我必須讓他有事可做。
- □孩子生氣時，我會想盡辦法安撫他。
- □只要孩子感到焦慮、難過或生氣，我就渾身不自在。
- □孩子傷心的時候，我會非常努力逗她開心。
- □有時我在孩子身邊都小心翼翼的，生怕讓他不開心。

□我覺得只有小孩開心，才表示我是個好家長。

□孩子如果生我的氣，我認爲一定是我做錯了什麼。

□我叫孩子「冷靜點」，但我從未花時間教她撫平情緒的方式。

爲什麼父母將孩子的情緒視爲己任

傑瑞米和蘇珊就跟大多數的家長一樣，想要養育一個快樂無憂的孩子。但他們卻不相信葛蕾絲有能力自我管理情緒，所以他們將責任攬到自己身上，在她情緒不佳的時候竭盡所能幫助她。

我們在上一章討論了讓孩子經歷痛苦的重要性，但光是如此並不夠，還要讓他們自己想辦法用正確的方式面對痛苦。就跟你自己動手做家事比教孩子怎麼做來得簡單一樣，出手爲孩子管控他的情緒總是比較容易，但長期來看，這麼做其實弊大於利。

學習放手不容易

叫嬰兒冷靜是沒用的，他肯定會繼續哭。如果你希望小嬰兒停止哭位，就要抱他、幫他換尿布或餵奶，因爲他還不會調整自己的情緒，必須靠你給他一個舒適的環境。

然而，隨著小嬰兒成長為幼兒，他會開始發展分辨自己情緒的能力，而且他在某種程度上會學著自行改變周遭的環境，像是渴了就跟你要喝的，或是熱了就把外套脫掉。到了要上幼稚園的年紀時，他開始學著在無法改變環境的時候，調整自己的內在情緒，想辦法自行面對某些感受，而不是要求身邊的環境立即改變。

如果他感到沮喪或害怕，他可以學著安撫自己；如果覺得無聊或難過，也可以學著適應這些情緒，不再依賴你的幫忙。你只要提供引導和訓練，他就能夠找出適合自己的技巧，以及可以選擇哪些最健康的方式來處理自己的感受。

如果家長有主動教導孩子注意並控制自己的情緒，以上這些都是理所當然的發展。但許多家長沒辦法放心把這份重責大任交給孩子，即便孩子早就不需要了，他們還是一直把孩子的情緒當成自己的責任。也就是說，許多家長在孩子長大後，仍持續為孩子調整外在的環境，像是說「不要跟比利說我們來吃披薩沒帶他，他知道了會很生氣」，或是「不要帶奧麗薇亞來店裡，不然沒買東西給她的話，她又要哭了」。正因為如此，他們的孩子永遠學不會為自己的情緒負責。教一個十四歲的孩子安撫自己的情緒，遠比教一個四歲的孩子難上許多。

父母無法面對自己的情緒

我的治療室就像情緒實驗室一樣，讓我得以親眼見證大家是如何處理自己的情緒。在處理棘手的個案時，我更能深入了解他們一家人是如何面對家中的情緒問題。

以凱文和他十一歲的女兒蘿西爲例。蘿西在學校遭到了霸凌，當她講述學校同學對她說了哪些惡毒的話時，她就哭了起來。但她一開始哭泣，她的爸爸就會扮鬼臉、說些傻話。蘿西轉過頭跟他說：「爸爸，我很嚴肅地在講話，你不要把它當成笑話！」凱文說他只是「想讓氣氛輕鬆一點」。和許多家長一樣，他不喜歡看到孩子哭泣，於是想要「解除」這個情況。

但蘿西在當下需要的不是開心，而是情感支持與肯定。轉移她的痛苦感受只是暫時的解決辦法。

凱文的反應很常見。大多數的父母在這種時候都會想讓孩子好受點，但這種做法就是把孩子的感受當成了自己的責任。

孩子要知道如何面對內心的情緒動盪

就像葛蕾絲這個案例一樣，如果孩子沒有學著爲自己的情緒負責，他們很可能就會有情緒和行爲問題。葛蕾絲的暴躁脾氣已經影響到她的交友關係，其他小孩在她哭泣或使喚人的時候，根本不想跟她玩。

因爲爸媽總是在她生氣的時候迎合她，所以她從未有機會自行處理這些負面的感受。覺得失望、沮喪、生氣和傷心都是生活中的常態，但因爲爸媽一直向她妥協，所以她才能逃避這些情緒。

每個家長都曾經試著轉換孩子的情緒，不過次數過多就會造成危害。

欠缺情緒能力會遺害終身

你有沒有遇過因爲芝麻蒜皮小事就大發雷霆的人？或者是，你有朋友每次遇到生活中的小小不順，就表現得好像發生了什麼重大悲劇一樣？這類人很可能就是從未學過如何有效管理情緒。

我們如果沒有學會這些技巧，就會有不當的行爲，像是出現攻擊性或試圖控制他人，只爲了滿足自己的需求。

賓州州立大學（Penn State）的研究人員針對年幼時就學習了利社會[1]技巧和情緒能力的孩童，對照沒有習得這些技巧的孩童，研究兩組受試對象的同異之處。他們花了二十年的時間，追蹤這些孩子從幼稚園到二十五歲左右的變化，並發現幼稚園的社交技巧和成年前期的

1 編註：利社會（prosocial）行為，指的是對有利於人或對社會群體有益的作為，犧牲小我完成大我、為他人犧牲奉獻、利人利己、互惠互助等行動，都屬廣義上的利社會行為。

成功有所關聯。

在五歲就展現出如分享、好好與人相處等較多利社會技巧的孩童，完成大學學業的比例較高。而小朋友在幼稚園時的社會能力分數每高一分，他們獲得大學文憑的機率就增加一倍；此外，他們在二十五歲時擁有正職工作的比例也高出百分之四十六。但較無法合作、傾聽、化解衝突的孩童，完成高中和大學學業的比例則較低，通常也比較容易有法律問題和物質濫用問題。

孩童在幼稚園的社會能力分數每少一分，在成年前期遭到逮捕的機率就高出百分之六十七，在酗酒方面則高出百分之五十二，住在公共住宅（或列於等待名單中）的機率更高出百分之八十二。從這項研究的所有數據來看，我們投資這麼多時間和金錢在學業成績上，但卻對情緒和社交技巧漫不經心，是否值得深思？很顯然地，相較於我們從前認爲與成功和幸福息息相關的其他能力，情緒能力可能更加重要。

如果你希望孩子成爲優秀的籃球員，你不會把所有時間花在教他罰球，因爲即便他是全世界最厲害的罰球手，只要他缺乏運球和防守等其他基本技巧，就不可能會成功。但我們卻用這種方式教育小孩，只重視他們的學業成績，不教他們其他重要技巧，然後期望他們在現實世界大放異彩。

如果家中的孩子是全世界最聰明的小孩，但無法忍受難過的感覺，他就不可能接受任何失敗或被拒絕的風險。或是他可能是天賦極高的運動員，卻無法控制自己的脾氣，那只要他覺得別隊沒有公平競爭，就無法專心比賽。

無法控制情緒的孩子會試圖控制別人

我在擔任大學兼任講師的第一個學期，只有一位學生被我當掉。他許多作業都沒交，學期報告也慘不忍睹，但只要他期末考考得不錯，是有機會不被當掉的。可他還是被當掉了，因爲期末考考太差，所以他該學期的最終成績連通過標準的邊都摸不到。

我把成績張貼至學校入口網站後，就收到他的電子郵件，要求我再檢查一次他的成績，因爲他很確定他應該可以通過。我回信給他，向他保證他的學期報告成績、缺交的作業以及不太好的期末考成績，三者加在一起就是不及格。

四天後，我又收到他寫來的另一封電子郵件。這時聖誕假期已經開始了，他在信中說：「我眞的沒辦法安心放寒假，想到這科被當掉心情就很糟，吃不好也睡不好，可以考慮給我一個會過的成績嗎？」這是我第一次見識到「乞求成績」（grade grubbing）的現象，也就是學生要求教授更改成績，但實際上提不出任何合理的理由。像我這個學生，居然希望我因爲他心情很差就幫他改成績。

不用說，我當然沒幫他改成績，這麼做對其他學生來說並不公平，對他來說也沒有任何好處。他這堂課被當了，所以他**理應**覺得難過，但願這種情緒能讓他下次表現得更好。

悲哀的是，這種「我無法面對不舒服的感受，所以你要爲我做些什麼」的心態，最近在美國的大學校園中愈來愈常見。大學生受到冒犯時，他們試著說服別人不要再來冒犯他們。他們不知道感到傷心、受傷或憤怒不是什麼壞事，反而試圖控制別人的行爲。只因爲他們不喜歡自己聽聞的事，就脫口而出「不要在新聞上刊那種文章」或「不要輕易放過我的教授」。

因此，學校一直難以清楚界定言論自由和政治正確之間的界線。耶魯的萬聖節事件就是很典型的例子。

二〇一五年，耶魯校方的行政人員寄了一封電子郵件叮囑大家，請避免穿著較爲敏感的萬聖節裝扮。耶魯的駐校講師艾瑞卡・克里斯塔基斯（Erika Christakis）針對這個通知寫了一封信，其中寫道：「所以現在的小朋友或年輕人要是展現出稍稍無禮、不恰當、挑釁或者，好吧，就算是有點冒犯，大家對這樣的行爲都完全沒有容忍餘地了嗎？」

耶魯的學生因爲她的話語勃然大怒，不僅展開了抗議行動，還有數百人簽署了給她的公開信，說她在否定他們的感受。其中一個學生甚至拍了一部影片質問她，說她讓校園成了不安全的環境。當克里斯塔基斯不予苟同時，該學生更用不堪入耳的話來反擊。

該事件發生幾個月後，克里斯塔基斯辭去了她的教職，而她的丈夫尼可拉斯・克里斯塔基斯（Nicholas Christakis）也因此從耶魯西利曼學院（Silliman College）院長的職位請辭。

諷刺的是，學校行政單位原本訴求包容多元的美意，反而引發了更多爭議。這些聰明絕頂的學生來自於頂尖的常春藤盟校，卻對這個以小朋友爲主體的節日可以穿什麼服裝有如此激動的反應，仔細想想不覺得有些可怕嗎？

然而，這並非單一事件。各地的大學都面臨類似的問題，愈來愈多學生主張「我覺得受到傷害，因此你們必須所有改變」，讓校方行政人員疲於找出解決之道。如果學校沒有作爲，可能被視爲缺乏同理心；但如果他們爲了不傷害某些學生的感受而改變做法，則可能會扼殺言論自由。

我確定這些年輕人在成長過程中，大都認爲如果自己覺得不舒服，一定是因爲別人侵犯了自己的權利。我們在受害者心態一章也討論了這個現象，這類的人相信他們有責任要確保其他人都不會說出他們不想聽的話。

小孩在成長過程中必須學著了解，即便自己的情感受到傷害，不代表別人有義務要爲他改變。別人可以跟你意見不一或選擇不同。你要教孩子把心力花在控制自己的感受，而不是別人的行爲；他們必須知道，自己的情緒只能由自己負責，而且自己有能力承受不好的感覺。

如果孩子沒有學會「自己的情緒自己處理」，她就會想要控制別人。雖然頤指氣使、粗魯無禮、蠻橫難搞在某些情況下可以讓她得償所願，但終究不會使她受人喜愛。而最後她可能會變成動不動就在指責別人沒同理心或政治不正確的人，只因爲她自己無法面對不同的意見。

孩子不了解自己的情緒

雀兒喜帶她十一歲的兒子麥克斯來我的治療室時，她看到我的第一句話是：「我不知道爲什麼我們要來這裡，但他的醫生說，他們在麥克斯身上找不出任何問題，所以我們只好來看你。」麥克斯因爲胃痛和頭痛缺了很多課。他的醫生爲他從頭到腳做了許多檢查和檢驗，但找不出任何問題，所以表示可能是心理健康方面的問題。出乎媽媽的意料之外，醫生居然說對了。

我聽完他的症狀和遇到的問題後，麥克斯很明顯是壓力過大了。他一直處於焦慮又緊張的狀態，什麼事情都能讓他掛心，從他的成績到奶奶的健康都是。但他不夠了解自己的感受，所以沒辦法把它化成語言或文字表現出來。

我相信麥克斯身體上的疼痛都是眞的，因爲我們的心靈跟身體有強烈的連結。壓力會觸發身體的生理反應，進而引發胃痛和頭痛。小朋友如果不具備情緒控管技巧，就容易出現身體問題。范德比爾特大學（Vanderbilt University）二〇〇八年進行的一項研究發現，腹部反覆出現疼痛的孩童中，有百分之六十七的小朋友有焦慮症。患有憂鬱症的兒童和青少年也通常會有身體上的疾病。

雖然制酸劑和止痛藥可以暫時蓋過疼痛，但麥克斯如果不處理潛在的情緒問題，他就不會有所好轉。在我們著手解決他的情緒問題後，他的身體健康問題也減少了。如果他希望身體更健康，就必須學著如何溝通自己的感受，以及如何用健康的方式處理情緒。

教你的孩子認識情緒與管理自己的感受，讓他更能夠辨別自己是不是壓力過大或心情特別糟。及早發現可以避免日後產生更多問題，並能幫助孩子盡快接受治療。

如何改變做法

當葛蕾絲的爸媽開始把自己視爲教練後，他們在幫助她學習管控情緒方面發揮了極大作用。透過他們從旁指導，她更能有效應用在療程中學到的技巧。在她生氣的時候，爸爸媽媽會提供她迫切需要的提醒和提示，讓她知道如何撫平自己的情緒。

他們接下來慢慢減少從旁提供的協助，讓葛蕾絲可以對她自己和她的情緒負起全責。整個療程完成時，她已完全相信自己的心智足夠堅強，不論她的感受有多強烈或不悅，她都能好好控制它們。

學習控管情緒和忍受不悅感受是可以習得的技巧，但就像任何其他技能一樣，小孩需要不間斷地指導與練習。

教孩子說明感受

如果孩子不能辨別自己的情緒，她就無法主宰這些感受。沒辦法直接說「我很生氣」的孩子，通常會用行爲來傳達憤怒。發脾氣、尖叫、攻擊別人經常是源自於小孩無法說出自己的感受。

如果你跟一般人差不多，在日常對話中大概不太會聽到與感受有關的字眼。相較於「我很生氣」，大家通常傾向於說「他是個渾蛋」。而且，就算眞的提及自己的感受，英文裡也會用「我的胃都糾結成一團了」或「我的喉嚨好像被什麼東西哽住了」這類的常見比喻帶過。也就是說，除非你特意教孩子使用與感受有關的話語，否則她不太可能擁有大量的情緒語彙。

教孩子使用感受詞彙，像是在她跺腳的時候說「看來你現在很生氣」，或是在她跑去拿鞋子的時候說「要去公園你眞的很興奮對吧」。隨著孩子對情緒的認識漸長，你可以使用更加複雜的感受詞彙，例如「緊張」、「失望」、「慶幸」和「沮喪」等。

以下是教小朋友認識情緒的不同方式：

- **在日常對話中分享自己的感受。**在和孩子說話的時候，大量使用情緒詞彙，像是說「今天奶奶身體不舒服，我很難過」，或是「遊樂場那個小男孩把小女孩推下秋千的時候，我眞的好生氣」。
- **問問孩子：「你今天過得如何？」**養成習慣，每天問孩子過得如何。你可以固定一個時間，像是吃晚飯或準備上床睡覺前，問他今天心情如何，然後看看孩子能不能說明爲什麼今天的心情是這樣。
- **在孩子說故事的時候，探索孩子的情緒。**孩子跟你說今天發生的事時，你可以問他「你在球場上得分的時候感覺如何？」或「老師說你下課不准出去玩時，你的心情怎麼樣？」這類問題。如果孩子沒辦法講出某個特定感受，你不妨試著說：「如果發生在我身上，我想我會很生氣！」

認可孩子的感受

急忙想要爲孩子解決問題時，表示**你**把**他**的情緒視爲己任。認可則是代表你明白他的感受，但還是由他自己決定要如何調適心情。重點在於，不要無視孩子的感受。「你因爲我們不能去看電影而心情不好，眞是可惜」這類的話缺乏同理心。

你應該提出更詳細的解釋，告訴孩子你全心接受他的情緒，像是說：「如果很想做某件事但不能做，一定很令人失望，所以我了解你爲什麼因爲我們不能去看電影而心情不好。」表達認可能夠讓孩子知道，心情不好也沒關係。

以下提供一些範例，告訴你如何對孩子的情緒表示認同：

- 「我知道你因爲我不准你去朋友家玩非常生氣。我也明白，你對於自己必須待在這裡感到非常沮喪。」
- 「比賽輸了很痛苦，是我也會很傷心。」
- 「我了解你實在太生氣了，才會想說些傷人的話。」
- 「我想很多小朋友第一天上學都會緊張，嘗試新事物確實很可怕。」

即使你不了解孩子的情緒，或是他們的反應看似太誇張，你還是要接納他們的感受。孩子需要知道他們可以表達情緒，即使想法不同，你也會尊重他們的感受。

糾正行為而非情緒

有時孩子並不清楚想法、感受和行爲三者間的差異。以下是示範情境：

家長：你朋友說你不能和他們一起玩的時候，你感覺如何？

小孩：我覺得他不想當我朋友了。

家長：聽起來是你的想法，而不是你的感受。你以爲他不想跟你做朋友了。那你感覺怎麼樣？

小孩：覺得難過。

家長：原來是覺得難過啊，這是當然的。那你怎麼反應？

小孩：我對他發脾氣。

家長：所以你還生氣了，這也是情緒的一種。是我也會很生氣。你生氣的時候做了什麼？

小孩：我一邊走掉一邊說，我要去找新朋友玩。

家長：生氣的時候離開現場是很好的選擇。

和孩子解釋，想法是他腦海中的字句和圖像，感受則是形容他的心情，像是開心或悲傷，而行爲則是他身體採取的行動。

孩子了解這三者的不同之處後，就會更清楚自己的選擇。舉例來說，他會明白生氣沒關係，但打人就不行了。同理可證，難過也沒問題，但大聲尖叫與大發脾氣是不能接受的行爲。告訴孩子，他不會因爲自己的感受或想法而惹上麻煩。但你要針對他的行爲制定規範。

建立清楚明瞭的家規，明白表示可以用哪些方式來表達情緒。寫下應遵守的規矩並貼在家裡。如果你說「不許吼叫」，那你也要能夠遵守這個規定。如果你提高音量講話，那孩子也會隨之仿效，這項規定就會失去效力。

以下是幾個簡單的規範，可以幫助孩子開始掌控自己的感受：

- **尊重他人的身體空間與所有物。**不可以打人或傷害別人的身體，也不可以破壞他人的物品。
- **好好和人說話。**不可以罵人或侮辱人。
- **使用室內說話的音量。**不可以大吼大叫。

雖然甩門對某些家庭來說不是什麼大事，但有些父母絕不允許此事。因此，請列出家中所有人都能遵守的規範清單。記得，你可以視需要變更與修改這些規範，但務必確保孩子了解你的期望。

放手讓孩子感受負面情緒

你的工作不是讓孩子笑口常開，而是要協助他學著自己面對不舒服的情緒。

以下是孩子必須體會的不適感受：

- **憤怒**：孩子必須學著在生氣的時候讓自己平靜下來。
- **緊張**：你一定要讓孩子知道，會感到緊張不代表他不能做自己想做的事。
- **愧疚**：當孩子說他很抱歉或心裡難受時，不要急著說「沒關係」。讓他體驗一下愧疚感，他才會有動機改變自己的行爲。
- **悲傷**：不要因爲孩子難過就想逗他開心，他要練習安慰自己。
- **失望**：當事情的發展不如孩子預期時，不要不自覺地想要補償他，讓他偶爾體驗一下失望的感受。
- **無聊**：孩子抱怨無聊不代表你有義務要娛樂他。他在生命中會有很多時刻必須忍耐無聊。
- **沮喪**：當孩子想辦法要完成一項困難的任務時，難免會受挫，但這不表示你需要出手幫他或替他解決問題。

你要放手讓孩子經歷各式各樣的情緒，不要出手干預。你可以從旁提供建議，但不要幫他脫身，他會漸漸開始相信自己有能力成功排解自己的情緒。

如何教孩子對自己的情緒負責

雖然有些孩子比較敏感，但葛蕾絲的爸媽卻把這個標籤當作藉口，任由她不去面對不適的感受。在他們開始教她對自己的情緒負責前，必須先相信她可以應付這些感受。如果你把小孩當成脆弱物品在保護，她就會認爲自己無法面對任何困難，但如果你協助她看見自己有足夠的力量來面對不適感受，她就會覺得自己能夠克服萬難。

幫孩子找出振作妙招

孩子必須知道，擁有各種情緒是很正常的。當有不好的事發生時，感到難過也沒關係。事實上，悲傷是療癒的一環。

但這不表示孩子要陷入糟糕的情緒中，他可以主導自己的感受。如果他有起床氣或今天在學校過得不好，他可以決定要如何提振自己的心情。

行爲很容易被感受牽著鼻子走。如果心情不好，你可能會想一個人待在家裡，但這麼做只會讓自己深陷其中。採取與自己的感覺截然不同的行動，是轉換情緒的方法。也就是說，和朋友出門或許能讓你開心點，或是出去走走也可以讓你振作起來。

關鍵在於幫孩子找出處理情緒的**健康**方式。如果你沒這麼做，孩子可能會透過某些比較不健康的方式來讓自己好受點。心情不好的孩子可能會依賴食物來安慰自己，或是覺得孤單的青少年可能會尋求網路戀情來獲得關注。

你要主動教導孩子以健康的方式安慰自己，使心情平靜下來，鼓勵自己振作起來。切記，沒有什麼激勵辦法是一體適用的。在外頭玩幾分鐘可以讓這個孩子冷靜，但畫著色畫對另一個孩子來說可能才是最有效的辦法。

你可以運用以下的示範情境，與孩子一起找出最能幫他提振心情的工具：

家長：我們一起來列一張你在開心的時候喜歡做的事吧。告訴我，你心情很棒的時候，喜歡做什麼？

小孩：我喜歡去海灘玩，也喜歡去公園玩。

家長：哇，這些都是很好玩的事。那在家裡呢？假設你放學回家後心情很好，你可能會想做什麼？

小孩：我會和貓玩、和朋友聊天。

家長：這些事會讓你開心嗎？

小孩：對啊，做這些事的時候我都笑得很開心，覺得很好玩。

家長：太棒了。那我們再來想想你開心的時候還會做其他什麼事。

小孩：我喜歡出去散散步，或是打電話給爺爺，跟他說我在笑話集上讀到的笑話。

家長：沒錯！你眞的很喜歡做這兩件事。

把小孩說他在心情好時喜歡做的事情全部寫下來，然後在他心情不好的時候，請他從清單中挑選想做的事。跟他說，在難過或孤單的時候，做這些事可以讓他心情變好。

你也可以打造一個快樂工具箱。拿一個小箱子，在裡面裝滿一些小東西，提醒小孩他在開心的時候會想做的事，像是他的笑話本和美術用品。你也可以放一些會讓他發笑的東西，像是爺爺的好笑照片。透過不斷地練習，他會知道哪些活動對他最有幫助，並會開始自發地去做這些事。

幫孩子找出安撫活動

就跟孩子需要知道如何在心情低落的時候鼓舞自己一樣，他也要學著在生氣的時候安撫自己。不管孩子是因爲一道數學題而感到受挫，或是因爲玩桌遊輸了而生氣，他必須知道如何在心情不好的情況下繼續朝目標邁進。控制憤怒和沮喪的關鍵要素是自覺。

教導孩子辨別自己即將生氣的警訊。聊聊當他的情緒要爆發時，身體會出現哪些警告訊息？他的心跳可能會變快，或是臉會燙燙的。如果他學會辨識這些警訊，就可以在「爆發」

前讓自己冷靜下來。

問問孩子：「你心情平靜的時候喜歡做什麼事？」著色、玩黏土或聽聽平靜的音樂都可以是幫助身體和大腦冷靜下來的活動。

就像快樂工具箱一樣，你也可以準備一個「平靜工具箱」，放一些能讓心情平靜的小東西在裡面。當孩子緊張不安、過度興奮或脾氣不好的時候，你可以跟他說：「讓我們來看看你的平靜工具箱。」然後他就能自己選擇要用哪個工具來控制情緒。

提升孩子的情緒控管技巧

用健康的方式處理不適的情緒，是你能教給孩子最重要的技巧，但光是**告訴**孩子如何管理自己的情緒效用不大，他還需要反覆練習，需要你從旁引導。即使年紀漸長，開始面對新的挑戰、更加艱困的處境，他仍然會需要你的指引與支持。

你要像個好教練，給予大量的正向讚美與強化。明確指出孩子的努力和付出，像是說：「你今天很棒，在生氣的時候就跑回房間冷靜一下。」

貫徹執行你定下的規範與後果，讓孩子知道你決意幫他從錯誤中記取教訓。此外，你可以定期與孩子聊聊之後要怎麼做得更好，像是問他：「除了打妹妹之外，下次你可以採取什麼不一樣的做法？」幫孩子找出新的策略，以後他如果又經歷同樣的強烈情緒，就能做出更好的選擇。

學齡前兒童：教導他們冷靜下來

學齡前兒童通常不知道如何處理憤怒的情緒。不論小孩子是因為朋友搶了他的玩具而生氣，還是因為你說要離開遊樂場而發怒，他很可能會用吼叫、跺腳或大哭來表達他不高興的心情。

你要教家中的學齡前兒童認識自己在生氣的警訊，像是請他畫自己正在生氣的樣子，要他告訴你身體會有什麼變化，可能是臉會脹紅或雙手握拳。在他畫完後，和他聊聊憤怒的情緒會對身體和行為造成哪些影響。然後提醒他，如果可以察覺這些生氣時身體發生的訊號，他就可以想辦法讓身體冷靜下來。

教學齡前兒童冷靜下來很簡單，只要帶他做一些可以讓身體放鬆的呼吸練習即可。慢慢地深呼吸不只可以讓身體平靜，還能減輕憤怒的感受。

教小朋友深呼吸很簡單，方法如下：

1. 用鼻子呼吸，想像你正在聞一塊香噴噴的披薩。
2. 接著用嘴巴呼吸，好像要把披薩吹涼一樣。

3. 反覆練習這個動作幾次，你就能讓身體和大腦冷靜下來。

當你發現孩子快要生氣了，就提醒他「等一下，先聞聞披薩」。一段時間後，他慢慢地會自動這麼做，不需要你一直提醒，也會漸漸知道如何撫平自己的情緒。

另一個辦法是教孩子「吹泡泡呼吸法」。一起到戶外吹泡泡，叫小孩示範給你看，要吹出一個超大或超完美的泡泡時，要怎麼呼吸。一般來說，小朋友會先吸一大口氣，然後慢慢把氣吹出來。

向孩子說明爲什麼吹泡泡呼吸法可以讓身體冷靜，之後孩子心情不好的時候，就請他使用吹泡泡呼吸法。

學齡兒童：教導他們切換頻道

一直想著不開心的事，或是擔心之後可能會發生的某件事，會讓孩子陷入糟糕的情緒中，這時如果能想一些比較開心的事，可以改變心情。然而，並不是簡單地告訴自己「不要去想那些壞孩子今天說了什麼」就好了。事實上，小朋友愈是叫自己不去想，就愈會沉溺在這些不開心的想法中。要他不再去想那些在腦中揮之不去的事，關鍵點在於改變他的行爲。

我在治療室會運用「白熊實驗」來教小朋友如何「切換頻道」。你也可以用這個方法來教家裡的小孩：

1. 請孩子在腦中想像白熊的樣子三十秒，不管是北極熊或填充玩偶都可以。
2. 不要說話，讓孩子自由想像熊的樣子。時間到就請他停下來。
3. 接著一樣給小孩三十秒，請他想想自己想要的任何東西，但跟他說不能是白熊。
4. 三十秒過後，問他想了什麼。大部分的孩子會說，白熊不斷浮現在他的腦海中。如果小孩說他沒有想到白熊，問他是怎麼辦到的。
5. 下一步是請小朋友在三十秒內完成一項簡單的任務。我會給他一疊卡片，請他依數字、配對或類似條件進行分類。不管你給孩子什麼任務，一定要是他必須全心投入才能在三十秒內完成的事。
6. 時間到時，請他停手，然後問他，在執行任務時他有沒有想到白熊。一般來說，孩子會說完全沒想到。

這項練習的重點在於讓孩子親身體驗，改變行為可以如何改變自己的思緒。如果小孩一直在回想那些使他不開心的事情，這時讓他忙些其他的事，心情就會好些。我們稱之為「切換頻道」。就跟看電視一樣，如果大腦裡播放的節目對他沒有助益，那就轉到另一個比較有幫助的頻道。

當他某天在學校過得不順遂時，你可以說：「你要怎麼切換頻道，讓自己有個美好的夜晚？」或是在孩子說「我好無聊」時，問他：「那你覺得可以怎麼幫自己切換頻道？」接著讓他自己找出要做些什麼事來提振心情或讓自己好過一點。如果他想不出來，你也可以提供一些意見或想法，但只要多練習幾次，他應該就會知道怎麼轉換自己的心情。

切記，不要讓他以爲他必須隨時隨地保持好心情。有時孩子也會想要聊聊自己難過的感受，或是爲了什麼事而心情不好，切換頻道應該只用在他深陷情緒之中，或這些情緒對他毫無助益的時候。

青少年：教導他們避免暴怒

青少年在日子不順心的時候特別容易發脾氣。像是考試考砸了、和朋友吵架、被籃球教練罵等等，都會讓他臭著臉回家，這時只要一點點的不如意，就會讓他火山爆發。

你要教導孩子不輕易發脾氣的方法，像是和朋友聊天、聽聽自己喜歡的歌曲或是做瑜伽等，都能減輕壓力。你要幫她找出可以用哪些健康的方式來排解壓力，也可以和她分享你自己在事事不如意的時候，會採取哪些策略來避免情緒失控。

和孩子討論，她要怎麼發現自己的情緒瀕臨爆發，可能是只要有人和她說話，她就心浮氣躁，或是她開始大力地用手指敲東西，甚至是不耐煩地來回踱步。你也可以講一下自己在易怒邊緣時會有哪些癥兆。

接著和孩子聊聊，即使壓力爆表、極度疲憊或度過很糟的一天，每個人都還是可以選擇不同的做法，也能採取一些步驟來避免自己亂發脾氣。只要你愈不容易動怒，就愈不會說出傷人的無心之言，或是做出令自己後悔莫及的事。和家中青少年聊聊，要怎麼想辦法發現自己正處於易怒的狀態下。但如果你發現她特別容易發怒或壓力過大，不妨建議她找方法讓自己的爆點不要這麼低。

如果她最後還是情緒爆炸並把氣出在別人身上，或是因此崩潰失控，請等她冷靜後再和她談談。和她討論在這之前是否有任何警訊，顯示自己已經處於臨界點，並想想下次可以用什麼策略來改善問題。

能控制情緒的孩子會長成把精力放在可控之事上的大人

洛根是個九歲的男孩，有嚴重的憤怒情緒問題，因此學校將他轉介來接受心理治療。每次生氣時，他都會把教室裡的書桌翻倒，或是亂丟東西。洛根只要出現這種抓狂的暴力行為，老師就必須淨空教室，保護其他小朋友的安全。在大家可以「安全」回到教室時，洛根通常已經被帶離教室冷靜一下了。他大都被帶去校長辦公室，或是和一對一的輔導員待在一起。

我第一次和洛根見面的時候，他自己先開口說：「我沒辦法控制自己的脾氣，常常失控抓狂，做錯決定。」我猜他是聽到身邊的大人這麼說的。他的父母也同意，洛根在家有時候也沒辦法控制自己的脾氣，但在學校的狀況好像更糟糕。

我花了一些時間和洛根相處，他顯然是個很聰明的孩子，對自己的問題也有一些不錯的看法。所以我進一步問他發脾氣時的細節，像是發生的時間以及原因。接著我們又聊了一下，關於翻倒桌子和出現攻擊行為會造成多大的問題，像是打斷老師上課，害其他同學必須離開教室等等。我接著問：「你覺得我們可以怎麼改善這個問題？」

他說：「不如讓我離開教室，而不是叫大家離開？」就這樣，洛根輕而易舉地想出自己的一套解決辦法。接著我們和老師與校長共同制定了執行計畫。洛根接下來會拿到一個紅色牌子，讓他放在課桌內，只要他覺得自己快生氣了，就可以把牌子放到老師桌上，表示他需要離開教室，接著他會自己走去校長辦公室。在校長辦公室的期間，會有一位成人陪著他，等他冷靜下來。

開始執行這個計畫後，洛根的老師就再也不需要請其他同學離開教室了。換成洛根對自己的情緒負起責任，安靜地離開教室，想辦法平復自己的情緒，冷靜下來後，他就會回教室了。

洛根發現他可以掌控自己的情緒後，自信心大增。在我們繼續找出更多憤怒控管策略的過程中，他也愈來愈不需要動用紅色牌子來離開教室了，而是開始坐在課桌前練習自己的控制技巧。最後，他的心態也有所改變，不再自認是個有情緒問題的壞孩子，漸漸相信自己是有能力的小孩，可以管好自己的脾氣。

具備良好的情緒能力將可使孩子受用一輩子。有研究人員做了一項調查，針對知曉情緒會對自身想法和行爲帶來哪些影響的成人，探討這項能力讓他們獲得什麼競爭優勢。研究結果顯示，情緒智商與較佳的工作表現、較爲幸福的婚姻以及較好的身心健康狀況有所關聯。

心智堅強的人不會把精力浪費在自己無法控制的事情上面。奢望情況有所不同或試圖改變他人，都不是有效的做法。具備良好情緒能力的孩子長大後也會知道把精力用在正確的地方，在不能改變際遇的時候，就想辦法改變自己的心態。

解惑及常見陷阱

許多父母沒辦法教孩子認識自己的情緒，因爲他們也從未學過這些技能。因此，有些父母雖然本意是爲了孩子好，卻給了孩子差勁的建議。我看過最常見的錯誤觀念是，父母認爲我們必須釋放自己的怒氣，否則累積久了就會爆發，所以出於好意，他們曾跟孩子說，生氣的時候就去打枕頭。

但研究結果顯示，鼓勵孩子「發洩怒氣」會有反效果，他可能因此變得更加憤怒、好鬥。比較好的做法是教孩子以更符合社會規範的方式來撫平情緒。

另一個常見的陷阱則是，父母以爲壓抑情緒是心智堅強的展現。我曾經遇過一位爸爸帶他八歲的孩子來尋求協助，那時小朋友的祖母剛過世。那位爸爸說：「我替他感到驕傲，覺得他實在太堅強了。他和奶奶非常親近，但他從奶奶過世後只哭過兩次。」

然而，堅不堅強和小孩子哭過幾次一點關係也沒有，關鍵在於他能不能覺察自己的情緒，並知道如何用健康的方法處理這些情緒。

請不要叫孩子壓抑自己的情緒，這麼做一點好處也沒有，而是要教他找出適當有益的方式與這些感受和平共處，才能走出傷痛。

實用技巧

- 教導孩子辨識情緒。
- 認可孩子的感受。
- 制定行為規範與限制。
- 幫孩子找出振作妙招。
- 找出撫平心情的活動。
- 訓練孩子控管情緒。
- 教導孩子情緒控管技巧，像是呼吸練習及如何讓自己不易動怒。
- 糾正孩子的行為而非情緒。

當心陷阱

- 輕忽或否認孩子的感受。
- 每當孩子遇到難題就出手幫她。
- 即使孩子年紀漸長，仍不斷改變環境來配合她。
- 在孩子難過時一直想辦法逗她開心。
- 不斷在孩子不開心時撫平她的情緒。
- 每當孩子無聊就為她找樂子。
- 低估孩子面對不適感受時的調適能力。
- 鼓勵孩子用具攻擊性的方式發洩怒氣。

10 不怕孩子犯錯

泰勒今年十四歲，雖然她和爸爸相處得也不錯，但和媽媽瑪麗亞的感情更是特別親密。瑪麗亞是全職家庭主婦，她想盡辦法幫泰勒取得各項競爭優勢。她爲女兒精心挑選各種課程，監督她寫學校作業，暑假還花錢讓她上家教，只爲了確保泰勒擁有傑出的學業表現。

在運動方面，瑪麗亞也給予女兒大力的支持。她花了無數小時研究最棒的籃球營隊，並投入了無數心血，確保泰勒擁有贏過其他孩子所需的一切資源。瑪麗亞敢說自己已經爲泰勒鋪好邁向成功人生的康莊大道了。

但某天晚上泰勒問了一個奇怪的問題，她上床睡覺沒多久後，出聲喊了瑪麗亞，瑪麗亞走到她房門邊看她需要什麼。泰勒說：「我覺得我要上廁所，但我不確定是不是要起床。」最初，瑪麗亞以爲女兒在開玩笑，但當泰勒表示她內心眞的很掙扎時，瑪麗亞才驚覺她是認眞的。泰勒說：「我想說，我可能只是以爲自己想上廁所，如果眞的開燈起床的話，我就會更清醒，接下來就睡不著了。你覺得我該怎麼做？」

還處於震驚狀態的瑪麗亞說：「那……不然你試著入睡看看好了。」泰勒回道：「好的，謝謝媽媽。」瑪麗亞下樓和她的丈夫肯說了剛剛發生的事。肯說：「有什麼好驚訝的，瑪麗亞。她人生中的大小事都你決定的，所以就算她現在十四歲了，沒問過你的話，還是沒辦法做任何決定。」

此時，瑪麗亞才驚覺自己爲女兒做的遠遠超過了從旁指引的範圍。她爲泰勒精心規畫了她的人生，任何枝微末節的小事都不放過。結果現在已經是青少年的女兒，居然因爲擔心犯錯，而無法決定要不要去上廁所。

瑪麗亞立刻約了心理諮商門診，和泰勒一起來到了我的治療室。然而，泰勒並不覺得這有什麼好擔心的，她說：「媽媽幫我做了很多事，我們彼此配合得很好，實在不知道她在煩惱什麼。」瑪麗亞回她：「泰勒，如果你沒辦法自己決定要不要上廁所，那我們肯定是做錯了什麼。」

在進一步了解她們的狀況後，我歸納出以下問題：

1. **瑪麗亞讓泰勒不用自己做決定。**瑪麗亞比較像是泰勒的私人助理而不是媽媽，不但負責管理女兒的行程、爲她整理私人物品，還替她做了各式各樣的決定。
2. **泰勒缺乏基本的決策能力。**泰勒事事都尋求媽媽的建議，而且對媽媽的決定百依百順，從來不用自己解決任何問題。

我的建議如下：

1. **瑪麗亞必須停止插手泰勒生活中的大小事。**她必須讓泰勒自行作主，就算明知她做錯了也一樣。

2. **泰勒必須學著不仰賴媽媽做出選擇。**泰勒必須開始學著表達自己的意見、建立對自己決策能力的信心，接著還要在自己把事情搞砸的時候，從錯誤中重新站起來。

接下來的幾週，我們一一檢視了瑪麗亞做了哪些事來避免泰勒犯錯：她會訂正泰勒的回家作業、給她穿搭建議，以及安排她的行程。

這時她才發現，泰勒在做任何決定前都會尋求她的意見；如果沒有她的建言，泰勒就完全不知道如何安排自己的生活。現在她想放手，卻不知該從何下手。她擔心自己如果撒手不管，泰勒會不知所措。

她的煩惱其來有自，畢竟她已經事事幫泰勒做到位這麼多年，如果突然完全不管，泰勒會很辛苦。因此，我們想了一些辦法，讓瑪麗亞能透過漸進的方式，協助泰勒逐步學會爲自己做決定。

泰勒一開始連微不足道的小事都決定不了，她會問媽媽：「媽，我要穿這件襯衫還是粉紅色的那件？」瑪麗亞現在會回她：「兩件都不錯，你覺得哪件比較好？」泰勒的問題不只是爲了尋求母親的建議，更是因爲她需要認同與肯定，才有勇氣做出選擇，即便是再簡單不過的事都一樣。

瑪麗亞也不再幫泰勒檢查作業了，而泰勒的成績也因此頭一回有些下滑。雖然要瑪麗亞眼睁睁看女兒成績變差很痛苦，但她知道，一直不讓泰勒犯錯，遲早會讓女兒遇到更多問題。

幸好瑪麗亞有堅持下去，不再干涉泰勒的生活，並告訴泰勒她有犯錯的空間。漸漸地，泰勒明白犯錯不是什麼天大的事。

在媽媽不斷鼓勵她嘗試的情況下，泰勒也愈來愈有自信了，相信自己即便失敗了也可以站穩腳步。她確實因爲粗心大意而犯了些錯，但也因此知道自己有能力面對錯誤，甚至是從中學到經驗。

你是否從不讓孩子犯錯？

許多家長抓著孩子人生的方向盤不放，認爲只要掌握孩子的一舉一動，就能確保孩子永不犯錯。你符合以下哪幾點描述？

- □我會訂正小孩的回家功課，以免他拿到太差的成績。
- □我沒辦法眼睜睜看著小孩一敗塗地。
- □我覺得我有責任在小孩犯錯前出手，而不是讓孩子去承擔出錯的後果。
- □我覺得要不計一切代價避免犯錯。
- □我不希望孩子因爲犯錯而出糗和受傷。
- □我擔心孩子犯錯後不會想辦法彌補。
- □我怕做錯事的是小孩，但承擔苦果的是我。
- □我覺得我有責任不讓孩子蒙受失敗的痛苦。
- □如果我覺得小孩哪裡做錯了，我會忍不住告訴他正確的做法。
- □我認爲確保小孩的學業表現完美無缺，是幫孩子爲大學和人生做好準備的最佳途徑。

爲什麼家長不讓孩子有分毫過錯

瑪麗亞以爲只要確保泰勒事事無錯，就能引導泰勒邁向成功。她的想法是，如果她一開始能幫女兒做好決定，女兒之後就可以做得更好。她認爲自己凡事參與是讓泰勒具備競爭力的最好辦法。

一方面來說，她的做法確實有效，泰勒在學業和運動場上的表現都極爲優異，但這全建立在瑪麗亞從旁指導她的一舉一動。

瑪麗亞的過度參與是有點極端的例子沒錯，但許多父母或多或少都有類似的行爲。亦步亦趨地跟著剛學會走路的幼兒、在運動場邊指導念小學的孩子如何比賽，以及太過關心家中青少年的交友狀況，這些都是典型的直升機父母行爲。你要停下腳步想想，當你像瑪麗亞一樣在孩子犯錯前就出手干預，會不會因此讓孩子錯失了學習機會。

直升機父母自以為無所不知

盛氣凌人的家長在從前並不多見。在足球賽期間，偶爾會有一位媽媽，不管坐在板凳上的兒子有多尷尬，堅持要他披上毛線衫。或是會有那麼一個爸爸，在家裡的高中生選好選修課前，一定要先和升學輔導老師談談課表的安排。以前的人遇到有這種行爲的父母，通常會挑眉表示不以爲然。

但現在直升機父母變得無所不在。他們對孩子的生活無孔不入，也不覺得自己做得太超過。「直升機父母」這種現象，指的是家長過度保護孩子，以至於限縮了孩子犯錯的能力。

他們照看孩子每天的所有行程，想盡辦法要孩子獲致成功。

社會結構的改變讓直升機父母成爲常態，可能的主因如下：一九八〇年代的鑰匙兒童在成長過程中沒能獲得太多來自父母的支持，因此出於補償心態，就想要給孩子更多。但他們對孩子生活的關心程度越了界，從參與變成了干涉。

直升機父母的興起或許跟科技的進步亦有所關聯。家長時時刻刻都能接收各種新聞，讓他們不由得認爲現今的社會遠比過去來得危險。雖然你會以爲手機讓小朋友更加自由，但我們實際看到的情況卻非如此，家長反而變得更常查看孩子的行蹤。

父母也益加以孩子爲生活的重心，更別提對升大學和出人頭地的重視也更勝以往。正因如此，許多家長用盡心思，就是爲了確保自家的孩子不會搞砸他們迎接光明未來的機會。

直升機教養方式似乎也會傳染。一旦有幾位父母老是爲孩子隨侍在側，其他家長就會開始認爲良好的教養策略就是要無所不管，更會感受到壓力，覺得必須要介入孩子的所有活動，才能讓自家小孩保持競爭力。這正是我們當今所見的趨勢。

在父母什麼都管還不常見的年代，小孩子時不時都會犯點錯，像是忘了做家庭作業、作品沒有準時完成、冰上曲棍球練習遲到等等，不過因爲大部分的孩子偶爾都會出點紕漏，所以也不是什麼大不了的事。

然而，一旦有些父母開始管理孩子生活中的每個細節，這些孩子就有了別人沒有的競爭優勢。他們的父母成了專屬的私人管家，讓他們隨時爲學校和課外活動做好萬全準備。這對「一般父母」帶來了很大的壓力，因爲他們也必須想辦法讓自家的孩子取得同等的競爭力。

父母認定犯錯是壞事

有些父母認爲不讓孩子犯錯就能教會孩子「正確」的做事方式，同時又不用承受失敗的痛苦。這樣的想法在某些情況下沒有錯。說到底，你不會希望孩子把手放到熱騰騰的爐子上，才學到爐子會燙傷人，這麼做可能會讓他留下一輩子的傷疤。然而，許多家長卻把這個觀念過度延伸至小孩生活中的各個面向。他們千方百計地讓孩子的回家功課拿到滿分、不忘記做任何一項作業，以及隨時保持運動服乾淨整齊。

這類家長通常在他們自己的孩童時期就有這種想法了。一個人如果在小時候因爲做錯事而被嘲笑，她當媽之後就會想盡辦法不讓孩子遭受同樣的羞辱。而當爸爸的人如果認爲自己是因爲小時候不把學校當一回事，才沒能夠盡展所長，他就會嚴肅看待孩子的家庭作業，不讓孩子在功課中犯任何一點錯。

這類家長對犯錯的意義也有不一樣的看法，他們認爲錯誤不只是行爲的結果，而是代表你是什麼樣的人。如果你考試考不好，就代表你是笨蛋；如果你沒有拿到某個工作，那你就是人生輸家。在這種心態下，難怪有些父母不願意讓孩子失誤，他們不希望孩子的自尊心因此大受打擊。

父母不願承擔後果

曾經有位倍感絕望的媽媽來找我幫忙，她希望兒子學會管理憤怒的方法。賽斯當時十二歲，脾氣非常火爆，只要媽媽叫他做家事，或是沒收他的電玩來處罰他不聽話，他就勃然大怒。有時候他會揚言要把東西砸壞，有時候則是亂摔自己的智慧型手機等東西，甚至曾經用手捶門。每次他生氣，媽媽都很怕他會弄壞東西，爲了不讓他出現這些暴力行爲，只要他脾氣一來，她就盡可能地安撫他。

我問她，如果她沒有出手干預會怎樣？她說：「他會破壞東西。」我又問她，東西壞了會怎樣？她說：「那我就必須善後。」因爲賽斯根本沒有錢，也不擅長修繕，所以她理所當然覺得自己得負責處理他造成的損壞。

我要求她在賽斯生氣的時候袖手旁觀，任由他破壞。如果他弄壞自己的東西，就讓他自食惡果；如果他損壞別人的財產，就叫他自己負責把物品恢復如初，或許可以分配額外的家務給他，讓他賺零用錢買東西賠給人家。

賽斯很可能會拒絕負責修好自己弄壞的物品，這時媽媽就要嚴格要求他承擔後果，讓他從錯誤中記取教訓。

不到一週，他就弄壞了自己房間電視的遙控器，原因是媽媽叫他整理房間，而他又爲此暴怒，不過媽媽也毫不退讓，於是他就把遙控器摔飛過整個房間砸壞了。

當媽媽拒絕買新的遙控器給他，賽斯又發了一次脾氣，不過在連續幾星期都必須走去電視機前轉台後，他終於開始想學習控制怒氣了。他其實也不想老是在生氣的時候搞破壞，特別是弄壞自己的東西。現在因爲媽媽給他機會，讓他明白自己在失去理智時會犯錯，他終於能正視自己的問題了。

讓孩子在你的照看下有犯錯的空間。他能早點學會重要的人生課題是好事，因爲隨著年紀愈大，要面對的後果通常愈加嚴重。你必須克制自己，不要在孩子即將犯錯時出手阻止。你不僅要讓他承擔失敗的後果，還要耐心地花時間和精力帶他從中學習。

教孩子如何從錯誤中學習且不要重蹈覆轍，和從頭到尾都不讓孩子犯錯比起來，一定會花上比較多的時間，但在你的全力支援下，孩子可以將這些失敗變成寶貴的人生經驗。

不曾犯錯的孩子會害怕失敗

因爲媽媽總是爲她打理好所有事情，所以泰勒連簡單的小決定都做不到。她不覺得媽媽管太多，反而認爲她們是好隊友。然而，泰勒缺乏獨立自主的能力，當她試著要靠自己生活時，可能就會遇到許多巨大難題。

家長想避免孩子遭遇挫敗，這本無惡意，但卻會在無意間衍生諸多問題。因此，請好好檢視自己在引導孩子的時候是否越了界，讓愛他變成了害他。

不曾跌跤的孩子要面臨一輩子的苦果

有天下課後，幾個學生留了下來，和我討論要如何成爲治療師。討論結束後，一位學生一直等到其他人都走掉，才拿著她的課程表來尋求我的建議，希望我告訴她哪些課對她最有幫助。她把我建議的課程全部用螢光筆畫了起來，並在我解說這些課程對她的職涯有何幫助時，認眞地做筆記。

對話接近尾聲時，她對我說謝謝並問道：「如果我忘了什麼重點，可以請我爸媽寄電子郵件給你嗎？他們可能想問問看要幫我選修哪些課。」

我一時間沒反應過來，以爲她弄錯了選課流程（有時剛滿十八歲的學生會突然忘了，他們現在可以自己完成這些書面作業）。我提醒她，她可以線上選課，不需要經過父母同意。她說：「哦，我知道，但最後的決定權在爸爸媽媽手上，他們希望確認我沒有選錯課。」

我不認識這位女孩的爸媽，但我猜他們過去一直竭盡所能地避免她在生活中犯下任何錯。現在雖然她已經成年了，他們還是主導著她的生活，而她似乎也樂見其成。

我不是說他們完全不該插手她的大學課業安排，畢竟他們是付學費的人。不過，拒絕一年付六萬美元讓小孩主修藝術史是一回事，爲她安排課表細節又是另一回事了。這位學生也深信應該由爸媽爲她做決定，因爲她擔心由自己來的話，她會做錯選擇。如果你告訴孩子要避免犯錯，而且辦法是由你來想的，一旦你不在身邊，她就無法獨自作主，因爲她不敢冒險，也無法踏出自己的舒適圈。

但諷刺的是，大多數的直升機父母以爲自己幫了孩子大忙。他們覺得自己讓孩子在大學能夠擁有競爭優勢，更認爲不讓孩子經歷丟臉且代價高昂的挫折，可以減輕孩子的負擔。但研究顯示，維護孩子事事無錯的父母其實是在害他們。

研究表示，不曾遭受挫敗的孩子有下列傾向：

- **較容易有心理健康問題。**維吉尼亞州瑪麗華盛頓大學（University of Mary Washington）在二〇一四年發表的一項研究指出，有直升機父母的大學生比較容易感到憂鬱且對生活不滿。
- **需要服用精神藥物的可能性較高。**田納西大學查塔努加分校（University of Tennessee at Chattanooga）的研究人員在二〇一一年進行了一項研究並發現，爸媽無所不管的大學生，他們服用焦慮症和憂鬱症藥物的機率較高，也比較會出於消遣目的服用止痛藥。

- **執行能力較低。**科羅拉多大學（University of Colorado）在二〇一四年發表的一項研究指出，在什麼活動都被安排好的環境下長大，而且沒有什麼自由時間的人，通常缺乏達成目標所需的自我管理與資源管理技巧，同時也沒有足夠的心智控制與自律技巧。
- **比較容易有身體健康問題。**佛羅里達州立大學（Florida State University）在二〇一六年發表的一項研究指出，剛成年不久、十八到二十五歲的年輕人如果有直升機父母，他們更容易有身體健康問題，主因可能是他們不具備處理自身健康問題的能力。如果爸媽不在身邊告訴他們要吃什麼、要做什麼運動、何時該上床睡覺，他們就不知道如何好好照顧身體。

失敗是最好的老師

某個星期一的午後，我在初中心理治療室接到學生家長打來的電話。這位學生叫作梅森，過去幾個星期我都在協助他解決一些社交問題，但現在他媽媽開始煩惱起他的成績。

他的期中成績單上有幾項回家作業的分數是零分，梅森的媽媽不明白爲什麼會發生這種事。她每天晚上都會和他一起完成回家功課，因此她確定他一定有把作業寫完，所以很少上學校入口網站查看他的成績。

我建議她和老師與梅森聊聊，弄清楚事情的眞相，而我也同意當天稍晚再和梅森談談。

當梅森來治療室和我晤談時，我和他說媽媽有打來表示關心。他說：「哦，我知道她看到成績時一定會很生氣。」他承認自己滿多作業沒做的。他表示有時會忘了帶科學課的課本回家，所以沒辦法做功課。他知道媽媽會因爲他的粗心大意而大發雷霆，所以乾脆和她說，那天科學課沒有回家作業。

除此之外，有項大型的社會科作業他也沒完成。他一直拖著沒動工，隨著截止日期愈來愈近，他更不敢跟媽媽說自己打算等到截止日當週再開始做。最後，他怕媽媽生氣，所以根本沒做那項作業。他還講了他在其他科目出的差錯。他表示，隨著學期慢慢過去，問題像雪球般愈滾愈大，他覺得自己愈陷愈深了，但他真的沒膽跟媽媽說自己遲交作業。他說道：「她會罵我不負責任，還會發飆，所以我想不如別說好了。」

就像許多小孩一樣，梅森從小就被灌輸「應該避免出錯」的觀念，所以他花很多心力在隱瞞自己的失誤，而不是從中記取教訓。他的媽媽花了這麼多時間教他把每件事做對，所以他在做錯的時候，反而不知該如何是好。

當孩子接收到犯錯是壞事的訊息，不管是認爲做錯事很丟臉，或是不希望惹別人不高興，他們就會變得善於掩飾錯誤。然而，除非他們勇於認錯，否則就無法學到前車之鑑。

如何改變做法

瑪麗亞過去一直不讓泰勒出錯，導致泰勒面對最簡單的小事也無法自行判斷。爲了改善這個情況，瑪麗亞必須放手讓泰勒爲自己做決定。就算她不同意泰勒的選擇，還是得睜一隻眼閉一隻眼，但她必須爲泰勒提供面對錯誤時所需的情緒與認知技巧。已是青少年的泰勒從未出過任何大錯，因此沒有足夠的復原力，她的媽媽必須教她如何在跌倒後站起來。

値得慶幸的是，瑪麗亞是知錯能改的最好典範，她向泰勒說：「我不應該什麼事都幫你做好的，現在我必須告訴你，有些錯你必須自己經歷過才行。」

光是任由小孩子犯錯是不夠的，你必須教他從錯誤中學習所需的技能。

檢視自己的教養方式

稍微想想，你是什麼類型的家長？如果用一句話來總括自己的家長角色，你會怎麼說？如果你把自己視爲保護者，你的目標就是保護孩子平安長大。如果你覺得自己比較像引導者，你的目標則是助孩子發光發熱。將自己視爲保護者的父母通常會盡量不讓孩子犯錯，因爲他們不希望任何壞事發生在孩子身上。而扮演引導者角色的父母則明白，失敗會讓孩子成長，他們願意讓孩子憑藉自己的努力走出自己的路，不會想要爲孩子定義成功。

不論你扮演的是什麼角色，你在某些情況下勢必會避免讓孩子犯錯，不論是因爲自己不想承擔後果，還是爲了不讓孩子受傷都一樣。因此，建議你花些時間思考，在你避開的那些錯誤中，哪些或許可以成爲學習的機會。

想想你遇到下列情況會怎麼做：

- 你六歲大的孩子走出房間時，造型有點微妙，衣服的顏色非常鮮豔，搭配也很大膽，絕對會引來不少注目。你會讓她就這樣穿去學校，還是會找其他衣服給她穿？
- 你十歲的孩子很得意地向你展示他的科展作品。這個作品應該是火山，但看起來卻像是一團超大的疙瘩，而且也沒辦法噴發。你會讓他用這個作品參展，還是會幫他做一個比較好的火山？
- 你十五歲的孩子介紹她的新朋友給你認識，你曾聽其他家長說過，這個女孩出了名地不尊重家長與老師。你會叫正值青春期的孩子在放學後不要跟她出去玩，還是你會讓她們繼續來往？

你最了解自家的孩子，所以要怎麼做並沒有一定正確的答案，重點在於你要知道自己行爲背後的原因，並捫心自問：「以長遠來看，這是對孩子最有利的做法嗎？」

避開不應該的錯誤

當然，不是所有錯誤都是好老師。在特定情況下你必須介入，避免孩子犯下可能傷害自己或別人的錯誤。

你應該避開以下三類錯誤：

- **有安全疑慮的錯誤。**如果家中幼兒太靠近泳池邊，不要想讓他吃足苦頭學會教訓，請在他掉下去前阻止他。同樣地，如果家中青少年抽菸、喝酒或超速，你不能睜一隻眼閉一隻眼，希望他會從中記取教訓；在學到教訓之前，他可能會先送掉小命。
- **會傷害他人的錯誤。**如果你的孩子說他要跟某些小朋友說，他們不能參加他的生日派對，請禁止他這麼做。同樣地，如果你看見或聽到家裡的青少年在臉書上張貼煽動或無禮的言論，請阻止他。
- **不能教會孩子任何事的錯誤。**如果你的孩子無需承受任何不良後果，他就不太會認爲自己的行爲是錯的。然而，結局是好的不代表這麼做是對的。如果他跳下橋後毫髮無傷，可能會認爲還可以再跳一次。請和孩子講清楚，結果沒事不表示這是個好主意。

忍住插手的衝動

我遇過最奇特的直升機父母不是在我的治療室，甚至也不是在我教書的大學，而是在我以作家身分工作的時候。

當時我正在爲《富比士》寫一篇文章，剛好名爲〈將失誤化爲學習良機：來自十位執行長的最佳建言〉（10 CEOs Offer Their Best Advice for Turning Mistakes into Learning Opportunities）。我訪問了數位執行長，聽他們分享自己的人生智慧。但在寫完這篇文章前，我還想多向幾位企業家請教一些相關祕訣。

因此，我廣發邀請，歡迎企業執行長主動分享自己處事的重要訣竅。其中一封信來自一位二十出頭的年輕人馬克，他說自己白手起家，創辦了一間服飾公司，現在是執行長。和其他人寄來的建言相比，他的有些冗贅，所以我沒有採用。幾天後我就收到一封讓我永難忘懷的電子郵件，信是這樣寫的：「馬克尚未收到您的回覆，不知道您是否會把他的建議放進您爲《富比士》寫的文章。我隨信附上一些我個人的訣竅，以防馬克的建言不符合您的需求。」原來，寫信來的是他媽媽。

這位年輕人一方面想將自己塑造成經驗豐富的執行長，與此同時，他媽媽傳遞的訊息卻是他的能力不足，因此她只好偷偷幫他的忙，以免他碰一鼻子灰。

雖然馬克的例子有些極端，但許多父母都有類似的行爲，每天幫孩子訂正回家作業也算在內。爲孩子的課業提供協助是好事，但大多數的家長不光是指出孩子的錯誤，還會直接校正，因爲一想到小孩帶去學校的作業會有錯誤，他們就渾身不對勁。

訂正孩子的錯誤表示你重視孩子的成績勝過於他們的學習能力。這會導致孩子相信，成功是由他們的成績或比賽分數定義，跟他們在過程中學到了什麼毫無關聯。

老師不想知道**你**能夠做什麼，他們要知道的是你家孩子學會和弄懂了哪些知識，因此請不要阻止小孩偶爾帶著寫錯答案的作業去學校。另外，你不妨問問自己，如果你的老闆老是緊迫盯人，指出你犯的每個錯，你能把工作做好嗎？還是你寧願先私下檢查自己的工作，然後再把成果拿給別人看？

雖然有些孩子需要很多幫助才能專心寫功課，但多數的孩子都想要有點個人空間。給孩子一點完成作業的自由，對你們的親子關係好處多多。不要讓自己成爲管太多的挑剔上司，化身爲樂於適時指點迷津的好老闆吧。

將失誤化為學習良機

十二歲的康諾一直因爲在學校打架而惹上麻煩，但他爸爸只在意學校的管教政策，而不想想怎麼教康諾用更好的方式解決衝突。他安排了與學校的會談，寫了好幾封信，甚至在社群媒體上不斷抱怨他有多討厭校長。當學校建議康諾接受心理治療時，他爸爸點頭答應了，但他其實是打算利用康諾的諮商時間來說學校的壞話。他會問「你覺得停學處分公平嗎？」這類問題，還會跟我說某位老師的行爲，然後問：「你不覺得聽起來像是老師故意在惹毛康諾嗎？」

他從未問過要怎麼幫康諾管好自己的脾氣。這位爸爸沒有教康諾用符合社會期望的方式解決問題，他的言行等於在告訴康諾學校就是個不公平的地方，難怪這個男孩的行爲日益惡化，沒有改善的跡象。

我常常遇到這種父母，他們把心力用錯了地方，不但沒有教孩子重要的人生課題，還一味地爲孩子找藉口。聽別人批評你的孩子並不容易，但馬上啓動防禦模式，把這些負面評價當成人身攻擊也不會有任何幫助，更無法讓孩子有所長進。

我遇過家長試著說服校方行政單位，讓他們的女兒在學校的選秀表演登台，無視她在試鏡甄選時表現得一塌糊塗。而且，我還遇過一位父親爲了女兒的超速罰單不惜上法院打官司，但事實上她的時速超過了速限多達二十英里。

爲孩子爭取權利是好事，但讓孩子面對犯錯的後果也同等重要。如果你不斷幫孩子脫困，反而是在害他。你要告訴孩子，人有失足，馬有亂蹄；而雖然我們或許得爲錯誤承受某些後果，但這些後果也是學習的大好機會。

如何教孩子認識錯誤

泰勒的媽媽瑪麗亞必須教泰勒從失敗中復原的技巧。她必須讓她知道，失敗並不可怕，她可以想辦法面對錯誤並從中學習。透過反覆練習與媽媽的引導，泰勒學會了為自己做出正確的決定。當她做錯選擇或結果不如預期時，她也明白這不是什麼天大的事，只要繼續努力朝目標前進即可。

告訴孩子，他擁有足夠堅毅的心智，能夠勇敢面對自己的失誤；並教他勇於承認錯誤，盡可能地繼續前進。

與孩子一同回顧重點

光是說「你在獨奏會上表現得很好」或是「你的科展作品感覺不錯」這類的話，然後繼續忙自己的事，確實很省力。然而，和孩子談論他們生活中發生的事，可以幫助他們從中學到更多。研究顯示，不論結果如何，回顧這些事件可以帶來學習機會。因此，請花時間帶孩子將每次的選擇變成一場學習之旅。你可以透過以下方式來提高重點回顧的效果：

當孩子成功的時候：討論可以有所改進的地方。承認錯誤是鼓勵孩子下次更加進步的關鍵。但切記，同時也要讚美他做得好的地方，太過強調失誤會帶來反效果。

當孩子失敗的時候：談論做得好還是做不好的地方都沒關係，和小孩對話才是重點。你要問孩子從中學到了什麼，以及他覺得自己的表現如何。當孩子表現不好時，他肯定不想再去談論這件事，但回顧重點可以將失敗經驗化爲學習良機。

不要直接指出孩子的錯誤，請他檢視自己的表現，看他是否滿意，並想想你能不能幫他在下次有更好的表現。示範情境如下：

家長：我看得出來你在這場籃球比賽中打得非常賣力。你覺得自己表現得如何？

小孩：我覺得挺好的。

家長：你認爲自己做得最棒的地方是什麼？

小孩：我拿下四分，而且守得很好。

家長：我發現你在防守方面眞的下了一番苦心。你希望自己在下場比賽能有什麼不一樣的表現？或是你希望在哪方面下更多工夫，好更上一層樓？

小孩：嗯……我兩次罰球都沒進，而且忘了其中一個戰術。

家長：你認爲可以怎麼改進？

小孩：我可以在後院練習罰球。或許也可以和你一起用寫的來複習所有的戰術，看看我有沒有全部記下來。

告訴你的孩子，不論他是否達成目標，都要珍惜各種學習機會。請他不論在何種情況下，都要勇於追求進步，同時也要讓他知道，只要他盡了全力，就應該自豪自己的努力。

聊聊自己的失敗經驗

小孩子喜歡聽有關失敗和犯錯的故事，所以你可以說說自己小時候犯過的錯，或是你把事情搞砸的經驗。接著談談你如何從失敗中站起來，以及爲什麼不完美也沒關係。

不論你是不小心幫敵隊得分，或是在拼字比賽的第一輪就被淘汰，這些都是你可以和孩子分享的回憶。但記得，千萬不要給故事太糟糕的結局，像是「就是那個不好的成績讓我進不了哈佛」；可以說「當時我很難過，但最終發現，其實也不是什麼大不了的事」，或是「現在我明白，就算當初我在科展得了獎，也沒什麼大不了，重點是我已經盡了全力」。

你也可以分享最近的失誤，像是「我今天和一個人握手的時候，不小心叫錯了他的名字」，或是「我忘了今晚有一個我想參加的會議，我要想辦法好好記住自己的行程」。讓你的孩子知道，你一直在追求進步，而你也不在意自己無法當個完人。

學齡前兒童：教導他們天馬行空地想像

學齡前兒童熱中於學習和探索，而為了加速他們的學習進度，我們會忍不住不斷糾正他們的失誤。然而，過多的干預可能會限縮孩子的想像力與創造力。當小孩來到我的治療室，坐在地上玩玩具時，我就經常注意到這類狀況。

有些父母無法忍受小孩子把浴缸放在娃娃屋的屋頂上，他們會說：「不對，浴缸要放在浴室裡。」或是小朋友把大象畫成紫色時，家長會說：「不對，大象是灰色的，不是紫色。拿去，用這支蠟筆畫。」但孩子的這些舉動都算不上錯，只不過是學齡前兒童想像力豐富的展現而已。實話實說吧，小孩子比我們大多數的成人都還要有創意。

基本上你的孩子知道大象是灰色的，浴缸要放在浴室——至少在大人的世界是如此——因此你沒必要將遊戲時間變成上課時間。在想像力遊戲中，沒什麼事情是錯的，你可以和獨角獸玩、人可以展翅飛翔，色彩繽紛的動物也可以開口說話。你只要說出孩子正在做什麼，幫助他學習知識和語言即可。你可以說：「你要把馬放到船上啊。快看，豬豬在穀倉裡看電視呢。」好像你是電台播音員一樣。

在多數的情況下，你只需改正學齡前兒童在安全與社交技巧方面的失誤即可，像是叫孩子不要跑到馬路上，以及在她說出會讓別人傷心的話時糾正她。

讓家中的學齡前兒童做一些對她來說有難度的事，雖然她可能會打翻牛奶或把鞋子穿錯腳，但這些錯誤有助她學會如何把事情做好。

學齡兒童：教導他們批判思考

過去普遍認爲我們不該任由孩子犯錯，因爲錯誤的答案會烙印在他們的腦海中，從此很難再學習正確的解答。因此，老師不會問「五加五是多少？」，而是會直接說「五加五等於十」。但現在的研究結果卻完全相反，小朋友如果能自行找出答案，他們的記憶會更深刻；縱使他們想出的答案是錯的，之後也會記得正確的解答。

直接給答案反而會破壞孩子的學習能力。不管孩子是在寫數學作業，或是試著修好腳踏車，犯點錯對他來說是好事。他需要接受挑戰、自立自強，才能培養獨立思考和解決問題等各種必要技能。在孩子不知道答案的時候，你先別急著出手，就算他請你幫忙，也不代表這時伸出援手眞的是好事。

你可以鼓勵他再試一次，或是說：「你先自己想想怎麼辦。」讓他知道你非常希望他多方嘗試，就算做錯也不要緊。

在他遇到難題時，用問題反問他。以下舉例說明：

小孩：媽，我要穿紅色的襯衫配這件短褲，但我的襯衫還在洗。
家長：那你覺得該怎麼辦？
小孩：我不知道。
家長：是嗎？我覺得你一定可以想出辦法。
小孩：或許我可以穿其他襯衫，或是我可以穿牛仔褲，搭配那件橘色的鈕扣襯衫。
家長：哇，橘色襯衫和牛仔褲聽起來很搭。

急忙給孩子建議會讓孩子沒辦法學著解決問題。你要讓他自己找出一些解決辦法，接著再視情況提供指引。但切記，在過程中讓他犯點錯也沒關係。

青少年：教導他們不要因社會壓力佯裝完美

青少年一方面希望融入群體，一方面又想要與眾不同，內心充滿了煎熬。他們大都覺得必須要掩飾自己的錯誤與不完美之處，生怕受到嚴厲的批評。認爲自己必須要漂亮、行程滿檔、成爲明星運動員的想法，在社群媒體上就可見端倪。

雖然你不想要家中的青少年把自己見不得人的祕密全都貼在社群媒體上，但你要讓她知道，承認失誤沒什麼大不了。而學會偶爾自嘲可以讓她明白，幾個粗心錯誤並不會毀了一生。

張貼自己滿頭大汗的照片並寫：「糟糕，不該在這麼熱的天氣穿長袖運動衫的。」或是分享一張自己膝蓋擦傷的照片並留言：「高跟鞋大概不是什麼場合都適合。」這麼做可以讓她了解，承認失誤沒關係。事實上，同儕反而會受她的誠實吸引。

固定和孩子聊聊眞誠不造作的重要性。和她談談，爲什麼有些人會想隱瞞自己的弱點或錯誤，以及這麼做會對自己維持眞誠關係的能力造成什麼影響。你也可以告訴她一些知名的失敗故事，像是湯瑪斯・愛迪生。雖然他因爲成功的發明而名聲大噪，但他也有許多徹底失敗的作品。據說他曾表示：「我不是失敗了一萬次，而是成功發現一萬種不可行的方法。」

在迪士尼世界大獲成功前，華特・迪士尼也失敗了無數次。他的不少創作（例如米老鼠）曾被拒絕過好多年，走紅的點子也沒幾個。你還可以舉更多運動員、企業家、音樂家和其他歷史人物的例子，看看他們怎麼在失敗後成功重整旗鼓。

從錯誤中學習的孩子會長成有智慧的大人

我先生史蒂夫在明尼蘇達州長大，小時候打曲棍球。在三年級的某一天，他練完球回家後對爸爸說：「老爸，我今天一次都沒有摔倒喔！」他的爸爸羅伯回道：「那看來你沒有很拚命喔。」爸爸的回應讓史蒂夫從小就認為，失誤不是什麼壞事，而是他已經全力以赴、試圖盡其所能的證明。

羅伯也告訴史蒂夫的姐姐卡莉，不是所有失敗都不好。當卡莉準備從娃娃床畢業，換睡一般的床時，爸爸媽媽都很興奮，但她很怕自己掉下去。這時羅伯不但沒有在床旁邊加圍欄，也沒有向她保證她不會掉下床，而是陪她進行「掉下床練習」。他在地板上鋪滿枕頭，然後叫卡莉練習故意滾下床。這個練習讓卡莉知道，即使她不小心滾下床，也不會怎樣。

當你放膽讓孩子犯錯，他就有機會培養自己的心智強度。犯錯時會引發不舒適的感受，甚至會產生負面思維與無所助益的行為，但也可以成為孩子站穩腳步、愈挫愈勇的大好機會。只要在孩子犯錯的時候給他足夠的引導，就能為他上一堂寶貴的人生課題，讓他一輩子受用。

擁有強韌心智的人不會一再犯同樣的錯。他們會承認自己的失誤並從中學習，接下來還會運用新習得的知識向前邁進，成為更好的人。

解惑及常見陷阱

傳達犯錯也沒關係的訊息雖然很重要，但也不能只要孩子說「哇，對不起，我不是故意的」，就讓他輕易為自己的不當行為卸責。不小心踩到你的腳，跟把弟弟推下樓梯，顯然有很大的區別。你要分清楚失誤和蓄意犯規之間的差異，不要讓孩子以為道歉就能解決問題。有的錯誤會對人與人之間的關係或別人的生活造成無法挽回的傷害。

如果是和學業或運動表現等帶有競爭性質的活動有關，我們難免會對失誤比較執著，像是成績不及格或比賽輸了，確實表示還有進步的空間。但許多失敗是和社交人際有關，關鍵在於教孩子如何面對自己的錯誤並重新站起來。

和孩子談談與其他小朋友互動的方式，在去遊樂場玩、舉辦生日派對或出席家族聚會後，回顧一下這些活動的重點。

告訴孩子他做了哪些會傷到他人感受的事。記得，不光是**做了**什麼才是錯的，有時**沒做**什麼也可能有錯，例如不讓某個小朋友一起玩遊戲，或是看見其他小朋友被欺負沒有站出來等，你應該告知小孩這些都是不對的事。

還有一種常見陷阱是「我早就說過了」現象。如果孩子一開始不願意穿外套，過一會兒當他從外頭回家多穿一件衣服時，不要說「我早就跟你說天氣很冷」。你應該問他，他在這次的經驗中發現或學到了什麼，或是問他下次會怎麼做，但不要一再提起他犯的錯。提醒他你是對的、他是錯的，只是把錯誤本身當成重點，但你是希望孩子記取教訓，而不是感到羞愧。

最後，千萬不要讓孩子愈來愈仰賴你幫忙解決問題。我看過許多小孩隨隨便便地把作業寫完，因為他們確信如果有任何粗心錯誤，爸媽都會告訴他們。正因如此，他們完全不會想要在交作業前檢查自己的失誤。因此，請不要幫孩子訂正作業，而是要問他：「你確定你已經檢查過作業了嗎？」然後讓他自己把錯誤找出來。

實用技巧

- 了解哪些才是應該避開的錯。
- 如果孩子不會從失敗的必然後果中學到教訓，那就由你制定後果。
- 分清楚失誤和蓄意犯規之間的差異。
- 與孩子一起回顧成功和失敗的重點。
- 教孩子將失誤化為學習良機。
- 跟孩子說說你犯過的錯以及知名人物的失敗事跡。
- 扮演引導者的角色。

當心陷阱

- 沒有給予適當的引導，任由孩子失敗。
- 過度強調結果而不是學習過程。
- 為求快速成功，不讓孩子犯錯。
- 傳達「犯錯不好」的訊息。
- 扮演保護者的角色。

11 不混淆管教與處罰

傑夫與海蒂帶他們十一歲的兒子狄倫來接受治療，因爲他們對兒子的行爲已經束手無策了。雖然狄倫一直都難以管教，但他愈大變得愈愛反抗，現在什麼話都聽不進去，而且似乎完全不在乎自己被處罰。

傑夫和海蒂迫不及待地舉出狄倫有哪些不良行爲，兩個人甚至搶起話來了。他們表示，狄倫拒絕做家事、對上床時間討價還價，而且一直和他的弟弟打架。海蒂說：「今天稍早也是。他把葡萄汁打翻在客廳的地毯上，他根本不應該在那喝果汁的。結果他不但沒有請我們幫忙清理，反而用椅子把汙漬蓋住。」

她話才講完，傑夫馬上插嘴：「昨天我叫他沒寫完回家作業不能離開書桌，結果我才離開一分鐘，他就跑去弟弟的房間，想要拿他的掌上型電玩，結果他在偷拿到之前就被我抓到了。」

每當他有偏差的行爲，他們就會拿走一樣他喜歡的東西，跟他說只要他當個「乖孩子」就可以拿回去。但他乖乖聽話的時間都沒有久到可以把東西領回去，所以他漸漸失去所有福利。傑夫解釋：「他的房間現在只有一張床和幾件被子，其他什麼都沒有了，我們不得不把其他東西都拿走。」狄倫不准使用任何電子產品，還被禁足在家，除了在學校以外，都不能跟朋友見面。

海蒂說：「我們之前會打他屁股，但他長大了，繼續打屁股實在不太恰當，現在我們不知道該怎麼辦了。」傑夫附和道：「我爸爸以前會用皮帶打我。我一直跟狄倫說，他很幸運，我沒拿皮帶抽他。但他的行爲舉止再不改善的話，我可能眞的會這麼做。」

爸媽講話的整個過程中，狄倫只是靜靜地盯著地板。爲了讓他加入對話，我問他在學校有沒有遇上什麼麻煩，他說：「不算有。」海蒂表示，他有時會因爲上課說話被老師叫去談話，有幾次則是因爲功課沒寫完，下課必須留在教室，但他從未受到任何重大的違紀處分。我問海蒂和傑夫，他們覺得爲什麼狄倫在學校表現這麼好，海蒂說：「可能他喜歡學校，爲了老師才乖乖表現。」

經過詳細的評估後，我向傑夫和海蒂說明，狄倫沒有憂鬱症、焦慮症、注意力不足過動症或任何其他心理健康問題。一開始他們很失望，本來希望我的治療可以找出他素行不良背後的潛在問題或「根本原因」。但我向他們解釋，好消息是只要稍稍改變他們的教養方式，應該就能導正他的行爲。他們已經絕望到什麼都願意嘗試了，因此立刻點頭答應。

他在學校表現良好，證明他具備在有秩序的環境中控制自己行爲的技巧。我制定的計畫是讓狄倫無需接受治療也能做出改變。畢竟，我不想負責說服他遵守爸媽訂的規矩，但我可以爲他爸媽提供協助，想辦法讓他在家也會想好好表現。

我要協助解決的主要問題有二：

1. **狄倫沒有遵守規矩的動機**。他的父母沒收了他的所有東西，又沒說清楚狄倫要怎麼做才能把東西拿回來，所以他乾脆直接放棄。
2. **海蒂和傑夫對狄倫已有偏見，因此影響了他們的教育方式**。他們認定他是「壞孩子」，總認爲他不會乖乖聽話。

我建議他們透過下列三種方式來處理這兩個問題：

1. **花時間與狄倫好好相處**。起初，他們堅持不要和狄倫玩遊戲或做好玩的事，因爲他們覺得他不會變好。但我建議他們和狄倫建立一些正面的時光，讓他有動機改變自己。每天只要花十五分鐘，全心全意地陪他玩接球遊戲或桌遊，就能改善他的行爲。

2. **注意狄倫的好表現。**我鼓勵他們每次看到狄倫表現良好就讚美他，不管是多小的事都好。接下來，爲了進一步強化狄倫的良好表現，他們應該在狄倫聽得到的時候，多向彼此、奶奶或是其他人說狄倫的好話。如果他能夠聽到爸媽讚美他乖乖聽話，他就會更有動力保持下去。
3. **每天給狄倫重新開始的機會。**爲了增加狄倫的動機，他必須知道自己每天都有機會獲得福利。如果他在學校表現良好，就可以看電視；或是回家作業寫好了，就能有玩電腦的時間。

海蒂和傑夫以爲需要用更嚴厲的處罰，才能「讓狄倫學到教訓」。然而，唯有改變他們和狄倫的互動方式，並善用管教而非處罰，才能修正他的行爲。

傑夫認爲他們給予狄倫的正面關注，是所有介入方法中最有效的一個。狄倫的許多行爲問題都是源自於想要獲得爸媽的注意力，即使是負面的關注也不打緊。從他們每天都花一定時間陪伴他後，他的失控行爲就少了很多。

海蒂和傑夫也漸漸相信狄倫有能力做出更正確的選擇。而當他們開始相信他能夠守規矩後，狄倫對自己也更有信心了。

你會嚴格處罰孩子嗎？

當孩子不守規矩時，你必須用有效的方式來要求她承擔後果。然而，過度嚴苛的處罰會帶來反效果。你符合以下哪幾項陳述？

- □我會以令人感到羞辱的方式來讓孩子乖乖聽話。
- □我把心力放在控制小孩的行爲，而不是教他自制。
- □我絕不容忍任何偏差行爲。
- □我比較常處罰不當行爲，卻鮮少獎勵良好行爲。
- □孩子如果問我爲什麼這麼規定，我常對他說：「因爲我說了算！」
- □我不相信孩子會做正確的選擇。
- □我的孩子會爲了脫身而說謊。
- □體罰是我教小孩規矩的主要方式。
- □我認爲讓孩子爲自己的錯誤行爲深受折磨，是教他下次要改進的最好辦法。
- □每當生氣或難過時，我對孩子說的話或做的事，讓我事後後悔莫及。

爲什麼父母會把管教與處罰混爲一談

海蒂和傑夫以爲必須要執行嚴格的處罰，才能讓狄倫的表現有所改善。因此他的行爲愈脫序，他們就處罰得愈兇，結果演變成難以打破的惡性循環。

孩子違規要承受的後果，哪種具有教育性質，哪種只是加以懲處，兩者間的差異十分微妙。但如果你無法分辨不同之處，就可能會讓情況變得更糟。

家長相信處罰有效

我幾乎每天都會聽到家長說「現在都不能管教小孩了」，或是「這就是當今社會的問題所在，連懲罰小孩都會惹禍上身」。或許你聽過類似的話，甚或你自己也曾說過。我同意，現在許多小朋友沒有受到足夠的約束，但我不認爲加重懲罰是解決之道，孩子需要的是適度管教。

處罰和管教之間有很大的差異：管教是爲了訓練、教育孩子爲未來做好準備；處罰則是讓犯錯的人接受會使他感到痛苦的罰則。

處罰強調的是錯誤，讓孩子對自己的不當行爲心生愧疚，而管教則可以告訴孩子下次要做得更好。

處罰可能是體罰，像是掌摑、打屁股或用棍子揍；但也可能是言語上的，例如吼叫、詛咒或辱罵。

在公開場合羞辱孩子或使其感到丟臉都屬於處罰的一種。爲了讓孩子感到難堪，在臉書上說他成績單上沒一科及格，也算是處罰的一種。

處罰有時是出自於絕望

二〇一六年春天，華特迪士尼世界的海灘發生一起兩歲男童被鱷魚咬走的事故，全世界的人開始爭相討論男孩的父母是不是「失職家長」。這對父母在這起可怕的意外中失去了孩子，還要被一群聲稱自己絕不會如此「疏忽大意」的人安上壞人的罪名。這則新聞報導播出不久前，還有另一起小朋友在辛辛那提動物園裡，掉到大猩猩圍欄內的不幸意外。令人惋惜的是，動物園飼養員怕小孩子被殺死，只好開槍射殺大猩猩。那名孩童在意外中沒受到嚴重的傷害，順利脫身。

該起意外的影片在網路上廣爲流傳，社群媒體被無數留言灌爆，批評該對父母「教養失敗」。雖然大家對意外發生前幾分鐘的狀況一無所知——像是家長距離小孩子有多遠，或是小孩子怎麼掉下去的——但還是大力要求追訴家長的刑事責任。即便調查人員已經宣布，他們不會被控告危及兒童安全或其他罪名，但輿論還是認定他們有罪。

這類新聞報導清楚說明我們現在的社會風氣。網際網路對某些人來說，就像在邀請他們在公開場合對當家長的人品頭論足一樣。這類批評言論讓父母覺得自己的一舉一動都被放大檢視。如果孩子在超市裡鬧脾氣，別人會怎麼看待你的教養方式？或是你在他比棒球時想要給他一些建議，但他卻出言不遜，其他家長會怎麼看你？相較於花時間教孩子自制，當爸媽的有時難免狗急跳牆，不惜採取他們想到的一切必要手段來管好小孩。

處罰立即見效

處罰帶來的恐懼和痛苦短期內可以立即見效，不過可惜的是，也會造成長期的後遺症。但對只想要孩子馬上聽話或立刻安靜的父母來說，處罰確實是有效的手段。

以下舉例說明家長偏好處罰而非管教的常見原因：

- **處罰比較不需要家長花太多心力。**小孩不乖打屁股大概只會用掉你二十秒的時間，但沒收電子產品二十四小時則表示你要面對百無聊賴的孩子一整天。
- **處罰讓某些家長感覺自己擁有主控權。**如果用一個恐嚇的眼神或打兩下就能讓孩子守規矩，你可能會覺得自己大權在握。
- **處罰會讓家長心裡好受一點。**因爲孩子不肯安靜讓你忍不住對他吼叫，或是因爲他在超市讓你丟臉，所以你打了他，這些行爲或許可以稍稍發洩你內心壓抑的情緒。

混淆管教和處罰會損及孩子的自我價值

自從海蒂和傑夫用更嚴厲的方式處罰狄倫起，他們的關係就開始惡化，狄倫也不再想試著遵守他們訂的規矩。他的叛逆行徑讓他們灰心喪氣、心生挫敗，但不斷施加處罰只會讓他的行爲更加乖張而已。

我遇過很多像狄倫父母的個案，這些家長用盡手段想要逼孩子乖乖聽話。但我也發現，有些家長對不是很重大的違規行爲也會施以嚴厲的處罰，即便這些處罰不常發生，但還是會對孩子造成傷害。

體罰會造成反效果

瑞典在一九七九年成爲第一個禁止對孩童體罰的國家。起初，反對派認爲這會讓整個國家陷入一片混亂，因爲小孩子將無法學到何謂適當的行爲。但第一代不受體罰的小孩長大成人後，全國的犯罪率並沒有升高，而且偷竊罪與毒品相關犯罪甚至還有下降的趨勢，飲酒問題和青少年自殺率也有所下滑。

緊接在瑞典之後，許多國家也明文禁止了對兒童體罰。然而在美國，打小孩屁股還是合法的。事實上，美國有十九州允許學校管理人員用戒尺處罰行爲不當的孩童，而在其他州內，用木製品打小孩則被視爲虐待兒童。然而，我們很難在體罰和身體虐待之間劃出一條明確的界線。媽媽的男朋友可以打她小孩的屁股嗎？你可以用皮帶打小孩嗎？可以在孩子身上留下傷痕嗎？美國的某些州明文規定了哪些是不允許的行爲，但其他州則仍留有解釋空間。

文化和宗教上的諸多差異在在影響著家長要不要打小孩的決定，但我想大多數的專家都會同意，因爲控制不了自己的脾氣而打小孩，絕非可以接受的行爲。

反對體罰兒童的重要組織機構眾多，美國兒科學會（American Academy of Pediatrics）、美國兒童與青少年精神醫學會（American Academy of Child and Adolescent Psychiatry）以及美國心理學會（American Psychological Association）是其中幾個。德州大學奧斯汀分校（University of Texas at Austin）一項爲期五十年的研究及其他諸多研究皆發現：

- **體罰會增加攻擊性行為**。遭到體罰的孩子比較可能透過暴力來解決問題。
- **體罰會使行為問題惡化**。雖然體罰或許可以短期見效，但研究顯示時間一久就會失效。當孩子遭到體罰時，其行爲問題會愈來愈嚴重。
- **體罰與較低智商有關聯**。愈常被打的小孩，他們的發展愈遲緩。即使是不那麼常被打的兒童，也很可能智商較低。

- **嚴厲處罰可能提高罹患精神疾病的風險。**遭到體罰的孩童較可能罹患情感疾患、焦慮疾患、人格疾患以及產生物質濫用問題，影響範圍會從兒童時期延續至成人階段。

針對體罰進行的所有研究，幾乎都沒發現體罰有任何好處。不過，二〇〇五年發表在《臨床兒童和家庭心理學評論》（*Clinical Child and Family Psychology Review*）上的一項研究確實發現，二到六歲的兒童如果拒絕去旁邊暫時隔離冷靜，偶爾用打屁股的方式處罰他們，效果遠勝於其他管教策略；該研究也發現，把孩童強制放在隔離的空間一下下也有同樣效果。然而，有效不代表小孩不會因此受到體罰的長遠後果影響。

大吼大叫同樣有害

有些家長會很自豪地說：「我從不打孩子。」但這些家長有的會吼叫、咒罵孩子。研究顯示，包括咒罵、吼叫、辱罵等嚴厲的口頭管教，其造成的傷害可能跟體罰一樣。匹茲堡大學（University of Pittsburgh）二〇一三年的一項研究追蹤了九百六十七名中學生兩年，發現遭到嚴厲口頭管教的孩童，比較可能會有行爲問題和心理健康問題。

除此之外，研究人員發現吼叫沒有任何效果，受試兒童的問題行爲並沒改善。即使他們的家庭大部分的時候都是溫暖有愛的，但難聽的話語會讓孩子失去守規矩的動機。

管教過當讓孩子成為高明騙子

一位惱火的媽媽對我表示：「她動不動就在說謊，連她自己都搞不清楚她什麼時候在說眞話了。」她說她十歲的女兒奧麗薇亞無時無刻不在說謊：「她會說『沒有，我沒有吃杯子蛋糕』，但明明滿嘴都沾滿了糖霜。」上星期她的爸媽質問她爲什麼房間這麼亂，她居然說，她上學前已經整理乾淨了，一定是有小偷闖進家裡把房間翻得亂七八糟。她爸爸大聲說：「你能相信嗎？」

奧麗薇亞實在太奸詐狡猾又滿嘴謊言，導致她爸媽再也不相信她說的任何話，也實在不知該拿她如何是好。

不過當我了解他們的管教策略後，奧麗薇亞不說眞話的原因就不證自明了。她爸媽的脾氣不好，一生氣就大吼大叫，之前只要她不乖，他們就會打她屁股。

而且，他們的管教策略也前後不一，一下是不給她看電視，一下是叫她做額外的家務。有次奧麗薇亞說她在打掃房間，但實際上是在看電影，爸爸發現後，氣到把她房間的門整個拆下來，而且再也沒有裝回去。

難怪奧麗薇亞要撒謊，如果爸爸一生氣就拆門，誰會想老實說：「嘿，我今天做錯事了。」奧麗薇亞知道說實話和說謊話的差別，但誠實只會害她重重受罰而已，所以她學會了避開爸媽怒火的最好辦法就是撒謊。

麥基爾大學（McGill University）二〇一一年的一項研究發現，相較於一般的孩子，受到嚴厲管教的孩子更常說謊，而且他們的撒謊技巧會變得異常高明。到三或四歲時，這些孩子為了避開麻煩，還能夠編織出縝密的謊言。也就是說，嚴峻的處罰導致孩童更不會對自己的不良行為負起責任，因為他們不會把心思花在修正自己的行為，反而會想辦法避免被抓包。

公開羞辱會導致孩子自我觀感變差

為了讓孩子乖乖聽話，家長圈最近出現一個令人有些擔憂的趨勢，也就是利用羞恥感讓孩子服從。並且有許多家長轉而透過社群媒體來執行公開羞辱策略，為的是讓孩子記取教訓。

加州的一位媽媽為了處罰她十一歲的女兒，逼她拿著一張告示牌站在街角，上頭寫著「我在學校舞蹈表演上跳電臀舞，絲毫不尊重我的爸媽」。另外有一位科羅拉多的媽媽，她發現十三歲的女兒在臉書上假裝自己已經十九歲，因此拍下了自己質問女兒的片段，並在影片中逼女兒承認她還會看迪士尼頻道，然後把影片張貼在社群媒體上。

還有一些家長開始用髮型來讓孩子感到丟臉。喬治亞州甚至有一位理髮師設計了一款名為「班傑明巴頓特別造型」[1]的髮型，專門用來懲罰不乖的小朋友，讓他們理完後看起來像小老頭一樣。

值得玩味的是，許多父母擔心霸凌會對孩子造成傷害，結果自己卻成了惡霸。家長霸凌小孩也會造成悲慘的後果，就跟被同儕霸凌一樣。

當然，這些都是比較極端的案例。但許多父母或多或少都做過類似的事，像是在Instagram上張貼小孩凌亂的房間照片，或是在臉書上公開孩子的偏差行爲。在YouTube上搜尋「兒童羞辱」（child shaming）就會跑出超過十四萬筆影片結果，裡面都是家長逼小孩拿著標語說「我是惡霸」這類的話語。

公開羞辱兒童會造成嚴重的心理創傷，甚至會讓行爲問題更加惡化。試想一下，兩個小朋友同時有機會接觸到毒品，其中一個覺得自己很好，另一個覺得自己是壞小孩，你覺得誰比較可能爲了自己好向毒品說不？

不用說，讓孩子難堪也會傷害你們的關係。你的孩子會把你當作邪惡的怪物，專門帶來痛苦和折磨。與其這樣，難道你不會希望有個尊重你意見的孩子嗎？

如何改變做法

海蒂和傑夫中止與狄倫的負面相處模式，是必要之舉。在花更多時間和爸媽好好相處後，狄倫漸漸開始願意遵守規矩。他們只不過做出了微不足道的改變，狄倫的行爲就有了翻天覆地的不同。

你只要稍稍改變自己的教養方式，就能對孩子的行爲和你們的關係帶來極大變化。好消息是，運用更有效的管教策略永不嫌遲。

評估你的領導技巧

回想你曾遇過最糟糕的主管或老闆。或許你高中的第一份工作曾經遇到很可怕的老闆，或是你目前工作的老闆也不是什麼好咖。總之，花點時間想想不好的領導者有哪些特質，拿一張紙寫下你想到的所有形容詞，像是「無禮」、「善變」或是「難搞」。

完成這份清單後，把紙翻到另一面，開始想想你遇過最棒的主管。或許你曾經有個上司善解人意又親切和藹，或是之前的主管讓你覺得備受鼓勵且動力十足。盡可能找出可以形容這類主管的詞彙。

兩份清單都完成後，想想這兩種主管對你的工作方式帶來了什麼影響？你在哪種主管手

1 編註：該髮型樣式為頂上全光禿，只留雙耳至腦後的頭髮；其名稱源於由美國作家費茲傑羅（Francis Scott Key Fitzgerald）短篇小說改編的二〇〇八年電影《班傑明的奇幻旅程》（*The Curious Case of Benjamin Button*），故事主角班傑明．巴頓出生時身體年齡為八十歲，後來隨著時間流逝日漸年輕。

下工作時的表現最佳？接著再想一下下，哪份清單比較符合你的教養方式。「慣老闆」清單上的哪些字可以用來描述你？你的孩子覺得「好老闆」清單上的哪些字是在說你？

不管是在公司還是在家，好的領導者能夠鼓舞他人全力以赴，發揮最大潛力。如果你對孩子來說是個好主管，你就會激發他最好的一面。如果你嚴重缺乏領導能力，他就不會願意遵從你的指示。

建立明確規定

不妨想一下，在沒有速限標誌的情況下開車會是什麼樣子？如果你開得太快，警察就會把你攔下來，即便你說不知道速限，還是得吃下罰單。

要你猜速限是多少太奇怪了，對吧？但我們常常這樣對待孩子。我們希望他們可以透過觀察發現要遵守的規矩是什麼，可規矩又會隨著當下的情況變化，搞得孩子一頭霧水。

家中四歲大的小朋友沒辦法理解，爲什麼他在遊樂場可以對他的朋友大叫，但在圖書館對同一個朋友做同樣的事情，你就要他提早回家。還有，爲什麼在家看見奶奶時跑過去抱她是件好事，但奶奶在醫院時奔跑著去看她，大人就要生氣。

當你們進入一個新的情境時，記得先跟孩子說清楚自己的期望，你可以說「我們在圖書館要用走的，也要小小聲講話」，或是「在飛機上，我們要坐在位置上，安全帶要繫上，講話也要輕聲細語」。

寫下清楚明瞭的規範並放在顯而易見的地方。規定要愈簡單愈好，不要變成兩百頁的家庭生活說明書。

以下是所有小朋友都需要的五種規範：

1. **與道德相關的規定。**制定像是「說實話」和「拿別人的東西要先問」等規定。
2. **有益健康的規定。**制定像是「早上起床和晚上上床前要刷牙」和「吃飯前洗手」這類的規定。這類規定可以幫孩子建立每天固定的生活常規與健康習慣。
3. **有益安全的規定。**這類規定應該要對身心方面的安全有益，像是「騎單車要戴安全帽」與「和別人說話要親切有禮貌」。
4. **鼓勵良好社交習慣的規定。**建立可以教孩子尊重他人的規範，像是「開門前要敲門」以及「別人講話時不要插嘴」。
5. **幫助孩子為真實世界做好準備的規定。**制定能夠讓孩子知道如何面對現實人生責任的規範，像是「你必須把百分之二十五的零用錢存起來」，以及「寫完功課和做完家事才可以看電視」。

這份家規清單必須適用於家中的所有人。有些規定會因孩子而異，像是門禁或睡覺時間等等，你不需要把這麼細的規定也列出來（除非列出來能幫助孩子守規矩）。但務必要讓孩子知道破壞規矩的後果是什麼。

打造溫暖有愛的環境

當我建議瑞克對他十二歲的兒子卡麥隆多點疼惜、少點敵意時，他大聲說：「他不先放尊重點，我才不要尊重他！」瑞克和卡麥隆過去幾個月以來一直意見不合，他們的關係也降到了冰點，兩個人幾乎不和彼此說話了。卡麥隆幾乎無時無刻不在頂嘴和爭辯，現在他們兩人處於僵持不下的局面。在卡麥隆做出改變前，瑞克絲毫不打算退讓，但除非瑞克釋出一些善意，否則卡麥隆的行爲不可能有所改變。

我的工作不是要瑞克給予卡麥隆更嚴厲的處罰，而是要協助他對卡麥隆有更多的關愛與同理心。起初，他拒絕了我的提議，因爲他覺得這是兒子自己要去爭取的。但我給他看了研究資料，請他試著多多關心卡麥隆，結果卡麥隆因此就找到了改變的動力。

我發現許多家長認爲，要求孩子多幾分尊重並施加更嚴格的處罰，就能改變孩子的行爲，但事實並非如此。羅素・巴克立（Russell A. Barkley）在《過動兒父母完全指導手冊》（*Taking Charge of ADHD*）一書中，分享了一位老師的故事，那位老師經常說：「最需要愛的小孩會用最不可愛的方式索求你的愛。」如果你希望幫助孩子努力控制自己的行爲，給予他疼愛與溫暖是最快速且有效的辦法。

研究結果發現，來自父母的關懷和許多正面成果有關，像是有助於培養孩子的良知。此外，小孩如果承受了莫大的壓力，關懷和疼愛可以減少壓力在他們人生中造成的精神傷害。

悉心呵護你和孩子的關係是一切行爲控管計畫的第一步。你可以藉由以下幾個方式對孩子展現關愛：

- **安慰孩子。**在孩子不開心的時候聽他說話，在他過得不順的時候抱抱他，以及在他難過的時候同理他。
- **鼓勵孩子。**在孩子拚盡全力或懷疑自己的時候，爲他加油打氣。當他滿腦子都是負面想法時，教他如何樂觀以對。
- **花時間陪孩子。**花時間好好陪孩子是與孩子建立並維持健康關係的不二法門。盡可能找時間和孩子一同冒險、從事好玩的活動。
- **注意孩子的良好表現。**不要老是指出孩子的錯誤和不乖的時候，記得用讚美和正增強來鼓勵良好的行爲。

當孩子知道你不是只有在他乖乖聽話時才愛他，並明白在家可以放心地說實話時，你的管教會更加有效，他也會欣然接受你制定的後果並從中學習。

善用管教策略教導人生課題

安迪和他的妻子與三個小孩住在一起。他很努力工作，好讓太太可以當全職家庭主婦。雖然經過一天的體力勞動，下班時已疲憊不堪，但他知道，太太在他回家後也需要一點喘息的時光，所以晚上他會陪孩子玩、帶他們洗澡並說故事給他們聽。他之所以來接受心理諮商，是因爲他的大兒子出現了一些行爲問題，他想要知道如何幫助兒子。對他來說，竭盡所能當一個最棒的爸爸，是很重要的事。

我和他合作幾週後，他向我表示，兒子的行爲讓他屢屢受挫，他的管教方式沒一個有效。他說：「這星期我花了兩小時告訴他，爲什麼他必須更尊敬他媽媽一些。念完後，我問他學到了什麼，他居然說：『我發現你很生氣的時候，額頭上會暴青筋。』」

如果你爲孩子設定的後果對他們的發展無益——像是花兩小時斥責一個八歲孩子——他們的行爲就不會有所改變。同樣地，如果你給孩子的處罰太過嚴苛，他只會把重點放在對你生氣，而不會思考自己犯的錯。

善用管教工具將可教孩子下次如何做得更好。因此，與其在孩子打了弟弟後賞他巴掌，不如利用他的不當行爲來教他新的知識。暫時隔離冷靜可以讓孩子學著如何在生氣的時候安撫自己；補救賠償則可以讓他學著做出彌補，像是把他最愛的玩具借給弟弟一天。

問問你的孩子「除了打弟弟，你下次可以用什麼不同的做法？」或是「必須要排隊等待的時候，你可以怎麼讓自己多點耐心？」務必確保孩子具備讓自己表現更好的必要技能。如果你從沒教他如何用健康的方式溝通，或是安全地管理自己憤怒的情緒，不論你讓他承擔了何種後果，他都沒辦法有所改進。

如何教孩子做對選擇

以狄倫和一直處罰他的父母來說，他需要的是守規矩的動機。他們只要稍稍改變自己的教養策略，就能大幅改善狄倫的行爲模式。

你必須讓管教變成有效的教學工具。花時間和精力帶孩子學習什麼是得宜的舉止後，你之後就不需要花太多心力思考要怎麼處罰孩子了。

教孩子自律

與其想盡辦法控制孩子的舉動，不如教他自制的方法。告訴他如何控制自己的行爲，當他具備為自己做正確選擇的能力時，即便你不在一旁監督，他也能做出良好的決定。你可以問孩子：「你覺得自己最近在守規矩方面表現得如何？」針對孩子的行為進行開放式的對話，對他的良好表現給予正面回饋，並告訴他哪些地方需要改進。

對話示範如下：

家長：我注意到你最近對弟弟好很多，你覺得自己這段時間的表現如何？

小孩：我認為我表現得滿不錯的，都沒有和弟弟打架。

家長：你是怎麼辦到的？成功的祕訣是什麼？

小孩：嗯……他煩我的時候，我就叫他離我遠點，或是我自己離開現場。

家長：哇，這做法眞不錯，有需要的話就和弟弟保持點距離。我發現你愈來愈能在自己開始被煩時，好好地跟弟弟說了。

小孩：對啊，我會試著跟他說我很生氣，才不會最後動手打他。

家長：你做得眞棒。但有另一件事我們可能要想辦法解決。早上你好像都沒辦法準時上學。你在準備上學的時候會被其他事情分心，結果我們全部的人都必須趕在最後一刻出門。你覺得我們要怎麼解決這個問題？

小孩：我不知道。

家長：我想我會幫你設定計時器，這樣你就會知道自己要在什麼時候吃完早餐，以及什麼時間該穿好衣服了，你覺得這麼做對你有幫助嗎？

小孩：應該吧。

家長：好，那明天早上來試試。如果你準時完成每件事，在出門前就會有幾分鐘的時間玩一下。

小孩：好。

有時光是跟孩子說你幫他設定了一個新目標，也能導正他的行爲。問問孩子，他覺得怎麼樣可以讓他表現得更好，他或許會想出創意十足的實用辦法，讓你大吃一驚。

使用一致的正面與負面後果來教孩子自律。使用正增強來獎勵做得好的事情。有效的正面後果包括擊掌、讚美或額外的陪伴。單單是肯定孩子的良好表現和跟孩子說聲謝謝，就能帶來大大的不同。小孩子很喜歡你注意到他們做對的地方，只要給他們一些肯定，就能激勵他們保持下去。

除此之外，針對不當行爲也要給予前後一致的負面後果。不過請注意，不給看電視對這個孩子有效，但對另一個孩子來說可能完全無感，你要想想小孩最在意的東西是什麼，以及哪種後果可能最有效。

用獎勵制度來鼓勵孩子

有時候孩子會缺乏學習新技能或做家事的內在動機，而以激勵獎賞引導孩子進步是讓他們改善行爲的最佳辦法。儘管如此，心理學領域長久以來一直有個迷思，認爲獎勵孩子的良好表現會降低他們的內在動機；也就是說，一旦誘使他們進步的獎勵消失了，他們就不會想要做對的事。

但眾多研究已證實並非如此。只要你以正確的方式獎勵孩子，她就會有加倍努力的動力。以下是幾個讓獎勵更加有效的小訣竅：

- **建立明確目標。**不要跟孩子說只要他「乖乖聽話」就能拿到糖果，而是講出一個特定的行爲，像是手不要到處亂摸。
- **一次選擇一至三個行為。**如果是學齡前兒童，一次處理一項行爲；如果是學齡兒童，一次或許可以處理二或三項行爲。
- **清楚說明獎勵。**事前和孩子說清楚他可以獲得的獎勵，並確保他知道要如何贏得這些獎勵。
- **以固定的頻率提供獎勵。**較年幼的小朋友可能每小時就需要一個獎賞（例如貼紙），年紀稍長的孩子或許可以爲了獎勵等上一星期。總之，安排固定的獎勵時程，讓孩子充滿動力，全心投入。

- **一開始為孩子提供成功的助力。**小孩如果認爲獎勵太難取得，他會早早放棄。因此，最好讓他一開始就能嘗到甜頭，接下來他才會保持下去。
- **強調你比較希望孩子展現的行為。**與其說「不要尖叫」，不如換成肯定句，像是「用室內的音量說話」，並在他做得對的時候獎勵他。
- **用正面的態度介紹獎勵制度。**不要跟小孩說：「除非你乖乖聽話，否則就不能玩電動。」換成正面的方式說：「我想幫你改善和哥哥的關係。如果你對他尊重一點，就可以有打電動的時間。」

以下列舉幾個有效的獎勵制度：

- **四歲小孩：**只要整晚都睡在自己床上，每天早上就可以獲得一張貼紙。
- **六歲小孩：**只要在晚餐前寫完作業，就可以和爸媽玩一個桌遊。
- **八歲小孩：**只要早上準時趕上巴士，沒有抗議頂嘴的話，放學後就可以玩一小時的電子產品。

- **十歲小孩**：只要連續五天自己鋪床，就可以去公園玩。
- **十二歲小孩**：只要舉止得當，就能獲得積分，可以用來換成獎勵，像是週末晚點上床睡覺或是去看電影。

當小孩不守規矩時，你還是可以處罰他，不過只要他知道不乖就拿不到獎勵的話，自然會聽話許多。記得，獎勵不一定要花錢，也可以是某種福利，像是表現良好就可以玩電子產品等。

學齡前兒童：利用暫時隔離教導他們更守規矩

暫時隔離，要孩子冷靜一下，是教導學齡前兒童控制自己行爲的有效辦法。如果你的孩子出現攻擊行爲或接收了太多刺激，請他到安靜的走廊或房間，遠離當下的情境。在幾分鐘的安靜時間內，他可以想辦法讓自己冷靜下來。暫時隔離的時間可根據孩子的年紀而定，一歲一分鐘，所以三歲小孩需要暫時隔離三分鐘，五歲的則可以延長到五分鐘。記得讓孩子知道，等他安靜下來才會開始計時。

暫時隔離的最終目標是教孩子覺察自己情緒過激或受到過多刺激的時刻，並在惹出麻煩前，離開現場讓自己冷靜下來。暫時隔離法只適合平常有獲得充分陪伴的小孩，否則單單只是遠離旁人幾分鐘，對他們不會有任何效果。因此，每天記得要給孩子足夠的一對一陪伴時間。

如果孩子拒絕接受暫時隔離，那就取消他的一個福利，千萬不要強迫孩子接受暫時隔離。你可以說：「如果你不想自己一個人冷靜一下，那下午你就不可以玩洋娃娃了。」

學齡兒童：利用合理的違規後果來教導他們更守規矩

合理的違規後果與不良行爲要有直接的關聯。如果你的孩子用塑膠劍打了弟弟的頭，你就把他的玩具劍沒收一天。在你說了不可以後，小孩還是偷偷建立了社群媒體帳號，還被你抓到，那你就取消他使用電腦的權利。

明確告訴孩子他們什麼時候可以用什麼方式贏回自己的權利。光是說「等我相信你時才會還你」，這樣太過模糊。把你的期望講清楚、說明白。你可以說「做完我說的這兩件家事，就可以拿回你的電子產品」，或是「做完你的回家功課就能拿回你的電玩」。

以下列舉其他合理的違規後果：

- 八歲的小孩把球丟進屋裡，結果打破一盞燈，所以他必須靠做家事來賺錢買新的燈。
- 九歲的孩子去公園玩的時候不守規定，所以你們提早離開公園。
- 十歲的孩子沒經過同意就把她妹妹最喜歡的玩具拿走，因此她必須把自己最愛的玩具借給妹妹一整天。
- 十一歲的孩子騎單車騎到了社區外面，因此接下來的一整天不准騎車。

青少年：教導他們問題解決技巧

當家中青少年出現行爲問題時，和他們一同想辦法解決眼前的狀況，尤其是在他一而再、再而三違反同個規定的時候。要求家中青少年想想可以怎麼解決問題，像是說：「這是你第二次上學遲到了，我們要怎麼做才可以讓你準時起床出門？」一起腦力激盪可行的解決方案，像是把鬧鐘定早一點，或是早點上床睡覺。

當然，你可能還是要取消一些權利或福利，讓家中青少年學著更負責點，但鼓勵她找出解決辦法，會讓她更有動力避免再犯同樣的錯。除此之外，她也會學著更加獨立，即便你不再要求她承擔後果，她也會想辦法自己解決問題。

紀律良好的孩子會長成高瞻遠矚的大人

身兼治療寄養家長與心理治療師，我經常要接手一些最爲棘手的寄養孩童，克蘿伊這個個案便是如此。她當時十三歲，已經接受寄養好幾年了。她待過的寄養家庭多到數不清，而每次都被趕了出去。這些收容她的安置家庭大都是她的親屬，也就是說很多親人願意成爲她的寄養父母。但因爲她的行爲問題，導致他們沒有一個人可以接納她超過幾個月。

我和史蒂夫在克蘿伊來我們家之前和她見過一次面。當時她住在遠親的家裡，他們快要受不了她的行爲了，因此她來我們家暫住一個週末，讓她的寄養家長可以喘口氣。

克蘿伊在那個週末表現得很好。當時有個較年長的孩子也待在我們家，克蘿伊和她處得很好，可以稱得上是完美的客人。但當她的寄養媽媽在星期日晚上來接她時，克蘿伊突然變成截然不同的一個人。一離開我們家，克蘿伊就從冷靜、善良、配合的好孩子，變成愛挑釁、頂嘴的叛逆兒童。

過沒一個月，我接到克蘿伊州政府指定監護人的電話，她說克蘿伊沒辦法再待在目前的寄養家庭了，她的寄養父母說，她的行爲實在太失控了，要求她今晚就離開。和史蒂夫商量過後，我們同意讓克蘿伊搬來我們家。原本計畫她只會在我們家待上一小段時間，因爲有位住在別州的親戚要接她過去，不過相關法律程序要跑上幾個月。

因此，我們的目標是先改善她的行爲，希望她能夠在下一個寄養家庭長待久住，她眞的需要一個永遠的家。

我們制定了一套積分制度，讓她可以透過良好表現賺取積分，接著再用這些積分兌換各種福利與獎勵。

我們根據她過去較無法改善的行爲，制定了三個每日目標：

- 我講話會尊重別人，不爆粗口（她有時會咒罵別人和用難聽的字眼叫人）。
- 我肢體動作會有禮貌，不動粗（她生氣時有動手的習慣）。
- 我借別人的東西會徵得同意，不擅自拿取（她有時會偷東西）。

一天結束時，我們會一同回顧她當日的行爲，只要達成任一目標，她就可以獲得一點積分。也就是說，她每天最多可以賺取三點積分，一週下來就是二十一分。

接著，我們找出她會想要的福利和獎勵，然後爲它們分配不同的點數。舉例來說，假日晚上可以晚半小時上床只需花一點，但上她最喜歡的餐廳則要三十點。

我希望她可以依自己的喜好決定要每天換一個獎勵，或是把點數留著，以便換取更高價值的大獎。她也參與了決定獎勵價值的過程，而且提出的建議都滿公允的。不過接下來她問道：「我要花多少點才能去見我的弟弟？」這個問題不僅讓我深感難過，也告訴我一項資訊，她和家人的相處時光在過去可能一直被當作處罰她的手段。

我向她保證，和她住在另一個寄養家庭的弟弟見面什麼積分都不用，這些點數只需用在兌換額外福利而已。我們用了家裡某個遊戲的代幣當作點數，她會把賺到的積分都存在床邊的罐子裡，而且每天都會數一遍這些代幣，還會和我們說她想要換取的獎勵。

那年夏天，她的改變之大，我前所未見，令人嘆爲觀止。她努力獲得了每天的每個代幣，僅僅失誤過一次，很難想像她在其他寄養家庭通常待沒幾個星期就被退貨了。

積分制度向克蘿伊和她生命中的其他大人證明，只要給予正確的誘因，她也能好好表現。她只需要一些些額外的動機，就能回到正軌。不僅如此，她在我們家想得到的許多獎勵，很可能都是她在其他寄養家庭早就擁有過的東西，像是使用電子產品的時間等。

幾個月後，克蘿伊搬去那位想要接納她的親戚家了，而最後那親戚也收養了克蘿伊和她弟弟。

只要你把重點放在教小孩如何做得更好，而不是讓她爲過去犯下的錯受苦，她將學會善用這些技巧來發揮自身最大的潛力。她會相信自己有能力做出正確的選擇，並會想盡辦法不斷改進。

心智堅強的人不會沉溺於過去。他們會反思過往的錯誤，找出值得學習之處，但不會爲此處罰自己，而是把心思放在讓自己有所長進。

解惑及常見陷阱

用混蛋、小偷、白痴等話語來貶低孩子的人格，會造成極大的傷害。每當我說辱罵小孩會造成極大傷害時，有些父母還會諷刺地回道：「爲什麼？難不成會傷到他的自尊嗎？」但事實上，後果比我們想的更糟，用這些字眼罵孩子會影響到他們對自己的核心信念。

比方說，你開始對孩子說他很笨，那一陣子之後，他就會開始相信自己**就是**笨蛋。一個認定自己笨的孩子，在學業上的表現自然不會太好，而當他成績不好時，他就會更加確信自己很笨。這是個可怕的惡性循環。

不要說「我對你很失望」，你要傳達的訊息應該是「我對你做的錯誤決定很失望」。讓孩子知道，你不會因爲她的所作所爲而不愛她。

注意自己的情緒和這些情緒對自己決策能力的影響，這麼做有助於你爲孩子做出最佳的管教決定。當你心情好的時候，你可能比較有心力好好地處理孩子的某些行爲問題；可在你感到疲憊、壓力過大、情緒難以負荷的日子，你可能就會對小小的行爲問題視而不見，直到受不了時，才用吼叫的方式要小孩住手。

當你感到煩躁、沮喪、憤怒時，這是你以身作則的大好良機，向孩子示範如何好好地處理這類情緒。如果你因為控制不了脾氣，就對孩子叫罵、打人或惡語威脅，那小孩就會有樣學樣。

有需要的話，就暫時隔離一下自己。或是如果你被孩子的行為搞到七竅生煙，沒辦法想到合適的後果，你可以說：「過幾分鐘後我會告訴你，不乖的後果是什麼。」然後讓自己冷靜一下，想出一個有效的管教辦法。

有時候家長會誤以為所有的管教辦法都要和實質物品有關。表現得好就買玩具，表現不好就沒收玩具，把重點都放在實體物品上。研究顯示，太過強調物質可能會讓孩子特別看重自己的所有物。相信物質主義的大人比較可能會衝動購物，且有賭博問題、財務問題，以及較低的婚姻滿意度。有鑑於此，雖然沒收孩子的單車或電子產品很適合當作犯錯的後果，但你必須小心，不要讓孩子認為這些東西是生命中最重要的事，偶爾也要把某些體驗或額外工作當成後果，像是門禁提早或多做家事等。

實用技巧

- 為孩子當一個優秀的領導者。
- 打造溫暖有愛的環境。
- 隨時注意自己的心情。
- 建立明確的規定。
- 運用正面結果來促進良好行為。
- 制定可以教小孩自律的負面後果。
- 善用獎勵制度。
- 切記管教的目的是讓小孩可從中學習。

當心陷阱

- 使孩子感到痛苦。
- 用吼叫或處罰小孩來紓解自己的挫折感和怒氣。
- 使用體罰。
- 控制小孩的行為，而不是教他自制。
- 永遠取消小孩的權利。
- 制定過嚴的處罰，讓小孩失去動力。

12 不為逃避抄捷徑

妮可打電話來我的治療室說：「我連要先帶哪個孩子來諮商都不知道，他們三個沒一個聽話的。」我建議她自己先來，讓我們一起制定可行的計畫。她答應了，並約好下星期的門診時間。她有兼職的工作，是三個小孩的主要照顧者，他們分別是九歲、七歲和四歲。她先生布萊恩的工時很長，有些時候小孩已經上床睡覺了，他都還沒下班回家。

妮可每天下午都在爲孩子的運動練習和童子軍活動奔波，等他們全部坐下來一起吃晚餐時，大家都已經精疲力盡了。兩個男孩不斷吵架，四歲的那個一直在鬧脾氣，沒人在聽妮可說了什麼話。接下來妮可整晚的時間都花在想辦法讓孩子做功課、洗澡和收拾東西。

我問她，她如何應對孩子們的不當行爲，她說：「我通常都累到沒力氣和孩子爭論，如果他們拒絕自己把東西收好，我就會動手收拾。如果他們哭著要某樣東西，我就會給他們。」

她接著說：「布萊恩在家的時候，情況就沒那麼糟了。小孩比較聽他的話，可能是因爲他們沒太多時間和他相處吧。」

但在更加了解妮可的日常生活後，我發現了以下幾個明顯的問題：

1. **小孩經常不聽話。**妮可的孩子不太能守規矩，雖然她想要要求他們守紀律，但每次叫他們做什麼，他們都不聽。
2. **妮可沒有確實執行管教策略。**妮可忙到晚上時已經累癱了，即使孩子不聽話，她也完全不想費心要求小孩守規定或執行違規後果。

我的建議如下：

1. **夫妻倆一同制定明確的規定和後果。**他們必須一起制定家規。
2. **針對不當行為制定後果。**他們需要制定管教計畫，而且在孩子不聽話的時候，必須嚴格執行負面後果。
3. **妮可需要想辦法幫自己恢復精力。**妮可必須找出可以幫自己恢復精力的方法，讓她即便在忙碌了一整天後，還是能針對孩子的偏差行爲確實執行後果。

妮可同意照我的建議去做。她和布萊恩一起制定了孩子要遵守的家規與違規後果，也準備好嚴格執行。

接著，她找出了可以讓自己恢復精力的辦法。布萊恩答應每週至少有兩天會盡早回家，讓妮可能夠放下帶小孩的重擔。妮可也決定努力排出一些時間留給自己，每週至少有一個下午不要直接去托兒所接女兒，而是先和朋友喝杯咖啡，或是自己一人去辦些雜事。在固定行程中留一些獨處的時間，才不會讓她覺得被榨乾了。

當她開始把管教視爲長期投資，就比較不會一直想走捷徑了。她知道如果她從現在起好好教孩子做家事，未來就不用花這麼多時間，幫孩子做他們分內的家事了。

從此以後，孩子們的行爲慢慢開始好轉，妮可也不再覺得自己爲了撐過這一天，而必須抄捷徑求速效。

你會不顧日後麻煩也要走捷徑嗎？

在某些情況下，選擇阻力較少的近路有其必要性，有時甚至會更有效果。然而，如果未經深思熟慮，只是爲了逃避眼前困難與不適而草草了事，可能會造成更多問題。以下幾點描述聽起來很耳熟嗎？

□小孩一哭或尖叫我就妥協。
□有時候我會因爲嫌麻煩而沒有嚴格執行規定。
□我一遇到困難就放棄。
□因爲不想面對小孩的行爲，所以我放任她玩電子產品，超過時間也不管。
□我不是太忙就是太累，沒辦法處理小孩的行爲問題。
□我盡量不和小孩談會讓人不舒服或感到彆扭的話題。
□如果小孩的行爲讓我感到丟臉，我會採取一切手段阻止他的不當行爲。
□在堅持達成目標方面，我不是小孩的好榜樣。
□我有時會用不健康的方式排解壓力，像是酗酒或暴飲暴食。

爲什麼父母想抄捷徑

妮可和許多家長一樣，到了晚上就已經氣力放盡、耐心全無，所以她只想盡可能地順著孩子，趕快結束這一晚。

時間和精力是有限的資源，每當你覺得時間不夠或精力不足時，就可能會想草草應付，不顧長期可能衍生的後果。

捷徑會讓眼前的日子輕鬆許多

現今社會有許多保證又快又容易的捷徑，讓人禁不住想要試試，像是可以快速瘦身的減肥藥，或是聲稱可以增肌的藥物，還是各式各樣宣稱保證一夜成功、快速致富的理財計畫。我們都曾經爲了逃避困難而草草了事。或許是你覺得累了，所以還沒達成目標，就從跑步機上下來了；或是你沒有存夠錢，所以借了錢去度假。

不是只有「一般人」會一直想要走捷徑，許多運動員也曾爲了成功而走了偏門。有些運動員不但沒有增加訓練的時間和強度，反而求助非法藥物，讓自己快速取得競爭優勢。

還記得田徑之星瑪麗恩．瓊斯（Marion Jones）嗎？她在二〇〇〇年的夏季奧運贏得了三金二銅，成了美國英雄。但在二〇〇六年，她被檢測出類固醇陽性反應，因此她的獎牌遭到撤銷，而且不得參加二〇〇八年的奧運。沒多久，藍斯．阿姆斯壯（Lance Armstrong）也爆出了醜聞。在抗癌成功後重返賽場、被譽爲單車之神的他，以其出神入化的自行車技巧聞名全球。多年來，他一直否認那些說他使用增強體能藥物的指控。在連續奪下七屆環法自行車賽冠軍後，他終於承認自己一直都有服用禁藥。

富裕的名流有時則會想在財務上走捷徑，因此成爲快速致富騙局的受害者。知名導演史蒂芬．史匹柏（Steven Spielberg）和演員凱文．貝肯（Kevin Bacon）都曾把錢交給伯納．馬多夫（Bernie Madoff）投資，他向他們承諾高額的報酬。即使他的承諾「好到難以置信」，貝肯和史匹柏還是把錢交給了他，因此在馬多夫一手打造的龐氏騙局中損失慘重。

新聞也報導了許多人試圖用不健康的方式來減輕他們的問題。不論是想要賺更多錢、變得更成功，或是讓自己更有吸引力，什麼事情都有捷徑可走。而許多父母在養兒育女上也會抄近路。例如，在高檔餐廳用餐時，小孩如果開始尖叫哭鬧，你會用糖果來停止他的偏差行爲；或是你今天想要喘口氣，就放任孩子玩電子產品，一玩就是幾個小時。雖然有些育兒生活小撇步非常有道理，但也有很多會對小朋友造成危害。

多數家長分身乏術、操勞過度

我們很容易覺得別人的家裡都很乾淨、每件衣服都燙得平平整整，還有很多時間當體育教練或家長會會長。而當一天時間不夠用的時候，你會很樂意想盡辦法交差了事。你難免會想讓孩子連續看五小時的電視，只要她安安靜靜，讓你好好做事就行。或是在小孩要多拿一塊餅乾的時候，乾脆轉過頭假裝沒看到，至少他有東西吃就會安安靜靜地自己玩。

爲了在疲憊不堪的生活中找到一絲秩序，有些人——特別是當媽的人——會濫用處方興奮劑。不管是想要快速瘦身，還是希望補充能量，興奮劑已經成爲十分氾濫的問題，甚至被稱爲「媽咪小救星」。爲了注意力不足過動症等疾病對症下藥，興奮劑可以帶來很大幫助，而一旦濫用，則可能會造成諸多健康狀況，更別提還有其他法律問題。

雖然你不一定會這麼極端，但還是很可能會採取一些同樣不太健康的速效手段。思考一下，為了馬上擺脫眼前的痛苦，你會做什麼事，即便日後要面對更大的麻煩也在所不惜。

眼前捷徑通往日後麻煩

在埋頭苦幹外嘗試靈活變通、追求事半功倍是很好的做法，偶爾圖個方便也不是什麼壞事。早上趕著出門，所以拿甜甜圈給孩子當早餐不是什麼大不了的事，只要偶一為之就好。不過如果每天都這樣，就可能害孩子承擔苦果。當孩子一直在你的耳邊問：「我可以再吃一塊餅乾嗎?」連續不停講了五次，妥協確實較為輕鬆，但就不是恰當的做法了。他下次會花更多時間、用更大的音量煩你，而你則必須花兩倍的心力告訴他，這麼做不會讓他得逞的。

不當捷徑有兩種，一種針對眼前的問題，一種針對情緒，都要不得。這兩種捷徑在當下可以帶來短暫的解脫，但最終會引發更嚴重的後果。

以下分別舉例說明。

莫莉過去這一週一直在想辦法叫十三歲的兒子打掃他自己的房間，因為他的衣服散落一地，到處都是垃圾，還有滿地的餐盤與杯子。為了整理房間這件事，她已經和兒子爭論到厭煩了。

問題捷徑：幫兒子把房間打掃乾淨，就能解決眼前的問題。

情緒捷徑：與其花時間和兒子爭執，或是留在家裡看著髒亂心煩，不如帶全家人出去吃飯，眼不見爲淨，至少她的心情暫時會好些。

兩種捷徑都能讓莫莉熬過這一天，長遠來看卻可能要承受苦果。如果莫莉選擇逃避問題的捷徑，幫兒子清理了房間，他會覺得不負責任也沒關係。如果她選擇紓解情緒的捷徑，她兒子則會認爲把房間弄得一團亂，可以讓媽媽帶他外出吃晚餐當獎勵。不論莫莉走哪條路，她兒子都不會學到任何寶貴經驗。

簡便了事的父母養出投機取巧的小孩

凱希帶她六歲的兒子山姆來接受治療，她說：「他晚上就是不肯睡在自己的床上。」過去幾年來，山姆一直不願意在自己的房間睡覺，但是凱希和她老公已經受不了他一直跑來他們房間了。她表示：「如果我逼他在他的床上睡覺，他會大哭大叫。就算我讓他在床上躺好，過沒五分鐘他又跑到我們房間了。」

下次晤談時，凱希獨自前來，好和我一起想辦法讓山姆在自己的房間裡睡覺。她答應先在山姆的房間打地鋪陪他，讓他習慣睡在自己的床上。下星期回診時她說：「上次那個方法沒效，我跟他說要在自己房間睡覺，他就大哭了起來。你有沒有辦法開藥給我，讓他吃了之後一覺到天亮？」

凱希和我多年來接觸過的許多父母一樣，迫切地想要改變山姆的行爲，什麼辦法都肯試，卻沒試過耐心以對。山姆沒有睡眠問題，單純只是不想自己睡，而追究起原因，都是爸媽讓他在他們床上睡了好幾年的緣故。

我跟她解釋，想要幫山姆在他自己的房間睡覺，不是一天、兩天就能達成的事，這件事情沒有任何無害的捷徑可抄。

唯一的解決辦法就是堅定立場、保持耐心。她必須告訴山姆，他能夠在自己的床上睡覺，可能也得要一步一步地陪他達成目標。

好險，她答應繼續試試看。而她和她老公也用了許多工具來幫山姆適應自己睡覺這事，包括新的睡前儀式和獎勵制度。不過最重要的是，他們要跟山姆說他不能再到爸媽的床上睡覺了，之後還要維持傳達的這個訊息貫徹一致。

這表示即使他們再累，只要山姆爬到他們的床上，就算是大半夜，他們還是要陪山姆回到自己的房間。只要讓他在他們的床上睡一晚，先前的努力就會前功盡棄，因此他們必須堅定立場。而他們的堅持不懈終於得到了回報，山姆後來就習慣在自己房間睡覺了。

他們堅持按計畫行事，就是在告訴山姆，改變需要不屈不撓地努力下去，這對山姆來說是很重要的人生經驗。

你的孩子會從你身上學習如何面對眼前的難題。如果你每次遇到困境都選擇輕鬆脫身的辦法，那他也會開始投機取巧。

- 十歲的小孩因爲不想自己花幾小時的時間寫回家作業，就直接抄朋友的答案。
- 十二歲的孩子學不好音符跟琴鍵的對應，因此拒絕練鋼琴。
- 十四歲的小朋友不喜歡餓肚子的感覺，就常常在正餐間偷吃點心。
- 十六歲的青少年爲了畢業舞會想減肥，因此開始不吃正餐。
- 十八歲的青少年因爲想要買新車，就開始偷收銀機裡的錢。

不管你的孩子是把牙刷沾溼，讓你以爲他刷過牙了，或是隨隨便便寫完家庭作業，好趕快出去玩，捷徑解決的是眼前的問題，長期的後果可能要在未來的幾週、幾個月、甚至幾年內才會浮現。就算發生了，多數的小孩都不會把這些後果和他的舉動聯想在一起。

如何改變做法

妮可在面對孩子的行爲時，必須認知到，簡便處理只會帶來更多問題，並非解決之道。接著她必須制定能夠達成長期目標的教養策略，像是堅決要求孩子做分內家事、叫他們負起責任，以及絕不妥協等，都能讓孩子學到寶貴的人生道理。

找找看除了走捷徑之外，有沒有其他替代方案。想辦法爲孩子找出以長遠來看最適當、而不是最容易的策略。

認清自己走的捷徑

辛西雅帶她九歲的兒子丹尼爾來接受治療，因爲他一直對六歲的弟弟傑克森發飆，甚至會有攻擊行爲。兩兄弟的爭執愈演愈烈，最近丹尼爾還會動手打傑克森。她說：「我覺得他需要上憤怒控管課程。」但在我聽了更多有關實際情況的資訊後，我發覺丹尼爾似乎不是在盛怒之下動手打弟弟，而是利用攻擊來達到目的。

這些年來，只要丹尼爾和傑克森一吵架，辛西雅就會介入並說「丹尼爾，弟弟想要什麼就給他，他才不會一直哭」，或是「丹尼爾，把玩具給弟弟，讓他停止尖叫」。現在丹尼爾已經不想再和弟弟妥協了，加上媽媽不願意居中調停，所以他決定自己強硬起來。

丹尼爾不需要憤怒控管課程，而是辛西雅需要對傑克森設下限制與後果。也就是說，不能任由傑克森予取予求，就算他大聲尖叫也不行。

一陣子過後，丹尼爾開始相信媽媽會好好處理眼前的情況，而不是每次都要他順著弟弟。當他對媽媽的信任度提高後，他的攻擊行爲也減少了。這不表示他不會對弟弟這個討厭鬼生氣，但至少他不會用打人的方式來解決問題。

辛西雅已經太習慣叫丹尼爾讓他弟弟了，連她自己也沒發現自己在走捷徑逃避。安撫傑克森已成了一種慣性，她甚至沒注意到這對丹尼爾不公平，而最終就變成她讓傑克森認爲，不斷去煩他哥哥以及放聲大哭，是讓自己如願以償的最好辦法。

想想自己走了哪些捷徑。哪些捷徑在短期內可以讓你省時省力，但長期來看卻會造成更大傷害？

你可以好好思考以下幾個問題：

- 你是否寧願處罰孩子，而不願多花點心力管教？
- 你是否無視孩子的行爲問題，只因爲處理這些問題太耗心力了？
- 你是否寧願幫孩子把事情做好，而不會教他們自己動手？
- 你是否會幫孩子解決問題，而不是教他們想辦法自己面對？

制定計畫以免重蹈覆轍

七歲的海索有著我聽過最尖銳哀戚的聲線，連她父母聽了都煩躁到無法忍受，所以只要她說「可是媽，這不公平」或「我現在就要去！」之類的話，她爸媽就會馬上遵命。只要她停止嘀咕哀號，叫他們做什麼都願意，而現在他們開始付出代價了。海索發現只要一直哀叫抱怨，就能得到她想要的。他們帶她來接受治療，希望我能提供什麼神奇的解藥。解決辦法是有，但必須付出一點代價。海索的爸媽如果想要改變海索的行爲，就必須先改變自己。

我鼓勵他們從現在開始跟海索說，她有什麼要求都必須用「大女孩」的聲音說。如果她開始糾纏、哀求、尖叫，他們就不要給予任何回應，只要轉身離開，假裝看不見她或聽不到她的哭喊。接著，只要她一停止哀號，他們就可以把注意力放到她身上，讚美她眞安靜。不過在任何情況下，都不可以對她的哀叫妥協。

他們在離開治療室前同意了這個計畫。但隔週回診的時候，他們說：「海索搞不清楚狀況，她不知道怎麼用其他方式溝通。」我又問了他們幾個問題，然後發現，當他們試著無視她時，她會更大聲地哀叫，而且會持續得更久，然後他們就屈服了，因爲他們覺得海索沒辦法用更好的方式溝通。

於是我提醒他們，在情況有所好轉前，一定會有一段陣痛期。哭得更大聲、時間更長，表示海索迫切地希望這個辦法奏效——結果她還眞的沒失敗。我鼓勵他們想各種方式來無視海索的哭叫，只要成功堅持一個星期，就很有機會看見海索的行爲出現改變。即使這些變化一開始可能看起來不太好，他們還是要按計畫行事，情況總有一天會好轉的。

不出我所料，當爸媽有明確的計畫，而且堅持不妥協，海索哭鬧的頻率便降低了。剛開始對他們來說很痛苦，他們必須「重新訓練」海索，她已經學到哭叫可以讓她得償所望，所以他們必須停止走這些會強化她這個想法的捷徑。

如果你已經習慣抄捷徑，請制定一個計畫來改掉這個習慣，否則會一直陷入同樣的行爲模式。

問問自己下列問題：

- 我要怎麼樣才能不要走捷徑？
- 我可以有什麼不一樣的做法？
- 如果眞的很難辦到，我要怎麼堅持按計畫行事？
- 我在什麼情況下最容易交差了事？我要怎麼事先針對這些情況做好準備？

找出適當的充電方式

我們都知道，電子產品的電池必須定期充電；不過基於某些理由，我們總期望自己全年無休、隨時隨地精力充沛。但其實，我們跟手機一樣，在某個時間點總是得關機充電，才能發揮最好表現。

精神飽滿的時候，你就比較不會想要交差了事來度過這天。因此，找出適當的充電方式是很重要的。

把照顧自己當成首要之務，這麼做可以教孩子把自己照顧好的重要性，同時也能確保你在成爲最佳父母的正確道路上盡己所能。

找出可以讓你再次感到活力十足的活動，以下提供幾個建議：

- 運動。
- 閱讀。
- 培養嗜好。
- 約會。
- 和朋友相處。
- 寫日記。

有些家長說他們沒時間照顧自己，或是覺得不陪孩子有點太自私了。然而，花時間顧好自己是避開不當捷徑的關鍵所在。

試想一下，有一輛車幾乎快沒油了，駕駛看了一下地圖，發現如果他在公路上繼續行駛的話，最近的加油站離他有五十英里遠。但如果他抄近路，只要開二十英里就會有加油站，但那是條荒涼又曲折的路，沒幾個人開過；因爲不確定油量夠不夠他撐這麼遠，所以駕駛這時可能就會想走捷徑。

養兒育女亦如是。你的油箱要有足夠的燃料，才能選擇抵達目的地的最佳路徑。如果你的燃料不足，你可能就必須抄近路。照顧自己就是爲自己的育兒油箱加滿油的最佳辦法。唯有如此，你才有精力在漫長又困難的教養路上堅持下去，最終養育出責任感十足的孩子。

如何教孩子抗拒走捷徑的誘惑

以妮可來說，她的孩子都不聽話，是因爲她讓他們養成了壞習慣，把哭泣、哀求、爭辯當成達成目的的武器。妮可必須堅定意志，教他們更爲正確的技巧，日後他們才會成爲負責任的大人。

我們在第八章討論了不過度保護孩子的重要性。但光是讓孩子經歷痛苦遠遠不夠，你也要確保孩子不會爲了解決痛苦而選擇不恰當的捷徑。

幫孩子訂下有難度的目標

務必讓孩子隨時有值得追求的事物，關鍵在於訂下有難度但實際可行的目標。以下列舉幾個例子：

- **健身目標：**「我希望可以連續跑一英里不用休息。」（盡量不要把目標放在體重上，我們不希望孩子認爲健康只是體重計上的數字。）
- **教育目標：**「這個暑假我想讀完五十本書。」
- **財務目標：**「我想要存錢買新的滑板。」
- **行為目標：**「我打算持續一整週在晚餐前就把我的家事做完。」
- **社交目標：**「我希望交到放學後也可以一起出來玩的朋友。」

設定好目標後，你要幫他按部就班地達成。訂下目標後，小孩子剛開始都會興致勃勃，但過不了多久就會失去動力。以下是你可以協助孩子完成目標的幾個方法：

- **鼓勵孩子寫下目標。**寫下來的目標比較有機會達成。把孩子的目標掛在他房間的顯眼處，時時刻刻提醒他自己正在努力的方向。

- **把大目標分成幾個小目標。**一直想著大目標會不知從何下手，不妨幫孩子找出從現在開始可以進行的步驟，帶他一步步達標。
- **想辦法追蹤孩子的進度。**建立圖表、在行事曆上打勾，或是給他一本記事本來追蹤自己的進度。這麼做不僅可以教他對自己負責，還會讓他時時充滿動力。

朝目標邁進的路上一定有所波折，而小孩在進展不妙的時候，難免會想抄近路。這時你要為他指點迷津並給予支持，讓他感受到成功的滋味。他每克服一個阻礙或有新的斬獲時，就會相信自己有能力堅持下去。

幫孩子想一句實用口號

不管孩子的目標需要一天還是一個月來達成，途中他一定會有舉步維艱的時候，這時他可能會想直接放棄或抄近路了事。

要讓孩子明白他比自己想的還要強壯，就要在他不想努力下去的時候推他一把，讓他持續朝目標邁進。愈常學著渡過難關，他就會愈了解如何不被感覺牽著鼻子走。

小孩子如果有一句專屬於他的實用口號，就比較能夠避開負面的想法。以下列舉幾個例子：

- **「不斷移動雙腳就對了。」**如果孩子的目標是跑一英里，或是和你逛超市時抱怨腳很痠，和他說專心想著一次前進一步就好。
- **「我能夠等待。」**當孩子排在很長的隊伍中，或是他想要插嘴時，這句話可以提醒他多點耐心，讓他能夠忍受漫長的等待。
- **「我很堅強。」**在孩子要打針或遇到難關時，這句話則可提醒他自己有多堅強，讓他鼓起勇氣。
- **「只吃一個杯子蛋糕。」**如果你只准孩子吃一個杯子蛋糕，他在想吃第二個的時候，可以用這句話不斷提醒自己要抗拒誘惑。

主動幫孩子設計一句短語，讓他在事情不順的時候，反覆提醒自己。實用的口號可以避免孩子出現「我受不了了！」或「實在太難了，我放棄」等想法，這類想法會誘使他草草了事。當他心有動搖時，還可以用這些口號來敦促他更加努力。如果他聽到你說「繼續前進！」他就會提醒自己，他有能力不斷向前走。

學齡前兒童：教導他們利用「蝙蝠俠效應」

學齡前兒童會想盡辦法走任何想得到的捷徑。不管怎麼說，他們的天性就是沒耐心且衝動，所以排隊、輪流、守規矩都不是他們的強項。因此，如果家中的學齡前兒童沒幾分鐘就打斷你說話，也別太意外，因爲他不想要等到換他說話的時間。在你說不可以後，家中的學齡前兒童還是伸手去抓餅乾，這也是很普通的事，她就是不想等到晚餐後才吃點心。

但好消息是，延後滿足是可以習得的技能。只要勤加練習，孩子的自我控制能力就會不斷提升。及早開始教他等待，延後現在的需求，以換取日後更大的滿足感。隨著他日漸相信自己能夠延後滿足感，就比較不會想要走捷徑。

「蝙蝠俠效應」是學習延後滿足的最好辦法。二〇一六年發表在《兒童發展》期刊（*Child Development*）的一項研究中，研究人員發現，如果讓小孩子扮演認眞打拚的角色，像是蝙蝠俠、愛探險的朵拉或建築師巴布，他們就更能堅持下去。在一系列的實驗中，研究人員給了參加試驗的小朋友許多無聊、重複性高的工作，而且他們必須全神貫注才能完成。這些小朋友可以選擇休息一下打電動，或是繼續工作，而有角色扮演的小孩子都堅持得比較久。

在小孩面對無趣或困難的工作時，你可以和他說：「我猜超級英雄肯定能把房間掃乾淨！讓我看看超人會怎麼打掃房間。」記得時不時去看看他並問：「小超人，打掃得如何啊？」

孩子假扮成他最喜愛的英雄角色時，會模仿他們認眞工作的樣子。因爲這些認眞負責的角色能夠抗拒不當捷徑的誘惑，所以孩子也比較能鍥而不捨地堅持下去。

學齡兒童：教導他們進行行爲實驗

自我懷疑會讓學齡兒童質疑自己是否有辦法堅持到底。小朋友可能會想「我一定沒辦法等到星期五才領取獎勵」，或是「我就是不會拼字，讀再多遍都沒用，實在是太難了」。經歷自我質疑的孩子會陷入眼前的難題當中，最終選擇了屈服，不再尋找正確的解決方式，並開始思考有沒有讓他們立即好受點的辦法。如果每次只要孩子堅稱他無法再忍受下去時，眞的總是選擇放棄（或者是你向他妥協），他就會低估自己的能力。

你可以教他透過行爲實驗來挑戰自己的負面思維。當你聽到他說「我辦不到」這類的話，告訴他休息一下，或是深呼吸幾次，然後再試一次。你要鼓勵他證明自己的負面想法是錯的。

你可以透過簡單的練習來證明此點，比如說問孩子，他覺得自己可以跑多遠。如果他是尋常小孩，一開始會高估自己的能力，但接下來一旦感到累了，可能會馬上放棄。可以的話，邀他一起跑操場，並請他在覺得雙腳已經累到沒辦法跑下去，或是因爲喘不過氣想要放棄時，馬上跟你說。這時你要鼓勵他繼續前進，只要再堅持一下下就好，向他證明他比自己以爲的還要強壯許多。

結束後，和孩子談談這項練習，並討論爲什麼我們的大腦有時候會叫我們提前放棄。即使他沒有達到自己設定的目標，你們也可以討論他要怎麼堅持下去、不斷嘗試，而不會想要走偷吃步。

青少年：教導他們看清捷徑的眞相

青少年時期會遇到很多抄捷徑的機會。同儕壓力是青少年決定嘗試某些不當行爲的主因。你家中十六歲的孩子可能會爲了畢業舞會減肥而不吃正餐，或是十八歲的孩子因爲想要熬夜讀書而服用朋友的處方藥物。

提醒家中青少年，在人生路上走捷徑會有哪些危害。但如果你只是說「不要抽菸，對健康不好」或「喝酒是壞事，不要碰酒精」，反而會造成反效果。如果他的朋友跟他說：「我週末喝醉了，超級好玩的。」由於朋友喝酒的經歷是正面的，孩子會認爲你才是搞不清楚狀況的人。

先承認這些捷徑確實可以帶來短暫的解脫，然後再跟家中的青少年警告相關的危險。你可以說：「偶爾喝點小酒確實不錯，但你的年紀喝酒是違法的，而且對你還在發育的大腦有害，甚至可能會讓你做出一些危險的決定。」或是說：「打整晚的電動會讓你現在心情很好，因爲你不會去煩惱學校的功課。但如果你今晚沒把功課做完，明天只會更焦慮而已。」

平衡報導會讓家中的青少年更加信賴你，因爲她會發現，關於走捷徑的好處你沒有騙她，所以她也比較會記得你給的警告。這麼做能幫助她爲自己做出最適當的決定。

學會拒絕旁門左道的孩子會長成堅持不懈的大人

現今的小孩都是數位原住民。他們從不知道在郵購目錄上訂購商品，然後等上一個星期才收到是什麼感覺；要看某部電影，也不用苦苦等候租片店進那部電影。什麼東西對他們來說都是唾手可得的，從與朋友互動到各種冷知識，都能在幾秒之內到手。因此，在爲生活中的大小事做決定時，他們常忍不住想抄近路。他們希望任何事情都能立馬成眞。

這就是爲什麼小孩子一定要有良好的榜樣，教他們爲什麼即使前方路途艱難，還是要走在正道上。當他們知道自己能夠堂堂正正地行事，不需要走旁門左道，就會相信自己有辦法達成目標，不論要花上多久的時間都沒關係。

史丹福大學著名的棉花糖實驗說明了延後滿足的重要程度。研究人員讓小朋友選擇要現在吃一顆棉花糖，還是二十分鐘後換成更多的獎勵（例如兩顆棉花糖或薄荷糖）；在實驗過程中，他們讓小朋友獨自在房間裡等待，目的是測試他們的自制力。

研究人員發現，四歲左右的小朋友如果展現出足夠的自制力，等到可以換取更多獎勵的時間，他們日後在人生中普遍更有成就，像是學術性向測驗的分數較高，而且三十年後體重過重或吸毒的情況也較少。

從現在開始教小孩培養毅力，有助於他在日後抵擋走捷徑的誘惑。了解自制力有多重要的孩子，更能堅持朝目標邁進，而且在進展不順的時候，也比較不會輕言放棄。

心智堅強的人不會想要即刻看見成果。不管是在實現承諾或提升體能上，他們都明白改變不會一夕發生，因此能夠堅持到底，勇敢向所有旁門左道說不。

解惑及常見陷阱

縱使你難免心有動搖，也千萬不要成爲孩子走捷徑的共犯。即使你可以在十分鐘內做完孩子的數學作業，也不要幫他完成；就算你是工程師，也不代表你要幫他做他的科展作品。在你配合他走捷徑的同時，會傳達出錯誤的訊息，讓他以爲自己可以不時投機取巧，不用付出太多努力。

另一個常見的陷阱則是家長在鼓勵孩子延後滿足時，沒有貫徹執行原本承諾的獎勵。如果你說「月底看你賺了多少要用來買單車的錢，我會贊助你同樣的金額」，那你務必要實現諾言，否則以後不管你承諾小孩任何其他獎勵，他也不會有動力去爭取。

有時候我們很難區分第九章所提的「振作妙招」和旁門左道之間的微妙差異。這兩者間的差別取決於從長遠來看，它們對孩子的影響。舉例來說，如果你的孩子今天在學校過得不好，回家時心情很差，那麼去騎一下單車就是很棒的振作妙招。

當他心情好點時，就比較能夠專心做功課。但只因爲不想爲明天他害怕的考試讀書，整晚都在騎腳踏車，就變成於他有害的旁門左道了。

因此，你要問問自己：「他現在的做法以長期來看，是在幫他還是害他？」振作妙招對他的長期目標有所助益，反觀旁門左道只會破壞他長期的努力。

實用技巧

- 幫孩子訂下有難度的目標。
- 讓孩子相信你說的有關走捷徑的害處。
- 帶孩子進行行為實驗。
- 讓自己恢復精力，保持在最佳狀態。
- 協助孩子打造一句口號。
- 教小孩延後滿足。
- 承認走捷徑的誘人之處。

當心陷阱

- 向孩子的不當行為屈服。
- 與孩子合謀抄近路。
- 讓孩子輕易放棄追求目標，沒有提供任何指引。
- 對孩子走偏門的行為視而不見。
- 放任自己處於狀況不佳的狀態。
- 只看見眼前的好處，忽略了未來的長遠目標。

13 不忘記自己的原則

十五歲的凱爾參加了一項特殊計畫，讓他能以高中生的身分，修習大學課程，但後來被抓到作弊，所以失去了資格。凱爾的爸媽帶他來接受心理諮商的原因有二：一是想知道「他們哪裡做錯了」，二是煩惱兒子的未來。凱爾的媽媽說：「我們不是這樣教他的，我們一直告訴他做人要誠實。」但這對父母現在什麼都不敢相信了，擔心兒子的好成績從頭到尾都是靠作弊來的。

我和凱爾進行了幾次療程，想要進一步了解事情的始末，也想知道他打算怎麼改過自新、重新出發。他說他知道作弊不好，當初不該這麼做。他對自己很失望，更氣自己白白浪費了免費取得大學學分的機會。凱爾承認，他之前也作弊過幾次，但他說：「我作弊的次數絕對沒比我同學多。」他說他朋友大都作過弊，從沒聽說過誰被抓到，所以他沒想過教授會抓到他作弊。

接著我們談到爲什麼他決定要作弊，他說：「我時間不夠，如果寫不出一篇好報告，那份作業可能就會被當掉，爸媽會對我很失望。」

凱爾的爸媽讓他以爲表現優異才是最要緊的事，雖然他們會說「盡全力就好」這類的話，但他們的行爲卻在暗示，有時候他盡了全力還是不夠好。他們請了家教，想讓他更具競爭優勢，還替他報名了昂貴的學術性向測驗先修課程。除此之外，他們也花了很多時間在討論各間常春藤盟校。

他們經常讚美他很聰明，也會和親朋好友炫耀他功課有多好，每科都拿A。他們對學業成就的推崇讓凱爾認爲，成績比什麼事情都重要。他知道爸媽希望他在高中時盡量多修完一些大學學分，所以他覺得作弊是最好的選擇。

待解決的主要問題如下：

1. **凱爾作弊。**凱爾沒辦法回到過去扭轉他作弊的事實，但他可以決定如何面對。他必須制定計畫才好迷途知返、重新來過。
2. **凱爾對他們家的價值觀有點迷惘。**凱爾不確定自己願意爲了學業成就付出何等代價。

我的建議如下：

1. **凱爾和爸媽要把家庭價值觀討論清楚。**凱爾的父母必須想清楚他們對凱爾眞正的期望是什麼，而凱爾也必須想辦法釐清自己的價值觀。
2. **全家人必須依照他們的價值觀行事。**找出自身的價值觀後，他們全家人務必確保自己對事物輕重緩急的判斷與這些信念相互呼應。

凱爾的爸媽加入了凱爾下一次的治療晤談，我們一起檢視了他們的家庭價值觀。儘管他們希望凱爾在學業上有優異的表現，但他們也表示，誠實做人才是眞正要緊的事。我們談及了他們的哪些行爲可能會傳達出不一致的訊息。

若要放下過去，他們一家人必須仔細檢視他們的價值觀。凱爾的爸媽注重誠信勝過於成就嗎？我不希望他們只是給我符合社會期待的答案，而是要由他們自己決定人生中最重要的事是什麼。

我鼓勵凱爾找時間想想自己的價值觀，或許他最看重的事和爸媽不盡相同。

他們下週回來看診的時候表示，相較於課業上的成就，他們確實比較在意做人正不正直。但他們也發現，過去幾年他們都把重心放錯了地方，時時刻刻談的都是成績多高和表現多好，話題中鮮少出現誠實這個主題。他們也明白，自己一再強調好成績反而讓凱爾以爲成績未達標準的話，爸媽會對他很失望。

而凱爾的父母承認，凱爾如果成績不好，他們或許眞的會不太開心。但他們現在知道，偶爾一次成績不好總比作弊來得強。

他們一家三口同意一起重新調整人生的優先順序。即便凱爾再過幾年就成年了，他爸媽還是希望在這幾年中依照家裡的價值觀行事，告訴他什麼才是人生中最重要的事。我接下來幾週的工作，就是幫他們制定行動計畫。

直到此時，他們終於有點慶幸發生了這次意外的插曲。雖然因爲凱爾不能免費修習大學學分，他們之後要花更多錢供他上大學，但至少他們現在都明白了，正正當當地做人遠比任何金錢都來得有價值。

你有依循自己的原則育兒嗎？

你的一舉一動在在說明了你在人生中最爲珍視的事，從如何花錢到如何運用時間皆是如此。有時家長會搞混了優先要務是什麼，因而在無意間向孩子傳達了錯誤的價值觀。以下有哪一點敘述符合你的狀況嗎？

□我不確定我個人的價值觀是什麼。

□ 我不知道如何教育孩子有關價值觀的事。
□ 要我排出生命中重要之事的優先順序幾乎不可能。
□ 如果我問孩子我們的家庭價值觀是什麼，他一定毫無頭緒。
□ 我忙著和其他家長爭長競短，忘了自己的原則。
□ 關於什麼才是真正重要的事，我向孩子傳達的訊息前後不一。
□ 我不太會反省孩子是不是在仿效我的行事原則。
□ 我有時候太過專注在眼前的事，以至於忘了退一步綜觀教養路上真正重要的事。
□ 我在做教養決定時，不太會思考我希望孩子從中學到什麼人生課題。

爲什麼父母會忘記自己的原則

雖是無心之過，但凱爾爸媽的舉動已經讓凱爾認爲他人評價比人品重要。他們希望兒子有個快樂成功的人生，以爲花錢給他上家教與學術性向測驗先修課程，就能讓他在同儕間保持競爭力，卻從未想過這麼做讓他承受了莫大的壓力，以至於他擋不住作弊的誘惑，只爲了求取成功。

如果你不清楚自己的價值觀，就可能害孩子搞不清楚什麼才是生命中眞正重要的事。而即使你清楚自己的原則，有時也很難貫徹始終。

在競爭中容易迷失自我

我朋友莎拉幾個星期前打給我說：「我有個超沒禮貌的孩子。」莎拉爲她八歲的女兒摩根舉辦了生日派對，也因此親眼見識到女兒令她大爲傻眼的行爲。當時的情況是，摩根的一個朋友帶了一張卡片來參加派對，摩根看到就跑過去跟她說：「你沒帶禮物來嗎？只送我卡片嗎？你好沒禮貌。」那個孩子很不好意思地解釋，信封裡除了卡片還有一張禮品卡。

莎拉說她趕忙跑過去對那個小女孩和她媽媽說對不起，但她自己也知道，光道歉是不夠的。她在電話中大聲說道：「摩根壓根沒想過**她**才是眞正失禮的那個人！」她說看到女兒如此不知感恩、像個被寵壞的小屁孩時，她差點對女兒破口大罵，但當時她靈光一閃，突然驚覺：「這都是我教出來的。」這時她知道，她必須好好調整自己的教養方式了。

莎拉花了好幾個月的時間規畫摩根的生日派對。她在社群平台 Pinterest 的各式圖像間悉心搜尋辦派對的點子，又花了幾週的時間採買派對小禮物、親手製作各種裝飾，把家裡的後院打造成充滿熱帶風情的度假村。

她說：「看來我應該花多點時間把孩子教好，而不是擔心自己準備的小禮物能不能讓她的朋友們留下深刻印象。」她察覺問題不只出在這場派對而已，從她在生活中其他地方的教養方式也能看出端倪。

顯然，莎拉不是唯一有這個問題的家長。在養小孩的過程中，我們很容易在競爭裡迷失了自我，而社群媒體更是有推波助瀾之嫌。

以前的想法是養小孩要舉全村之力，從朋友、鄰居、整個家族到社區裡的大人都要主動出手幫忙，而大部分的成人也自覺有責任要確保小孩受到良好教養。但在社群媒體當道的時代，大家好像在參加一場誰能養出「最佳小孩」的比賽，父母不斷炫耀孩子在節日收到的禮物、運動比賽獎盃以及學業成就。

而且現代的父母不太會說「這要歸功於所有幫我帶小孩的人」，反而常常表示「快看我的孩子有多厲害，都是我的功勞」。其他家長也因此覺得，自己必須絞盡腦汁讓自家孩子一樣厲害。

社群媒體引發了一個很有趣的矛盾現象：育兒議題成了公共事務。然而，現在大家不是相互支援，而是對彼此指手畫腳。如果你張貼了一張孩子在速食店開心用餐的照片，很可能就會有人跟你說吃加工食品的壞處；如果你的孩子在遊樂場受了傷，有人就會怪你不負責任；或是你放孩子自己在外頭玩，就會聽到別人說小朋友沒有大人陪有多危險。

不幸的是，這些責難和不健康的競爭導致部分家長懷疑起自己的價值觀。雖然檢視自己的教養方式並思考有無其他替代方案是好事，但你應該依據什麼對家人才是最好的，來決定是否要修正你的育兒方法，而不是因爲煩惱其他家長會怎麼看你。

在網路上很難證明自家孩子擁有正確的價値觀。你要如何在照片中展現孩子正直誠實的時刻？或是他慷慨大方的行爲？用照片誇耀孩子的成果容易多了，只要拍下他拿著最新獎盃或獎品的樣子就好。

父母看不見孩子的實際狀況

大多數的家長對自家孩子表現的評價其實都高於兒女的實際狀況；這些錯誤的推想讓他們以爲，自己成功給後代灌輸了良好的價値觀，放心地爲自己拍拍手，說自己做得眞不賴。但研究證實，父母的眼光有所偏頗，無法看見孩子的眞實樣貌。以下提供幾個例子：

- **家長高估孩子的學業表現。**若根據家長調查報告的結果來計算，高中生的平均成績積點是三點一五到三點二四，但若依照全國成績單資料來算，實際平均成績則爲二點九五到三點零。
- **家長不知道孩子有性行為。**在家長調查報告中，只有百分之十七的青少年有性行爲，但美國疾病控制與預防中心的報告則顯示，百分之四十二的高中男生與百分之四十三的高中女生表示自己有性行爲。

● **家長沒發覺孩子已在喝酒。**根據家長調查報告顯示，每十位高中生只有一位會喝酒精飲料，但研究發現，百分之七十二的高中生都喝過酒精飲料，而其中更有百分之四十二的人承認自己在過去三十天內碰過酒。

● **家長低估自家青少年的體重。**根據家長調查報告顯示，百分之十二的兒童「稍微過重」，且只有百分之三「嚴重超重」。然而，根據美國國家衛生統計中心（National Center for Health Statistics）的調查，超過三分之一的美國兒童過重，其中百分之十七的兒童更達肥胖標準。

顯然大多數的父母認為自家孩子優於平均水準，即便就統計學角度看來，這種事不太可能成真。他們相信自己的孩子比別人家的小孩更聰明、更健康且更有判斷力。這種將孩子美化的視角可能導致父母以為孩子已經隨他們養成了價值觀。

當孩子看起來很聽話，在學校的表現也不錯時，父母難免就會假設他有著明確的道德觀。在許多忙碌的家庭中，家長認為孩子接受他們的價值觀是理所當然的事。然而，即使小孩子表面上看起來都很不錯，不代表他已經內化了你們的價值觀。

忘記原則會混淆孩子的道德羅盤

以凱爾爲例，他的爸媽多年來一直在傳達不一致的訊息。他們嘴巴說一套，但做的卻是另外一套。凱爾以爲他必須不顧一切求取成功，即使要作弊他也願意，而他也因此付出了慘痛代價。

所有家長在某些情況下都可能會忘記自己的原則。當你這麼做時，請務必採取行動來解決問題，否則你的家庭可能要因此承擔嚴重後果。

孩子搞不清楚父母的價值觀

有位爸爸因爲兒子每天都在撒謊，所以帶孩子來我這裡接受治療。然而，在處理他的某些行爲問題時，我發現這位爸爸看電影時經常幫十三歲的兒子買十二歲以下的半票。當我指出，他爲了買便宜的電影票而說謊，等於在告訴兒子不誠實也沒關係，他說：「是沒錯，但每次看電影都能省下三美元欸。」他的話也沒錯，不過他因此要付出更大代價，才能教會兒子寶貴的人生課題。

身教重於言教，而且對孩子來說，爲了少花點錢看電影（或是去吃到飽或遊樂園）而撒謊，跟在數學考試中作弊沒什麼太大差別，不誠實就是不誠實。

然而，家長一不小心就會只看到眼前的事物和自己的目標，因此忘了他們要教孩子的重要課題。

你只要去參加小朋友的體育賽事，就很有機會看見大人是如何迷失於當下，把人生中眞正重要的事拋諸腦後的樣子。爸媽們在少棒比賽中因爲差勁判決而對裁判大吼大叫，教練則是對足球場上失誤的小朋友破口大罵。而且，並不是只有少數一兩位「壞」家長沒有運動家精神，觀眾席上的很多家長也會抱怨，自己孩子上場的時間不夠多，或是對教練的決定口出惡言。

雖然這些家長會說「盡力就好」或「輸贏並不重要」，但他們的行爲反映出他們眞正的想法。

哈佛的「讓關懷常在計畫」（Making Caring Common Project）在二〇一四年進行的一項調查發現，父母和老師指出教養的首要目標是教孩子關懷他人，受訪者認爲善良比成就來得重要，但小孩子得到的訊息卻非如此。約有百分之八十的青少年表示，爸媽跟師長重視成功或快樂遠勝過善良。同意「相較於在班級和學校中會關懷他人，我在班上名列前茅更能讓爸媽引以爲傲」這個描述的青少年，人數比不同意的人多出三倍。

我們在事件當下很容易忘了眞正要緊的事。然而，孩子都是透過這些小事來了解，對你來說什麼才是人生中眞正重要的事。

你如何對待犯錯的人？當收銀員多找錢給你時，你會做何反應？當別人對你態度不佳時，你會怎麼做？請留意，身教重於言教。

缺乏原則是諸多問題的病灶

百分之九十六的家長表示，「強烈的道德感」對孩子的未來即便非必要，也有其重要性。但他們當中很多人都沒有花上足夠的時間，爲孩子培養成爲好人所需的道德力量。

大部分的家長以爲，在成長過程中沒有獲得正確價值觀的小孩，長大後可能會加入幫派、嗑藥，最後被抓去關。新聞報導常看到這類悲慘的故事，小朋友因爲從小經歷了可怕的家庭生活，所以一生都陷在犯罪與暴力之中。但不只有這些孩子才缺乏道德羅盤，現在很多準備上大學的青少年、明星運動員以及擁有「好爸媽」的孩子，也有些迷失了方向。以下是幾個有關當今青少年的統計數據：

- 在十六到十七歲的青少年中，有百分之四十三的人承認在學校考試中作弊。
- 每四位學生中就有一位在學校被霸凌過。
- 近半數的中學生表示曾被同學性騷擾過至少一次。

這些事都是發生在孩子還是高中生的時候，此時的他們還在父母監管之下，你認為當他們去讀大學或進入職場時，會發生什麼事？

如果孩子只是為了不想惹禍上身才守規矩，那他們一旦覺得自己不會被抓到，就不會乖乖聽話了。因此，你必須想想孩子是否已經內化了你的價值觀。他守規矩是因為你的要求？還是他致力在沒人知道的時候，也要做正確的事？

如何改變做法

凱爾的爸媽光是嘴上說他們很看重誠實正直這項品德是不夠的，還必須捫心自問，是不是打從心底這麼相信。好多年來，他們的所作所為在在表示成就比什麼事都還重要，如果想要實踐自己的價值觀，他們就必須做出改變。

這不表示他們不能把學業表現當成重要目標，只是必須多加留心，不要再讓凱爾認為成績好就是成功的典範。他們承認自己忘了自身價值觀，因此必須重新調整人生中重要事物的優先順序。如果你希望孩子擁有良好的道德品格，務必要積極地向他灌輸你的價值觀。

思考自身的價值觀

嘴巴上說「我希望孩子善良大方」很容易，但要確保自己言行一致、恪守原則就難多了。

想想你在下列情況會怎麼做：

- 如果家中的青少年說，他把外套給了學校的一個小朋友，因爲他們家買不起，你會讚揚他的慷慨，還是會因爲他把你買的外套送人而怒罵他一頓？
- 你希望老師稱讚你的孩子是班上最善良的小朋友，還是希望老師說孩子是她見過數學最好的學生？
- 如果家中的青少年必須在有償爲公司整理草坪或無償爲手頭較緊的年邁鄰居打理庭院之間做選擇，你會希望他怎麼運用週六的時間？
- 如果你的孩子因爲其他孩子都在穿某個品牌的鞋子，所以要你買給他，你會買給他好讓他融入大家，還是會鼓勵他買不一樣的，讓自己與眾不同？
- 如果孩子功課做到一半，他朋友哭著打電話來，你會希望他放下功課和朋友講話，還是要他先把功課做完？

接受自己實際的價值觀或許會讓你有點不自在。「我重視成就勝過仁慈」，這麼說好像不太符合社會規範，但對某些父母來說，這就是現實。

問問自己要教給孩子什麼樣的人生課題

一位十歲的女孩接受我的諮商好一陣子了，某天她的父母打電話來我的辦公室，問我他們是否應該允許女兒退出足球隊。再過幾個星期就是賽季了，而她卻說她不想再踢足球了。她媽媽很樂意讓她退隊，但爸爸覺得他們應該要求她堅持下去。他們需要第三方意見來打破僵局。

我和他們解釋，這類型的教養議題沒有唯一的正確答案，必須由他們去檢視自身的價值觀，然後決定要教孩子什麼樣的人生課題。如果他們希望她信守承諾、貫徹始終，那就可以跟女兒說，她必須堅持到賽季結束，這麼做能讓她明白，她的隊友需要她留在隊上。可能的壞處是，她未來在嘗試新事物前或許會猶豫再三，因爲她會擔心自己就算不喜歡也必須繼續做下去。

然而，如果他們希望她勇於嘗試新事物，然後在發現自己不適合的時候果斷放棄，那就可以讓她退隊。准許她放棄或許能讓她明白，人生充滿各種機會，你必須決定什麼才是對自己最好的。除此之外，她也可能會發現，青少年時期學習運動是在於享受過程，如果不好玩，其實沒必要勉強自己練下去。

而可能的壞處則是，她學不到在艱難境遇中堅持下去的勇氣。或許她會不想拚命練習來提升自己的技巧，而這樣做其實才能更享受踢球的過程；或是她以爲自己馬上就能踢得很好，結果不如她的預期，因此就想放棄了。

大多數的教養決定無關對錯，你應該根據自己認爲孩子該學習的人生課題來回答。對某個家庭中某個小孩來說正確的回答，並不一定是適合所有人的正解。

思考一下自己最推崇的原則是什麼，例如善良、友情、社區服務、成就和精神信仰。當然，我沒辦法列出你恪守珍視的所有原則，但至少可以給你一些著手點，歡迎加入你最重視的原則，並試著依序排出它們的重要程度。

你必須先弄清楚自己的價值觀，才能好好教導孩子。而一旦你清楚什麼才是你奉爲圭臬的準則，原本困難的教養抉擇也會變得簡單許多。

訂立家族使命宣言

機構組織通常會有使命宣言，扼要說明成立的目的，讓組織能夠依據目標來制定決策。因此，爲全家人擬定專屬的使命宣言也能達到相同的功效。把宣言寫下來並時時拿出來複習，這對你重要的人生決定會有莫大的幫助。

家族使命宣言是讓你們一家人有別於他人的重要工具。如果沒有明確的目標，你們不過就是剛好住在同個屋簷下的一群人而已。使命宣言訂立完成後，你們才能攜手合作，爲共同的目標努力，並擁抱相同的人生意義。

家中的成人應先私下討論全家人的目標，腦力激盪一番，想想你們認爲家族的使命應該是什麼。接著舉行家庭會議，聽聽小孩子們的意見。你可以詢問下列問題：

- 是什麼讓我們成爲一家人？
- 我們一家人齊心協力能夠成就什麼？
- 我們要如何運用手上的資源來讓世界成爲更美好的所在？
- 我們要如何幫助他人？
- 對我們來說最珍貴的事是什麼？

寫下每個人提出的建議，然後花點時間撰寫簡短的使命宣言，總結你們全家人最重視的事物。記得，宣言內容務必要簡單好記，如果太過冗長或複雜，反倒會丟失眞正的目的。

以下是家族使命宣言的範本：

- 我們的使命是愛上帝與服侍人。我們要努力打造有愛且進取的環境，協助彼此成為更好的人。我們要致力散播希望與喜悅。
- 我們家相信一分耕耘，一分收穫。我們努力當誠實正直、溫暖有愛的人。我們珍惜所有，且永遠彼此友愛。
- 家是創造回憶的地方。我們要保持正向的態度、尊重彼此、隨時作爲彼此的後盾。
- 我們要勇敢追夢、勤奮工作、全力去愛、時時歡笑，同時以喜悅之心服務他人。

完成使命宣言後，請將它貼在家中的顯眼之處。有些和我合作過的家庭是把家族使命宣言做成精美的海報，然後掛在家中的牆上；有些家庭甚至還把宣言直接用模具印染在家裡的牆上。

別忘了，你有天可能會想修改家中的使命宣言。隨著孩子日漸長大，或家庭需求有所轉變，現行版本的宣言也需要隨之修改。不要害怕，改就對了。在爲整個家做決定時，記得參考家中的使命宣言，思考一下，下次的家族旅遊符合家庭使命宣言嗎？你的花錢習慣對家族目標有益嗎？你運用時間的方式是否體現了家族使命？

決定如何傳承你的價值觀

有位與我合作過的爸爸，他之前每天都會開車載小孩去學校，但有天他兒子抱怨，坐「這輛老爺車」去學校實在太丟臉了。從那天起，這位爸爸就讓兒子走路上學了，但不是爲了處罰他的無禮，而是希望兒子可以明白，有車可坐是特權，能夠上學也是。他希望他能夠懂得感謝有人載他上學。

想想你希望在家族中代代相傳的價值觀是什麼？你希望有天孩子會教給你孫輩什麼樣的價值觀？

與此同時，你也要思考自己是如何習得這些價值觀的，以及考慮到孩子會和你有極爲相異的人生歷程，你要如何教育他這些你視爲珍寶、嚴格遵循的原則。或許你的爸媽在養育你的過程中，一直忙於工作，所以你學到勤奮工作的重要。而你希望讓孩子明白努力的重要，但同時又想多陪伴家人，所以不希望自己老是在辦公室工作。或是你年幼喪親，因此讓你明白家庭的重要性。你要如何讓孩子不用痛失親人，也能學會珍惜與家人相處的時光？

承認自己的錯誤

當你不小心忘了秉持初衷，請承認自己迷失了方向，向孩子坦承自己的問題，並視情況向他們道歉。

以下示範家長可以如何處理這樣的情況：

●「很抱歉，我今晚對你的教練大吼大叫。我沒控制好脾氣，這麼做是錯的。我常和你說輸贏不重要，今晚我卻忘了這麼要緊的事。我下次不會再犯了。」

●「我想爲我最近的行爲道歉。我一直因爲你吃得不健康在找你麻煩，但我自己也沒做好榜樣，中餐老是吃速食。我從明天起不會再這樣了，我應該先好好照顧自己的身體，而我也希望我們都能健健康康的。」

●「我們最近都埋首於工作，幾乎沒花時間和彼此相處，這樣不對。家人才是最重要的，因此我晚上會早點回家，也會少花點時間在家工作。」

如果你沒有處理自己言行不一的問題，小孩子會因此受到誤導。但你不能光是紙上談兵，坐而言不如起而行，這樣才能教會孩子重要的人生課題。

如何教孩子依循價值觀生活

以凱爾和他作弊的行爲來說，他搞不清楚自己究竟比較看重成功還是誠實，因爲他爸媽從沒花時間，積極地將他們的價值觀傳授給他。

你應該主動灌輸孩子你的價值觀，特別是那些你希望孩子學會的人生課題。

分享你如何做出重大決策

光是身教可能還是無法明確向孩子傳達你的價值觀，有時你必須說明你的決策過程。不妨思考一下以下的情境：

- 有位父親非常重視家庭。爲了盡量給孩子最好的生活，他一週工作七十小時，好讓太太可以全職在家陪小孩。他深愛他的孩子，並希望他們都能有機會讀大學。他想要告訴他們，辛勤工作是成功的關鍵。
- 還有位爸爸也是很看重家庭，所以他每週只工作二十小時。他們家沒有太多錢，不過有大把的相處時間。他希望孩子知道物質並不重要，把握時間好好相處才是生命中最重要的事。

身爲外人的我們可能會不加思索地評斷，哪位爸爸才是眞的愛家。有人可能認爲是拚命工作、要給孩子美好未來的爸爸，而有人卻會說那位爸爸忽略了家庭。然而，也有人會說那位打零工的爸爸比較愛家，這才是養育孩子的「正確」方式，但同時有人會說他就是個懶鬼，不夠在乎他的家庭，才會不努力工作。

和孩子說明你決策背後的思考過程。你接受新工作時考慮了哪些因素？是爲了賺錢嗎？還是工時比較彈性，讓你可以有時間陪家人？或者這是你更感興趣的工作？

聊聊他人的價值觀

如果孩子說他朋友家比較大，或是鄰居家的車比較好，那你可以和他多聊一點，向他解釋你的金錢觀，並說說你是如何做出消費決定的。

你孩子同學的家中基本上一定會有不同的規矩。當孩子說「這不公平！我朋友都可以做那件事」，你要把握這個機會和他聊聊你的價值觀。

以下提供幾個例子：

小孩：媽，爲什麼海登他們家不用上教堂？

媽媽：海登家的信仰可能和我們不一樣。在我們家，實踐信仰很重要，而我們的實踐方式就是上教堂。

小孩：亞歷克斯的爸媽沒有結婚。

爸爸：大人沒有結婚的原因很多，只不過對媽媽和爸爸來說，結婚很重要，我們決定在生小孩前先結爲夫妻。

小孩：爲什麼亞歷克斯的爸媽不想結婚？

爸爸：我不清楚，或許他們不覺得成爲法律上的夫妻是很要緊的事。

小孩：這表示他們永遠不會結婚嗎？

爸爸：不一定啊，或許有天他們突然覺得應該要結婚，就去結了。

小孩：爲什麼伊齊家的房子又大又漂亮，跟我們家都不一樣？

家長：好問題，他爸媽可能賺得比我們多，或是他們比較願意跟銀行借錢，也或許是因爲他們覺得住得好是件很重要的事。

小孩：爲什麼好房子對你來說不重要？住在豪宅裡一定很好玩！

家長：如果我們想換更好的房子，就必須花更多時間工作。不過我們比較想花時間跟家人相聚，做大家喜歡的事，而不是更拚命工作。

孩子明白你的價值觀後，他自然會與觀念相近的朋友走在一起。當然，有時他也會有一兩個想法南轅北轍的朋友。雖然他多少會受到這些朋友的影響，但只要你用積極適切的方式傳遞你的價值觀，你的影響力絕對遠大過他們。

學齡前兒童：教導他們你的價值觀

你可以從學齡前就開始教育你的孩子，像是說說你做某些事的原因，例如：「我要買點花給奶奶，然後我們再一起拿給她。因爲慷慨和善是很重要的特質。」或是：「我們今天要幫鄰居帶狗散步，因爲她的腿斷了。我們應該要幫助他人。」

盡量帶孩子和你一起從事不同的活動，不管是帶她做勞動工作或社區服務，只要你經常和她一起參與相關的活動，她漸漸地就會內化這些價值觀。

只要她展現出與這些價值觀相符的行爲，你就要讚美她的表現。不要只有在她出現「把玩具收好」等良好行爲時才讚美她，也要表揚她體現你價值觀的行爲舉止，像是體貼、勤勞、誠實或大方。

建立家族傳統是向家中學齡前兒童證明你們是有凝聚力的團體的最佳辦法。不論你是只有一個孩子的單親爸媽，還是小孩年紀都不一樣的繼親家庭，請找出幾個你們全家人可以一起從事的活動。這個傳統可以是每週五吃披薩，或是每月舉辦一次家族遊戲之夜等簡單的活動，不需要太過鋪張或花太多錢，重點在於一家人相聚在一起。

學齡兒童：教導他們依自身價值觀做選擇

如果你問學齡兒童，作弊和霸凌是不是壞事，他們大都會說是，但這是因爲他們知道大人想聽這個答案。然而，實際上許多小孩都會作弊、霸凌、違反許多其他道德標準。因此，你必須讓孩子在生活中練習按照你的價值觀行事。從他花錢的方式、和朋友說話的方式，以及選擇如何運用自己的時間等，你可以觀察出他正在建立什麼樣的價值觀。

你可以透過以下方式和孩子對話：

家長：你和其他人在球賽過後，跑去另一隊的場地搞破壞，這件事讓我很生氣。
小孩：我知道，那是個愚蠢的錯誤。
家長：你怎麼會覺得這麼做沒關係呢？
小孩：我不知道。
家長：好吧，你在搞破壞的時候是怎麼想的？
小孩：我朋友都這麼做啊，他們叫我一起動手，所以我以爲不是什麼大不了的事。

家長：你認爲什麼樣的人會破壞物品？

小孩：我應該會覺得他們不是什麼好人。

家長：沒錯。現在換你告訴我，你是不是擔心，如果你不跟朋友做一樣的事，就遜掉了？

小孩：嗯，應該是吧。

家長：你覺得哪件事比較重要，看起來很酷？還是做個好人？

小孩：當個好人。

家長：是啊，不過看起來你今天一時糊塗了，對吧？我知道有時就是不容易，但你要記得什麼才是最重要的，盡量隨時與人爲善，而不是耍帥，好嗎？

每當孩子出現與你的價值觀不符的行爲時，就當是在提醒你，孩子在那方面需要你的幫助。視情況讓孩子承擔後果，並制定相關計畫，思考要做出哪些改變來強化你的價值觀。

青少年：教導他們面對道德困境的方法

不要讓家中的青少年只因爲你跟他說這些事有多重要，就像鸚鵡一樣複述你的價值觀，而是要幫助他成爲具批判思考能力的人，能夠想辦法面對青春期會遇到的各種誘惑。毒品、酒精、性、霸凌、在社群媒體上參與不當對話等，這些不過是青少年可能會遇到的一小部分問題。她必須清楚知道自己的每個選擇都會有後果，並要了解你就自身價值觀，對這些狀況會抱持什麼立場。

只要對家中青少年說「我希望你向毒品和酒精說不」，就會有很大的功效。認為「所有小孩總有一天都會抽抽看大麻」的家長，他們的孩子通常都會抽大麻。但直接說「我希望你說不」的家長，可以讓孩子清楚知曉她的價值觀。

青少年一定會有叛逆的時候，有時是爲了反抗權威，但更多時候只是想要對抗自己的童年，證明自己不再是小孩子了。

只要在小事上給家中青少年多點自由，就能避免她在重大議題上出現反抗行爲，像是讓她自己決定要用什麼髮型或穿什麼衣服（不要太過不恰當就好）。如果你在小事上讓她展現自己的獨立性，她日後就比較不會在大事上太過叛逆。

你要明白，事情有時候不是非黑即白，因此你必須清楚知道自己的價值觀是什麼。舉例來說，如果有朋友向你家中的青少年吐露了可能造成危險的祕密，她應該忠誠地爲朋友守密？還是要不顧朋友的信任，跟大人說這件事？如果有老師在打成績時出了差錯，讓你家青少年得到較高的成績，那該怎麼做？又或者和你出門的朋友偷了商店的東西，你要怎麼辦？

你可以運用最近的新聞標題來開啓話題，包括各種社會及政治議題。打開心胸傾聽家中青少年的意見，就算你不認同也要耐著性子對話，並一起檢視其他人的觀點。

了解自身價值觀的孩子會長成樂於推動變革的大人

馬拉拉·優薩福扎伊（Malala Yousafzai）生長於巴基斯坦，她的爸爸經營了數間學校，同時也是活躍的教育家。馬拉拉從很小的時候就十分看重教育問題。

二〇〇九年，塔利班頒布了一項法令，禁止女性就學，並開始破壞當地的學校。馬拉拉此時開始大力擁護女性的受教權，而塔利班也因此對她發出了死亡威脅，但她毫不退縮。

二〇一二年，在馬拉拉十五歲的時候，一名槍手在她放學的途中開槍射殺她。儘管頭部受到子彈重創，馬拉拉奇蹟似地活了下來，並繼續不遺餘力地提倡教育的重要。她的勇氣以及對教育的支持付出獲得了國際關注，並成爲最年輕的諾貝爾獎得主。

現在已是名年輕人的馬拉拉仍不忘她的使命，在黎巴嫩爲敘利亞的女性難民辦學，並持續爲全世界的孩子爭取受教權，希望孩子接受自由、良好的教育。

雖然你的孩子可能永遠不會陷入像馬拉拉這樣危險的處境，但你要讓她明白，挺身而出做對的事有多重要。清楚知道自身價值觀的孩子會想要爲世界帶來正面改變，即使這麼做並不一定受歡迎亦同。

心智強者不會畏避改變，反而會成爲推動變革的人，致力於爲自己打造更美好的人生，並爲他人創造更美麗的世界。

解惑及常見陷阱

有時候你會有言行不一的情況，至少在孩子的眼中看起來是如此。像是你去鄰居家吃晚餐的時候，即便食物難以下嚥，你還是會送一張感謝卡過去，說你在他們家玩得很開心。或是有熟人問你：「你喜歡我的新車嗎？」就算不是你的菜，你還是會說喜歡。

如果你曾教育孩子誠實的重要，這時你要跟他說，我們不需要太過誠實，以至於傷到他人的感受，並讓孩子知道，你覺得體貼和尊重也是不可或缺的價值觀。

我們也常落入另一個陷阱，有時父母會因爲孩子很聽話或成績很好，就以爲他內化了他們的價值觀。但小孩乖乖不惹麻煩並不代表他依循你的價值觀行事。

舉例來說，如果你告訴他善良很重要，他的成績好不代表他會和學校新來的小孩當朋友，或表示當其他小孩被找麻煩時他會爲他們挺身而出。他甚至還可能在考試時作弊，或是沒有誠實告知你自己的行蹤。

不要因爲沒人跟你說孩子不乖，就以爲他表現良好。你要記得隨時保持警覺，並多加留意各種可用來教育孩子的機會。

最後，科技的進步有時也讓一些父母忘了自己的原則。家人聚在一起的時候，大家都在忙著傳訊息給別人；或是全家人出遊時，大家都想在照片中看起來光鮮亮麗，好張貼在社群媒體上，反而沒有好好享受家人彼此的陪伴。

不管科技如何演變，記得隨時忠於自己的價值觀。定期找時間停下腳步，檢視自己的一舉一動，看看有沒有符合自己的信念。

實用技巧

- 了解自身的價值觀。
- 評估自己的行為舉止是否符合你的價值觀。
- 尋找適當的教學機會，向孩子灌輸你的價值觀。
- 和孩子討論不同的道德困境。
- 讓孩子有機會在生活中實踐你的價值觀。
- 當孩子依循你的價值觀行事時，記得主動告訴他。
- 訂立家族使命宣言。

當心陷阱

- 對於什麼才是真正重要的事，向孩子傳達的訊息前後不一。
- 搞錯重要事物的優先順序。
- 沒有清楚說明你真正重視的原則是什麼。
- 以為孩子自然而然就會學到你的價值觀。
- 以為孩子表現良好就是接受了你的價值觀。
- 迷失在教養競爭當中。

結語

瑞克・賀特（Rick Hoyt）出生於一九六二年，甫出生便因缺氧而產生重大健康問題，經確診爲痙攣性四肢麻痺的腦性麻痺。好幾個醫生都建議他的父母迪克和茱蒂，把瑞克送到療養院，說他沒有復原的希望，永遠都會處於植物人的狀態。迪克和茱蒂拒絕了醫生的建議，並把瑞克帶回家，決定把他當成「正常」的孩子撫養。瑞克年紀大了一點後，他們便帶他去滑雪橇和游泳，還教他認識字母與一些基本單字。而終於有一天，他們發現，只要他倆在房間走動，瑞克就會盯著他們看。雖然他不會走路或說話，但他們覺得他的頭腦應該不錯。

迪克和茱蒂急切地想要找出辦法幫助孩子溝通。當瑞克十歲的時候，塔夫茨大學（Tufts University）的工程師幫他打造了一台專門電腦。這台電腦的每個字母都可以用游標標示，讓瑞克能夠透過在輪椅上擺動他的頭來選擇他要的字母。他的第一句話是：「上啊，波士頓棕熊！[1]」

迪克和茱蒂一直在想辦法讓瑞克進入公立學校讀書。當瑞克十三歲的時候，他們終於成功說服學校行政人員，准許他入學，不再顧慮他身體上的限制。

一九七七年，瑞克跟爸爸說他想參加五英里的慈善賽跑，爲一位在一場意外中癱瘓的袋棍球員募款。迪克此時已邁入中年，身材也走樣了，但還是同意用輪椅推著瑞克參賽，最後他們以倒數第二名的成績完賽。但比賽結束的那晚，瑞克說：「老爸，在跑步的時候，我完全不覺得自己有殘疾。」衝著這句話，迪克立志繼續參賽。

迪克打造了一輛特製輪椅，讓他可以更輕鬆地推著瑞克前進，然後就此展開了他們的跑步生涯。如今經過四十年，他們跑過了一千一百場賽事，其中包括了馬拉松、鐵人三項，甚至在四十五天內完成了橫跨美國的壯舉。

迪克現已年逾七十五歲，但他說自己還沒準備退休，賀特雙人組（Team Hoyt）仍持續在全美各地參加比賽。

迪克和茱蒂當初可以選擇放棄兒子，或是把他照顧得無微不至，讓他沒有任何自理能力，但他們都沒有這麼做。

他們想辦法鼓勵瑞克盡力做到最好，而這個曾被診斷爲植物人的孩子，就這樣長成一位拿到波士頓大學（Boston University）特殊教育學位的大人了。

協助孩子成爲心智強者的重點不是要他什麼事都做到最好，而是要教給他必要的技巧和

1 譯註：時值一九七二年，職業冰球聯盟的波士頓棕熊隊（Boston Bruins）正準備參加史丹利盃（Stanley Cup）。

工具，讓他能夠展現出最好的自已。

心智堅強的父母養出心智堅強的孩子

你只要致力於提升自己的心智強度，就能成爲鼓勵孩子更加堅強的最大助因。當孩子知道你把自我發展視爲頭等要務，他自然會隨之仿效。你的孩子隨時都在注意你做出了什麼選擇，像是你對待他人的方式、你如何花錢，以及你怎樣運用自己的時間，都是最好的證明。當然，他也會看你如何面對錯誤與挫折。要成爲良好榜樣，你不用假裝自己跟超級英雄一樣強壯，反而要讓孩子知道你本來就不盡完美，但縱使有那些負面思緒、痛苦感受及徒勞行爲，你還是拚命讓今天的自己比昨天再更進步一點點。

成爲帶領孩子鍛鍊心智強度的教練

就跟教小孩要好好照顧身體一樣，告訴她留意自己的心靈健康也同樣重要。最好的做法是擔任她的教練，爲她準備不同的練習活動，給她回饋意見與指導，在她展現出最好一面時爲她歡呼，並在她出現失誤時陪她調整方向。

你的終極目標應該是想辦法從這份工作退休。再過幾年，你的角色應有所轉變，不要再告訴她該怎麼做，而是要反過來問她該如何是好。不要再爲她提供答案，試著教她自行找出解決辦法，終有一天她會成爲自己的教練，有能力改變她的負面思維模式，並能在自己出現無益行爲時有所覺察，同時也能夠控制自己的情緒，不會再被感覺牽著鼻子走。

你會遇到的最大挑戰，是如何從中取得平衡。你要讓孩子經歷適度的磨練，他才能提升自己的心智強度，也要讓他咬牙走過一些痛苦的時期，他才會更珍惜美好的時光。

鍛鍊孩子的心智強度是趟不斷前進的旅程，而非止於某處的目的地。隨著孩子年紀愈長，他要迎接的挑戰也會愈大，因此你的心智強度鍛鍊策略也要與之共進。

勝敗乃兵家常事，在這條路上一定有一帆風順或跌落谷底的時候，但童年時期的起起伏伏以及成爲心智強者的養成過程，本來就充滿了動盪未知。當你看到孩子在飽受折磨，或你覺得自己毫無進展時，記得提醒自己，心智強者養成計畫是一輩子的事。

擁有堅強的心智不代表你什麼事都要了然於胸，所以不要害怕承認，自己有時會不知道如何幫助孩子面對某個問題或事情。求助不是軟弱的象徵，反而能夠證明你努力想成爲更好的人。

切記，爲孩子培養出堅強的心智，不代表孩子就不會有憂鬱症、焦慮症或其他心理健康問題。如果她的情緒或行爲已經影響到她的學業、家庭關係、交友狀態或快樂，請尋求醫師的協助，轉由專業人士提供建議較爲妥當。

心智堅強的父母只要不做這十三件事，就不會因自己的壞習慣奪走孩子鍛鍊心智強度的機會。你要勇敢拒做這十三件事，才能幫孩子培養出足夠堅強的心智，讓他發揮自己最堅毅美好的一面。

參考書目

前言

"*American Psychological Association* Survey Shows Teen Stress Rivals That of Adults."(February 11, 2014.) Accessed March 2, 2017. http://www.apa.org/news/press/releases/2014/02/teen-stress.aspx.

Howie L. D., Pastor P. N., Lukacs S. L. "Use of Medication Prescribed for Emotional or Behavioral Difficulties Among Children Aged 6–17 Years in the United States, 2011–2012." *NCHS Data Brief*, no. 148. Hyattsville, MD: National Center for Health Statistics. 2014.

1 不縱容受害者心態

Abbott, Jim, and Tim Brown. *Imperfect: An Improbable Life*. New York: Ballantine Books, 2012.

Aquino, K. "Structural and Individual Determinants of Workplace Victimization: The Effects of Hierarchical Status and Conflict Management Style." *Journal of Management* 26, no. 2 (2000): 171–93.

Campbell, Bradley, and Jason Manning. "Microaggression and Moral Cultures." *Comparative Sociology* 13, no. 6 (2014): 692–726.

Chorpita, Bruce F., and John R. Weisz. *Match-ADTC: Modular Approach to Therapy for Children with Anxiety, Depression, Trauma, or Conduct Problems*. Satellite Beach, FL: PracticeWise, 2009.

Dyer, John R. G., Christos C. Ioannou, Lesley J. Morrell, Darren P. Croft, Iain D. Couzin, Dean A. Waters, and Jens Krause. "Consensus Decision Making in Human Crowds." *Animal Behaviour* 75, no. 2 (2008): 461–70.

Hiroto, Donald S., and Martin E. Seligman. "Generality of Learned Helplessness in Man." *Journal of Personality and Social Psychology* 31, no. 2 (February 1975): 311–27.

Horwitz, Steven. "Cooperation Over Coercion: The Importance of Unsupervised Childhood Play for Democracy and Liberalism." *SSRN Electronic Journal*, June 22, 2015.

"Our Mission," Kids Kicking Cancer. Accessed January 13, 2017. http://kidskickingcancer.org/our-mission/.

Schwartz, David, Kenneth A. Dodge, and John D. Coie. "The Emergence of Chronic Peer Victimization in Boys' Play Groups." *Child Development* 64, no. 6 (December 1993): 1755–72.

Seligman, M. E. P. "Learned Helplessness." *Annual Review of Medicine* 23, no. 1 (February 1972): 407–12.

Viano, Emilio. *Crime and Its Victims: International Research and Public Policy Issues: Proceedings of the Fourth International Institute on Victimology* (NATO Advanced Research Workshop). New York: Hemisphere Pub. Corp., 1989.

2 不被內疚綁架

Betancourt, Laura M., Wei Yang, Nancy L. Brodsky, Paul R. Gallagher, Elsa K. Malmud, Joan M. Giannetta, Martha J. Farah, and Hallam Hurt. "Adolescents With and Without Gestational Cocaine Exposure: Longitudinal Analysis of Inhibitory Control, Memory and Receptive Language." *Neurotoxicology and Teratology* 33, no. 1 (January & February 2011): 36–46.

Cavassuto, Maria. "Jennifer Lopez and Felicity Huffman: Men Don't Feel 'Mommy Guilt' With Their Kids," *Variety* (May 27, 2016). Accessed January 13, 2017. http://variety.com/2016/tv/news/jennifer-lopez-felicity-huffman-mommy-guilt-1201784050/.

Froh, Jeffrey J., William J. Sefick, and Robert A. Emmons. "Counting Blessings in Early Adolescents: An Experimental Study of Gratitude and Subjective Well-Being." *Journal of School Psychology* 46, no. 2 (2008): 213–33.

Lack, Evonne. "Top 7 Mommy Guilt Trips—and How to Handle Them," *BabyCenter*. February 14, 2017. Accessed March 2, 2017. https://www.babycenter.com/0_top-7-mommy-guilt-trips-and-how-to-handle-them_3654967.bc.

Milkie, Melissa A., Kei M. Nomaguchi, and Kathleen E. Denny. "Does the Amount of Time Mothers Spend with Children or Adolescents Matter?" *Journal of Marriage and Family* 77, no. 2 (2015): 355–72.

Oudekerk, Barbara A., Joseph P. Allen, Elenda T. Hessel, and Lauren E. Molloy. "The Cascading Development of Autonomy and Relatedness from Adolescence to Adulthood." *Child Development* 86, no. 2 (October 23, 2014): 472–85.

"Parenting/TODAY Moms Survey: Are Your Children Spoiled?," *Parenting*. Accessed January 13, 2017. http://www.parenting.com/article/are-your-children-spoiled?

Passanisi, Alessia, Irene Sapienza, Silvia Budello, and Flavio Giaimo. "The Relationship Between Guilt, Shame and Self-Efficacy Beliefs in Middle School Students." *Procedia –Social and Behavioral Sciences* 197 (July 25, 2015): 1013–17.

Ratnapalan, S., & Batty, H. "To Be Good Enough." *Canadian Family Physician* 55, no. 3 (2009): 239–240.

Sani, Giulia M. Dotti, and Judith Treas. "Educational Gradients in Parents' Child-Care Time Across Countries, 1965-2012," *Journal of Marriage and Family* 78, no. 4 (April 19, 2016): 1083–96.

3 不把孩子當宇宙中心

Ang, Rebecca P., and Noradlin Yusof. "The Relationship Between Aggression, Narcissism, and Self-Esteem in Asian Children and Adolescents," *Current Psychology* 24, no. 2 (June 2005): 113–22.

Brummelman, Eddie, Sander Thomaes, Stefanie A. Nelemans, Bram Orobio De Castro, Geertjan Overbeek, and Brad J. Bushman. "Origins of Narcissism in Children." *Proceedings of the National Academy of Sciences* (2015) 201420870.

Brummelman, Eddie, Sander Thomaes, Stefanie A. Nelemans, Bram Orobio De Castro, and Brad J. Bushman. "My Child is God's Gift to Humanity: Development and Validation of the Parental Overvaluation Scale (POS)," *Journal of Personality and Social Psychology* 108, no. 4 (April 2015): 665–79.

Decety, J. "The Functional Architecture of Human Empathy," *Behavioral and Cognitive Neuroscience Reviews* 3, no. 2 (2004): 71–100.

Ojanen, Tiina, Danielle Findley, and Sarah Fuller. "Physical and Relational Aggression in Early Adolescence: Associations with Narcissism, Temperament, and Social Goals," *Aggressive Behavior* (March & April 2012).

Ornaghi, Veronica, Jens Brockmeier, and Ilaria Grazzani. "Enhancing Social Cognition By Training Children in Emotion Understanding: A Primary School Study," *Journal of Experimental Child Psychology* 119 (March 2014): 26–39.

Pfeifer, Jennifer H., Marco Iacoboni, John C. Mazziotta, and Mirella Dapretto. "Mirroring Others' Emotions Relates to Empathy and Interpersonal Competence in Children," *NeuroImage* 39, no. 4 (February 2008): 2076–85.

Shiota, Michelle N., Dacher Keltner, and Amanda Mossman. "The Nature of Awe: Elicitors, Appraisals, and Effects on Self-Concept," *Cognition & Emotion* 21, no. 5 (July 19, 2007): 944–63.

Stucker, Matthew. "Girl Costs Father $80,000 with 'SUCK IT' Facebook Post," CNN (March 4, 2014). Accessed March 2, 2017. http://www.cnn.com/2014/03/02/us/facebook-post-costs-father/.

Twenge, Jean M., and W. Keith Campbell. *The Narcissism Epidemic: Living in the Age of Entitlement*. New York: Free Press, 2009.

4 不隨恐懼起舞

Burstein, Marcy, and Golda S. Ginsburg. "The Effect of Parental Modeling of Anxious Behaviors and Cognitions in School-Aged Children: An Experimental Pilot Study," *Behaviour Research and Therapy* 48, no. 6 (June 2010): 506–15.

"In U.S., 14% of Those Aged 24 to 34 Are Living With Parents," Gallup Inc. (February 13, 2014). Accessed January 13, 2017. http://www.gallup.com/poll/167426/aged-living-parents.aspx.

"National Child Kidnapping Facts," Polly Klaas Foundation. Accessed March 7, 2017, http://www.pollyklaas.org/about/national-child-kidnapping.html

Lester, Kathryn J., Andy P. Field, and Sam Cartwright-Hatton. "Maternal Anxiety and Cognitive Biases Towards Threat in Their Own and Their Child's Environment," *Journal of Family Psychology* 26, no. 5 (October 2012): 756–66.

Parker, Kim. "Who Are the Boomerang Kids?," Pew Research Center's Social & Demographic Trends Project (March 15, 2012). Accessed January 13, 2017. http://www.pewsocialtrends.org/2012/03/15/who-are-the-boomerang-kids/.

Phillip, Abby. "Family Taught Boy About 'Stranger Danger' By Kidnapping Him at Gunpoint, Police Say," *The Washington Post* (February 6, 2015). Accessed January 13, 2017. https://www.washingtonpost.com/news/morning-mix/wp/2015/02/06/mo-family-charged-with-teaching-boy-about-stranger-danger-by-kidnapping-him-at-gunpoint/.

Reese, Diana. "Update: McDonald's Denies Firing South Carolina Mom Sent to Jail for Taking Daughter to Park While at Work," *The*

Washington Post (July 23, 2014). Accessed March 1, 2017. https://www.washingtonpost.com/blogs/she-the-people/wp/2014/07/23/south-carolina-mom-goes-to-jail-loses-job-for-taking-daughter-to-park-while-at-work/?utm_term=.afb89b8a4c0f.

Sandberg-Thoma, Sara E., Anastasia R. Snyder, and Bohyun Joy Jang. "Exiting and Returning to the Parental Home for Boomerang Kids," *Journal of Marriage and Family* 77, no. 3 (February 28, 2015): 806–18.

"School Violence: Data & Statistics," Centers for Disease Control and Prevention (November 30, 2016). Accessed January 13, 2017. http://www.cdc.gov/violenceprevention/youthviolence/schoolviolence/data_stats.html.

Seligman, Laura D., and Thomas H. Ollendick. "Cognitive-Behavioral Therapy for Anxiety Disorders in Youth," *Child and Adolescent Psychiatric Clinics of North America* 20, no. 2 (2011): 217–38.

Skenazy, Lenore. "I Let My 9-Year-Old Ride the Subway Alone. I Got Labeled the 'World's Worst Mom,'" *The Washington Post* (January 6, 2015). Accessed January 13, 2017. https://www.washingtonpost.com/posteverything/wp/2015/01/16/i-let-my-9-year-old-ride-the-subway-alone-i-got-labeled-the-worlds-worst-mom/.

"The Burden of Stress in America," (2014). Accessed January 12, 2017. http://www.rwjf.org/content/dam/farm/reports/surveys_and_polls/2014/rwjf414295.

"Young Do Not Feel Grown Up Until 29, Survey Shows," *The Telegraph* (September 3, 2015). Accessed January 13, 2017. http://www.telegraph.co.uk/news/newstopics/howaboutthat/11840925/Young-do-not-feel-grown-up-until-29-survey-shows.html.

http://www.slate.com/articles/news_and_politics/explainer/2007/01/800000_missing_kids_really.html

5 不讓孩子騎到頭上

Barton, Alison L., and Jameson K. Hirsch. "Permissive Parenting and Mental Health in College Students: Mediating Effects of Academic Entitlement," *Journal of American College Health* 64, no. 1 (2016): 1–8.

Jago, R., T. Baranowski, J. C. Baranowski, D. Thompson, and K. A. Greaves. "BMI From 3–6 Y of Age Is Predicted by TV Viewing and Physical Activity, Not Diet," *International Journal of Obesity* 29, no. 6 (June 26, 2005): 557–64.

Lamborn, Susie D., Nina S. Mounts, Laurence Steinberg, and Sanford M. Dornbusch. "Patterns of Competence and Adjustment among Adolescents from Authoritative, Authoritarian, Indulgent, and Neglectful Families," *Child Development* 62, no. 5 (1991): 1049.

Langer, S. L., A. L. Crain, M. M. Senso, R. L. Levy, and N. E. Sherwood. "Predicting Child Physical Activity and Screen Time: Parental Support for Physical Activity and General Parenting Styles," *Journal of Pediatric Psychology* 39, no. 6 (2014): 633–42.

Underwood, Marion K., Kurt J. Beron, and Lisa H. Rosen. "Continuity and Change in Social and Physical Aggression from Middle Childhood through Early Adolescence," *Aggressive Behavior* 35, no. 5 (September & October 2009): 357–75.

Williams, Lela Rankin, Kathryn A. Degnan, Koraly E. Perez-Edgar, Heather A. Henderson, Kenneth H. Rubin, Daniel S. Pine, Laurence Steinberg, and Nathan A. Fox. "Impact of Behavioral Inhibition and Parenting Style on Internalizing and Externalizing Problems from Early Childhood through Adolescence," *Journal of Abnormal Child Psychology* 37, no. 8 (2009): 1063–75.

6 不企求完美無缺

Breheny Wallace, Jennifer. "Why Children Need Chores," *The Wall Street Journal* (March 13, 2015). Accessed March 3, 2017. https://www.wsj.com/articles/why-children-need-chores-1426262655?mod=WSJ_hpp_MIDDLENexttoWhatsNewsThird.

Brummelman, Eddie, Sander Thomaes, Meike Slagt, Geertjan Overbeek, Bram Orobio De Castro, and Brad J. Bushman. "My Child Redeems My Broken Dreams: On Parents Transferring Their Unfulfilled Ambitions onto Their Child," *PLoS ONE* 8, no. 6 (June 19, 2013).

Chua, Amy. "Why Chinese Mothers Are Superior," *The Wall Street Journal* (January 8, 2011). Accessed March 2, 2017. https://www.wsj.com/articles/SB10001424052748704111504576059713528698754.

Chua, Amy. *Battle Hymn of the Tiger Mother*. New York: Penguin, 2012.

"Epi-Aid 2015-003: Undetermined Risk Factors for Suicide among Youth, ages 10–24," (2014). Accessed March 3, 2017. http://www.fairfaxcounty.gov/hd/hdpdf/va-epi-aid-final-report.pdf.

Flett, Gordon L., Kirk R. Blankstein, Paul L. Hewitt, and Spomenka Koledin. "Components of Perfectionism and Procrastination in College Students," *Social Behavior and Personality: An International Journal* 20, no. 2 (1992): 85–94.

Harding, Jim. "Father Jailed for Sharpening Helmet," *Chicago Tribune* (April 20, 1997). Accessed March 2, 2017. http://articles.chicagotribune.com/1997-04-20/sports/9704200367_1_cito-helmet-sharpening.

Hopkinson, Christina. "My Arrogance Nearly Killed My Baby: Christina Hopkinson Thought She Was the Perfect Mother, Until Her Son Nearly Starved When Breastfeeding Went Horribly Wrong." Accessed March 5, 2017. http://www.dailymail.co.uk/femail/article-2990435/New-mother-Christina-Hopkinson-says-competitive-parenting-nearly-killed-baby.html#ixzz4aCtlim5P.

Jenni, Oskar G., Aziz Chaouch, Jon Caflisch, and Valentin Rousson. "Infant Motor Milestones: Poor Predictive Value for Outcome of Healthy Children," *Acta Paediatrica* 102, no. 4 (2013). doi:10.1111/apa.12129.

Mcbride, H. E. A., and L. S. Siegel. "Learning Disabilities and Adolescent Suicide," *Journal of Learning Disabilities* 30, no. 6 (November & December 1997): 652-59.

Norman, Neil. "Dark Side of Oz: The Exploitation of Judy Garland," *Express* (April 5, 2010). Accessed March 2, 2017.

Ramey, Garey, and Valerie Ramey. "The Rug Rat Race" (April 2010). Accessed March 2, 2017. doi:10.3386/w15284.

Ruiz, Michelle. "6-Year-Old Cece Price Is a Famous Internet Comedian, but Her Mom Won't Rest Until She's on TV," *Cosmpolitan* (June 8, 2015). Accessed March 2, 2017. http://www.cosmopolitan.com/entertainment/a40048/cece-price-internets-most-fascinating/.

Sherry, Simon B., Joachim Stoeber, and Cynthia Ramasubbu. "Perfectionism Explains Variance in Self-Defeating Behaviors Beyond Self-Criticism: Evidence from a Cross-National Sample," *Personality and Individual Differences* 95 (June 2016): 196–99.

Törnblom, Annelie Werbart, Andrzej Werbart, and Per-Anders Rydelius. "Shame Behind the Masks: The Parents' Perspective on Their Sons' Suicide," *Archives of Suicide Research* 17, no. 3 (2013): 242–61.

Wang, Yanan. "Morning Mix CDC Investigates Why So Many Students in Wealthy Palo Alto, Calif., Commit Suicide," *The Washington Post* (February 16, 2016). Accessed March 3, 2017. https://www.washingtonpost.com/news/morning-mix/wp/2016/02/16/cdc-investigates-why-so-many-high-school-students-in-wealthy-palo-alto-have-committed-suicide/?utm_term=.7b5e89083a65.

7 不許孩子規避責任

Bryan, Christopher J., Allison Master, and Gregory M. Walton. " 'Helping' Versus 'Being a Helper': Invoking the Self to Increase Helping in Young Children." *Child Development* (October & November) 2014.

Bryan, Christopher J., Gregory M. Walton, Todd Rogers, and Carol S. Dweck. "Motivating Voter Turnout by Invoking the Self," *Proceedings of the National Academy of Sciences of the United States of America* 108, no. 31 (2011).

Gardner, Phil. "Parent Involvement in the College Recruiting Process: To What Extent?," Collegiate Employment Research Institute (2007). Accessed January 13, 2017. http://ceri.msu.edu/publications/pdf/ceri2-07.pdf.

Peluchette, Joy Van Eck, Nancy Kovanic, and Dane Partridge. "Helicopter Parents Hovering in the Workplace: What Should HR Managers Do?," *Business Horizons* 56, no. 5 (September & October 2013): 601–9. doi:10.1016/j.bushor.2013.05.004.

Rogers, Fred. "Tragic Events," The Fred Rogers Company. Accessed March 3, 2017. http://www.fredrogers.org/parents/special-challenges/tragic-events.php.

Wallace, Jennifer Breheny. "Why Children Need Chores," *The Wall Street Journal* (March 13, 2015). Accessed January 13, 2017. http://www.wsj.com/articles/why-children-need-chores-1426262655.

8 不過度保護孩子

Ciarrochi, Joseph, Amy Y. C. Chan, and Jane Bajgar. "Measuring Emotional Intelligence in Adolescents," *Personality and Individual Differences* 31, no. 7 (2001): 1105–19.

Dufton, L. M., M. J. Dunn, and B. E. Compas. "Anxiety and Somatic Complaints in Children with Recurrent Abdominal Pain and Anxiety Disorders," *Journal of Pediatric Psychology* 34, no. 2 (June 24, 2008): 176–86.

Eslami, Ahmadali, Akbar Hasanzadeh, and Farid Jamshidi. "The Relationship Between Emotional Intelligence Health and Marital Satisfaction: A Comparative Study," *Journal of Education and Health Promotion* 3, no. 1 (February 2014): 24.

Gilleland, J., C. Suveg, M. L. Jacob, and K. Thomassin. "Understanding the Medically Unexplained: Emotional and Familial Influences on Children's Somatic Functioning," *Child: Care, Health and Development* 35, no. 3 (May 2009): 383–90.

Howard, Jennifer. "Faculty on the Front Lines," *Chronicle of Higher Education* (Fall 2015).

Kerr, Matthew A., and Barry H. Schneider. "Anger Expression in Children and Adolescents: A Review of the Empirical Literature," *Clinical Psychology Review* 28, no. 4 (April 2008): 559–77.

Sarah Maraniss Vander Schaaff. "How Should Parents Discuss Major World Catastrophes with Their Children?," *The Washington Post*

(March 26, 2014). Accessed January 13, 2017. https://www.washingtonpost.com/opinions/when-the-protective-shell-around-your-kids-cracks/2014/03/26/a0dd0c9c-b43a-11e3-8020-b2d790b3c9e1_story.html?tid=a_inl.

Shamsuddin, Noorazzila, and Ramlee Abdul Rahman. "The Relationship between Emotional Intelligence and Job Performance of Call Centre Agents," *Procedia –Social and Behavioral Sciences* 129 (May 15, 2014): 75–81.

"Students Who Feel Emotionally Unprepared for College More Likely to Report Poor Academic Performance and Negative College Experience," The Jed Foundation (October 7, 2015). Accessed January 13, 2017. https://www.jedfoundation.org/first-year-college-experience-release/.

Umberger, Wendy A., and Judy Risko. " 'It Didn't Kill Me. It Just Made Me Stronger and Wiser': Silver Linings for Children and Adolescents of Parents with Chronic Pain," *Archives of Psychiatric Nursing* 30, no. 2 (April 2016). 138–43. doi:10.1016/j.apnu.2015.08.001.

Wegner, Daniel M., David J. Schneider, Samuel R. Carter, and Teri L. White. "Paradoxical Effects of Thought Suppression," *Journal of Personality and Social Psychology* 53, no. 1 (1987): 5–13.

Worland, Justin. "Why a Free Speech Fight is Causing Protests at Yale," *Time* (November 10, 2015). Accessed January 13, 2017. http://time.com/4106265/yale-students-protest/.

9 不將孩子情緒視為己任

Bushman, Brad J. "Does Venting Anger Feed or Extinguish the Flame? Catharsis, Rumination, Distraction, Anger, and Aggressive Responding," *Personality and Social Psychology Bulletin* 28, no. 6 (June 1, 2002): 724–31.

Supportive Relationships and Active Skill-Building Strengthen the Foundations of Resilience: Working Paper No. 13. Center on the Developing Child at Harvard University (2015). www.developingchild.harvard.edu.

Dufton, L. M., M. J. Dunn, and B. E. Compas. "Anxiety and Somatic Complaints in Children with Recurrent Abdominal Pain and Anxiety Disorders," *Journal of Pediatric Psychology* 34, no. 2 (June 24, 2008): 176–86.

Friedersdorf, Conor. "The Perils of Writing a Provocative Email at Yale," *The Atlantic* (May 26, 2016). Accessed March 3, 2017. https://www.theatlantic.com/politics/archive/2016/05/the-peril-of-writing-a-provocative-email-at-yale/484418/.

Jones, Damon E., Mark Greenberg, and Max Crowley. "Early Social-Emotional Functioning and Public Health: The Relationship Between Kindergarten Social Competence and Future Wellness," *American Journal of Public Health* 105, no. 11 (2015):2283–90.

10 不怕孩子犯錯

Barker, Jane E., Andrei D. Semenov, Laura Michaelson, Lindsay S. Provan, Hannah R. Snyder, and Yuko Munakata. "Less-Structured Time in Children's Daily Lives Predicts Self-Directed Executive Functioning," *Frontiers in Psychology* 5 (June 17, 2014).

Haimovitz, Kyla, and Carol S. Dweck. "What Predicts Children's Fixed and Growth Intelligence Mind-Sets? Not Their Parents' Views of

Intelligence but Their Parents' Views of Failure," *Psychological Science* 27, no. 6 (April 25, 2016): 859–69.

Kornell, Nate, Matthew Jensen Hays, and Robert A. Bjork. "Unsuccessful Retrieval Attempts Enhance Subsequent Learning," *Journal of Experimental Psychology: Learning, Memory, and Cognition* 35, no. 4 (July 2009): 989–98.

Lemoyne, Terri, and Tom Buchanan. "Does 'Hovering' Matter? Helicopter Parenting and Its Effect on Well-Being." *Sociological Spectrum* 31, no. 4 (June 9, 2011): 399–418.

Reed, Kayla, James M. Duncan, Mallory Lucier-Greer, Courtney Fixelle, and Anthony J. Ferraro. "Helicopter Parenting and Emerging Adult Self-Efficacy: Implications for Mental and Physical Health," *Journal of Child and Family Studies* 25, no. 10 (June 6, 2016): 3136–49.

Schiffrin, Holly H., Miriam Liss, Haley Miles-Mclean, Katherine A. Geary, Mindy J. Erchull, and Taryn Tashner. "Helping or Hovering? The Effects of Helicopter Parenting on College Students' Well-Being," *Journal of Child and Family Studies* 23, no. 3 (2014): 548–57.

Voorhis, F. L. V. "Costs and Benefits of Family Involvement in Homework," *Journal of Advanced Academics* 22, no. 2 (February 2011): 220-49.

11 不混淆管教與處罰

Aacap. "Corporal Punishment," Corporal Punishment (July 30, 2012). Accessed March 2, 2017. https://www.aacap.org/aacap/Policy_Statements/2012/Policy_Statement_on _Corporal_Punishment.aspx.

Barkley, Russell. *Taking Charge of ADHD*. New York: The Guilford Press, 2013.

Deci, E. L., R. M. Ryan, and R. Koestner. "The Pervasive Negative Effects of Rewards on Intrinsic Motivation: Response to Cameron (2001)," *Review of Educational Research* 71, no. 1 (Spring 2001): 43–51.

"Denver Mom Shames Daughter for Facebook Posts, Racy Photos in Video Going Viral," KNXV (May 20, 2015). Accessed March 2, 2017. http://www.abc15.com/news/local-news/water-cooler/denver-mom-shames-daughter-for-facebook-posts-racy-photos-in-video-going-viral.

Fredén, Jonas. "Smacking Children Banned," Sweden.se (December 14, 2015). Accessed March 2, 2017. https://sweden.se/society/smacking-banned-since-1979/.

Gershoff, Elizabeth T. "Spanking and Child Development: We Know Enough Now to Stop Hitting Our Children," *Child Development Perspectives* 7, no. 3 (September 10, 2013): 133–7.

Gershoff, Elizabeth T., and Andrew Grogan-Kaylor. "Spanking and Child Outcomes: Old Controversies and New Meta-Analyses," *Journal of Family Psychology* 30, no. 4 (June 2016): 453–69.

Gómez-Ortiz, Olga, Eva María Romera, and Rosario Ortega-Ruiz. "Parenting Styles and Bullying. The Mediating Role of Parental Psychological Aggression and Physical Punishment," *Child Abuse & Neglect* 51 (January 2016): 132–43.

Larzelere, Robert E., and Brett R. Kuhn. "Comparing Child Outcomes of Physical Punishment and Alternative Disciplinary Tactics: A

Meta-Analysis," *Clinical Child and Family Psychology Review* 8, no. 1 (2005): 1–37.

Mackenbach, Joreintje D., Ank P. Ringoot, Jan Van Der Ende, Frank C. Verhulst, Vincent W. V. Jaddoe, Albert Hofman, Pauline W. Jansen, and Henning W. Tiemeier. "Exploring the Relation of Harsh Parental Discipline with Child Emotional and Behavioral Problems by Using Multiple Informants. The Generation R Study," *PLoS ONE* 9, no. 8 (August 13, 2014).

Payne, Ed. "Try 'Old Man' Haircut for Misbehaving Kids," CNN (February 5, 2015). Accessed March 2, 2017. http://www.cnn.com/2015/02/05/us/feat-barber-shames-misbehaving-kids/.

"Physical Punishment and Mental Disorders: Results From a Nationally Representative US Sample," *Pediatrics* 130, no. 2 (June 2012).

Rapaport, Daniel. "California Mother Publicly Scolds Daughter for Twerking," *ABC News* (September 10, 2013). Accessed March 2, 2017. http://abcnews.go.com/blogs/headlines/2013/09/california-mother-publicly-scolds-daughter-for-twerking/.

Richins, Marsha L., and Lan Nguyen Chaplin. "Material Parenting: How the Use of Goods in Parenting Fosters Materialism in the Next Generation," *Journal of Consumer Research* 41, no. 6 (February 9, 2015): 1333–57.

Simons, Dominique A., and Sandy K. Wurtele. "Relationships between Parents' Use of Corporal Punishment and Their Children's Endorsement of Spanking and Hitting Other Children," *Child Abuse & Neglect* 34, no. 9 (September 2010): 639–46.

Smith, Brendan L. "The Case Against Spanking" (April 2012). Accessed March 2, 2017. http://www.apa.org/monitor/2012/04/spanking.aspx.

Straus, Murray A., and Mallie J. Paschall. "Corporal Punishment by Mothers and Development of Children's Cognitive Ability: A Longitudinal Study of Two Nationally Representative Age Cohorts," *Journal of Aggression, Maltreatment & Trauma* 18, no. 5 (July 23, 2009): 459–83.

Suchman, Nancy E., Bruce Rounsaville, Cindy Decoste, and Suniya Luthar. "Parental Control, Parental Warmth, and Psychosocial Adjustment in a Sample of Substance-Abusing Mothers and Their School-Aged and Adolescent Children," *Journal of Substance Abuse Treatment* 32, no. 1 (January 2007): 1–10.

Talwar, Victoria, and Kang Lee. "A Punitive Environment Fosters Children's Dishonesty: A Natural Experiment," *Child Development* 82, no. 6 (October 24, 2011): 1751–58.

Wang, Ming-Te, and Sarah Kenny. "Longitudinal Links Between Fathers' and Mothers' Harsh Verbal Discipline and Adolescents' Conduct Problems and Depressive Symptoms," *Child Development* 85, no. 3 (September 3, 2013): 908–23.

"Where We Stand: Spanking," HealthyChildren.org. (November 21, 2015). Accessed March 2, 2017. https://www.healthychildren.org/English/family-life/family-dynamics/communication-discipline/Pages/Where-We-Stand-Spanking.aspx.

12 不為逃避抄捷徑

Mischel, W., Y. Shoda, and M. Rodriguez. "Delay of gratification in children," *Science* 244, no. 4907 (May 26, 1989): 933–8.

Mischel, Walter, Yuichi Shoda, and Philip K. Peake. "The Nature of Adolescent Competencies Predicted by Preschool Delay of

Gratification," *Journal of Personality and Social Psychology* 54, no. 4 (April 1988): 687–96.

Murray, Joanne, Anna Theakston, and Adrian Wells. "Can the Attention Training Technique Turn One Marshmallow into Two? Improving Children's Ability to Delay Gratification," *Behaviour Research and Therapy* 77 (February 2016): 34–39.

Shoda, Yuichi, Walter Mischel, and Philip K. Peake. "Predicting Adolescent Cognitive and Self-Regulatory Competencies from Preschool Delay of Gratification: Identifying Diagnostic Conditions," *Developmental Psychology* 26, no. 6 (November 1990): 978–86.

"Study Focuses on Strategies for Achieving Goals, Resolutions." Dominican University of California. Accessed January 13, 2017. http://www.dominican.edu/dominicannews/study-highlights-strategies-for-achieving-goals.

White, Rachel E., Emily O. Prager, Catherine Schaefer, Ethan Kross, Angela L. Duckworth and Stephanie M. Carlson. "The 'Batman Effect': Improving Perseverance in Young Children," *Child Development* (2016).

13 不忘記自己的原則

"Culture of American Families: Executive Report -IASC" (2012). Accessed January 13, 2017. http://www.iasc-culture.org/survey_archives/IASC_CAF_ExecReport.pdf

"Are Teens Cheating Their Way to Higher GPAs?" Gallup Inc. (April 15, 2003). Accessed January 13, 2017. http://www.gallup.com/poll/8200/teens-cheating-their-way-higher-gpas.aspx.

"Sexual Risk Behaviors: HIV, STD, & Teen Pregnancy Prevention," Centers for Disease Control and Prevention (July 18, 2016). Accessed March 2, 2017. https://www.cdc.gov/healthyyouth/sexualbehaviors/.

"Student Reports of Bullying and Cyber-Bullying: Results From the 2013 School Crime Supplement to the National Crime Victimization Survey," *PsycEXTRA Dataset.*

"The Children We Mean to Raise," Making Caring Common. Accessed January 13, 2017. http://mcc.gse.harvard.edu/the-children-we-mean-to-raise.

Yousafzai, Malala, and Christina Lamb. *I Am Malala: The Girl Who Stood Up for Education and Was Shot by the Taliban.* New York, NY: Back Bay Books, 2015.

結語

"About-Team-Hoyt," Team Hoyt. Accessed January 13, 2017. http://www.teamhoyt.com/ About-Team-Hoyt.html.

謝辭

我從未想過我原本的〈心智堅強者不做的十三件事〉（13 Things Mentally Strong People Don't Do）那篇文章，會變成一本書，更別提接下來的這本了。我很感謝我的經紀人史黛西・葛立克（Stacey Glick），她讀了那篇文章後就建議我把它寫成一本書。

我要特別感謝 HarperCollins 才華洋溢的編輯團隊，其中包括艾美・班黛爾（Amy Bendell）、艾莉莎・施維默（Alieza Schvimer）以及麗莎・沙奇（Lisa Sharkey）等人，因爲有這些多才多藝的專業人士，這本書才得以順利出版。

同時也要感謝我第一本著作的所有讀者，你們來信詢問我要如何養育心智堅強的孩子，而我有許多寫作靈感都是來自於你們的評論和提問。

此外，我也要向這些年有緣相遇的個案與寄養孩子們致謝，你們教導了我許多有關堅強心智的寶貴課題。

最後，謝謝我的朋友、家人、老師與心靈導師，你們是我人生中最棒的心智強者典範。

國家圖書館出版品預行編目 (CIP) 資料

告別玻璃心的家長強心針：掌握 13 不原則，堅定父母教出堅強小孩 / 艾美 . 莫林（Amy Morin）著 ; 史碩怡譯 . -- 初版 . -- 台北市 : 網路與書出版 : 大塊文化發行 , 2020.06
440 面 ; 14.8*20 公分 . -- (For 2 ; 44)
譯　自：13 Things Mentally Strong Parents Don't Do: Raising Self-Assured Children and Training Their Brains for a Life of Happiness, Meaning, and Success
ISBN 978-986-98990-0-0(平裝)

1. 親職教育 2. 親子關係 3. 親子溝通

528.2　　109005958